目　　录

论题　欧洲历史上的永久和平愿想　（刘小枫　策划）

古典作品研究

思想史发微

旧文新刊

评　论

经典与解释(61)

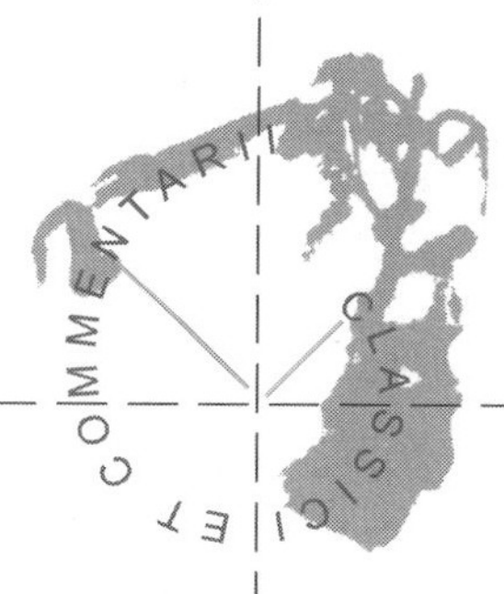

欧洲历史上的永久和平愿想

■ 古典文明研究工作坊 编
顾问／刘小枫 甘 阳
主编／娄 林

華夏出版社

古典教育基金·蒲衣子资助项目

论题　欧洲历史上的永久和平愿想

从中世纪到十八世纪的欧洲和平观述要

迪茨（Walter Dietz） 撰
卢白羽 译

在人类思想史上，战争与和平的辩证问题一直占据着不寻常的位置。虽说自有文字记载起，对于这对相互矛盾的存在方式的思索与文学创作就没有停止过，然而真正对两者的根本关联进行反思，还是最近的一个半世纪。欧洲社会发展的一大特征是，对“战争-和平”问题的初步哲学探索和掌握，以巨大、广泛的弧度充满了某个社会经济之社会形构的社会、政治与意识形态现实：这就是几乎持续了一千三百年的封建制度的社会形构。文艺复兴与启蒙运动这两个复杂的过渡时期（前者早已兆示封建制度危机四伏的转变，后者已经开启封建制度的衰落）被证实为思想生产力特别突出的交汇点与转捩点。这两个时期提出了最为大胆、最为先进、指向最为遥远之未来、符合人类尊严的和平观念。

这些思想蓝图和实践计划的精粹，乃是人类进步文化的基本构成要素，其本质的核心表达出了所有人最基本的需求与渴望。因此，如果批判地把握它们，那么它们将会产生超时代的影响，尽管它们诞生与演化的历史时刻已经在它们身上打下了不可磨灭的烙印。如果从一个十分深刻而宽泛的意义上去理解“现实意义”，那么它们直到今天都有，或者说直到今天才真正具有现实意义。

一 中世纪

和平的普遍观念最早的种子沉睡在中世纪的世界，昏沉而模糊，且四处分散、尚未成型，中世纪的土壤也不利于这颗种子的生长与成熟。罗马帝国由强大急剧衰退乃至最后崩溃，使得“罗马治下的和平”这一看似永恒有效的文化理想，到头来不过转瞬即逝且颇成问题。在这一理想坍塌之后，必须在废墟上建立起新的思想大厦，而且还要建造在新的地基之上才行。打地基与建造的过程，引发了诸多哲学难题。这些难题前所未闻，无法立即解决，相当棘手难缠。

早期教父以及后来或有名或无名的法学家、神学家、哲学家，间或还有教堂讲道人以及民间传道士，他们无不殚精竭虑，一再接受这一问题的全面挑战。然而他们全都无功而返。中世纪世界观的结构，要么是等级制，要么是上帝中心论，要么是经院哲学式，从中没有也不可能出现一个统一的、包罗万象的、普适的和平概念。在那个时候，“和平”观念仍然四分五裂，在诸多方面具有局限性，混乱而零碎。只有复数的和平，它们各不相同，相互角逐，甚至相互抵牾。没有单数的和平。这一哲学的佯谬需要加以澄清。

希波大主教奥古斯丁是一位强大的早期基督教教父，他在四百年以后开始具有影响力。按照他的观点，世界是一个整体，它处于极为精确地拼合在一起的秩序之中。这一观点在哲学上得到普遍认可。这个“秩序”（ordo）符合上帝意愿，由上帝赐予，受上帝悦纳。它完整无谬，是“万物的秩序”（ordo omnium rerum）。每一件事，字面意义上的每一件事，包括战争，都有属于它的“正确”位置。奥古斯丁并没有像原初基督徒那样谴责战争是人类的罪孽，而是将其视为处于主要并非恶的秩序中，是出于上帝旨意的必要之恶。作为基本范畴，pax et justitia［和平与正义］起着组织和维持这一秩序的作用。这两个概念彼此直接相关。正义被认为是维持世界秩序的意志和能力，和平被理解为 transquillitas ordinis［秩序的安宁］。这一思想的开端已经表明，这种世界观基本上是静态的，并不特别能适应变化和进一步发展。

奥古斯丁区分出和平概念的几个层面，主要是“永久和平”（pax aeterna）和“暂时和平”（pax temporalis）。在他看来，永久和平与永久正义只可能存在于彼岸的、超验的完满状态之中。暂时和平与世间正义却只是这一无瑕的超验概念的不完美影像——极端情况下甚至是扭曲的丑陋影像。所谓“世间”（zeitlich）有两层含义：一是在尘世之内，一是仅仅暂时在尘世之内。这就是为何奥古斯丁还进一步区分了真和平（pax vera）与假和平（pax falsa）或坏和平（pax mala）。奥古斯丁明白，除了“真和平”，还有可能存在“表面的和平”（pax apparens），它不公正，因此不符合上帝的意愿。奥古斯丁做的这些区分自成一派，并在其追随者手中进一步发扬。比如十三世纪中期左右，托马斯·阿奎那区分了“完美的和平”（pax perfecta）和“不完美的和平”（pax impefercta），贝尔托德（Bertold von Regensburg，1220—1272）则在一篇论和平的布道辞里提出一种三分法定义：

> 第一种和平……是与神的和平；第二种……是与你自身的和平；第三种……是与你邻人的和平。

和平概念的这些分支越来越琐碎，最终扩散至整个中世纪的思想世界。

奥古斯丁还构想出另一个区分，但很久之后才得以完善，它涉及和平（pax）与基督教世界（christianitas）的关系。中世纪有一些绝不会受到质疑、被视为理所当然的共同意识，真正的因而也是完美、公正的永久和平就是其中之一，原则上它只可能在基督教世界里由基督徒来实现。其他宗教的信仰者、异教徒被排除在神恩之外，他们和基督徒之间不可能存在 pax 意义上的和平，最多只可能存在受时间和其他条件限制的"和睦"（concordia）。即便这种和睦，也是少见的例外状态。因为，向异教徒宣战是一条原本就包含在基督教使命当中的首要道德要求，而且是 bellum justum［正义之战］（奥古斯丁已经有过这样的表述）。这样的战争意味着扩大和保障出自上帝之意的法律秩序。在很长一段时间内，欧洲中世纪的"真和平"都是"基督徒的和平"（pax christiana）。在本义乃至引申义上，这种和平都谨守精确规定的界限，并非"普遍和平"（pax generalis）。

和平概念数不胜数，附带着密密麻麻的修饰语，仿佛密不透风的灌木丛那样芜杂。它们对应着封建时代的社会现实。在这个时代占据统治地位的是不安稳的和平状态，或几乎确切无疑的非和平状态。数不清的世俗与宗教的封建势力大肆强取豪夺。它们之间的特殊利益不可避免一再剧烈撞击。各种私战（Fehde）① 威胁和撕裂着封建社会。这样的社会几乎没有可以实现全面和平理念的社会与政治前提。在这样的环境里，战争与和平必定会被视作超自然的分配，是神的馈赠、命运或降临在头上的厄运或好运。在当时，战争与和平绝不可能被视为人的力量或行动的结果。

---

① ［译注］指贵族之间为捍卫自己的权力而进行的合法使用武力的小规模战争。中世纪时，德意志诸侯割据，神圣罗马帝国皇帝仅仅是名义上的最高统治者，没有最高权威，贵族可以靠小规模战争来解决冲突。

有鉴于此，在整个中世纪（medium aevum），关于“和平”的激烈辩论虽然数不胜数，但主要受神学思想启发，不能用近代以来对“和平”这个词语的理解来使用它。这些辩论的最终结果是，在心灵的思想空间里宣讲寂静主义或敷衍塞责的准则，在俗世领域里顶多强化“法律和平”，也就是说，确保在较小或较大共同体之内实现某种（也即封建）法律秩序的状态。原则上，任何道德与政治的和平诫令都不适用于基督教世界之外的其他共同体。此外，在这一（客观看来几乎没有什么“基督教”成分的）和平法律秩序之内，战争完全可以被用作合法手段，以重新建立或者完善“神的”法律——这意味着重建和完善和平。这种和平其实是许多［封建化的］独立和平（paces speciales）。虽然单独缔结的和平数量庞大，却从未出现过全体一致缔结的和平。这种单独缔结的和平必然以各区域在地区关系、个人关系以及事务关系上的不合为前提。

中世纪晚期，私战与特别法庭（Feme）逐渐占据上风。骑士阶层蜕化为烧杀抢劫的阶层，一时之间人人自危。这时有人开始尝试希望开辟一个消除暴力的时代——至少怀着这样的意图。一些法律据说是为了维护“地区和平”（Landfrieden），它们要么彻底禁止私战，要么使其必须遵守一定条件（比如放过某些群体，如神职人员、妇女、游商；不得侵害一些地方，比如教堂、民宅、磨坊）。神圣罗马帝国皇帝马克西米利安一世（1459—1519）曾颁布一项帝国和平法令，希望以此完善受时间与区域限制的“地区和平法令”。这项“帝国和平法令”本应当持续生效，禁止私战，谴责战争，然而，这种［帝国］和平并没有维持多久。教会关心的是“神的和平”（Treuga Dei）。除非为了追捕刚犯事的罪犯，教会只允许在特定日子私战。拉特兰宗教会议好几次都在热烈讨论拟定按照周和月份执行死刑的日历，这听起来十分荒诞，但这份日历的确被收入《教会法大全》（*Copus Iuris Canonici*），从而宣布对全体基督徒具有约束力。不出所料，这一设想实际上不了了之。

中世纪末期，零星出现了一些政治哲学思考，好像偏不信这个邪似的，思想家至少试图一步步趋近如何实现更加广泛的和平。但这些尝试却没有走很远，主要是神学传统的累赘阻碍了思想家将步子迈得更大些。但不管怎样，他们在努力开拓新领域。

法兰西的法学家、外交家布拉班特的西格（Siger von Brabant，1235—1281）是阿奎那学派的经院哲学家，他的弟子皮埃尔·杜博瓦（Pierre Dubois，1250—1320）不懈地谈及“普世和平”（pax universalis）。1300 年前后，在两部与其说雄辩不如说冗余的著作里，杜博瓦为法国的内政外交拟定了一系列改革计划。在他看来，法国国王应该执掌世界统治大权。杜博瓦持反教宗的观点，因为他认为，只有当基督教世界内部建立起普遍和平，成立一个有国际仲裁法庭的国家联盟，法国才能统治世界。杜博瓦的这番计划旨在扩张法国的势力，谋求其在欧洲的霸权。

另一本于 1310 年左右问世的三卷历史哲学论文《帝制论》（*De Monarchia libri tres*）遵循了类似的思考方向，它谈论的也是皇帝与教宗之间郁结已久的权力斗争。其作者不是别人，正是大名鼎鼎的但丁（1265—1321）。他也热切谋求“普世和平”，在他看来，能够带来如此和平的世俗政权只可能以帝制形态出现。在所有抵挡这一带来和平的普世凯撒制（Universalkaisertum）的政治力量之中，位于最上层的是教宗的世俗统治诉求，以及大贵族的拥兵自重、割据分立。但丁针对这两者的论文成了战斗檄文，1329 年，《帝制论》的一份手抄本在罗马被公开焚毁。

早在 1302 年，但丁就已经被支持教宗的圭尔夫黑党逐出佛罗伦萨。[①] 他一生都处于流亡的动荡不安之中，甚至被缺席判了死罪。但丁主要阐明了彻底分隔宗教与世俗政权的观念：宗教政权应满足于通过宗教而赐予人永恒福祉的权限，世俗国家则应致力于给人间带来和平、正义以及尘世的福祉。唯有如此，帝制才能实现一个符合基督徒生活理想的世界秩序。从圣经的救赎史中，可以找到为这种世界秩序辩护的理由。因为罗马帝国明君奥古斯都的统治（至少）预示着和平的世界统治这一理想状态，而恰恰在这个时候，神派他的儿子降临人间。这就意味着，古罗马帝国以及神圣罗马帝国对于统治世界的诉求得到了天意认可。因此，如果人们必须抛开教宗，甚至需要反对教宗才能建立起这样一个帝国，他们也可以认为自己是幸福的，甚至是在做一件受神悦纳的事工。在《神曲》里，但丁用"人间天堂"这样的说法佐证了这一点。

---

① ［译注］圭尔夫派和吉伯林派（意大利语：Guelfi e Ghibellini）又称教宗派与皇帝派，指中世纪位于意大利中部和北部分别支持教宗和神圣罗马帝国皇帝的派别。教宗与帝国皇帝的权力斗争始于1075年的叙任权斗争，止于1122年的沃尔姆斯宗教协定。圭尔夫派和吉伯林派之间的冲突在意大利一直持续到十五世纪。所谓"圭尔夫"（Guelph）即韦尔夫（Welf）的意大利语称呼；而"吉伯林"（Ghibellines）则是魏布林根（Waiblingen）的意大利语称呼。魏布林根是施瓦本公爵霍亨施陶芬家族康拉德三世的城堡。当时，霍亨施陶芬王朝的弗里德里希一世试图增强他在意大利北部的帝权，这影响到教宗亚历山大三世的利益。与霍亨施陶芬家族敌对的韦尔夫家族站在教宗一边，对抗帝国皇帝。拥护教宗一派被称作"圭尔夫派"（韦尔夫派），而拥护皇帝一方被称作"吉伯林派"（魏布林根派）。1266年后，由于教宗势力强盛，圭尔夫派取得胜利，吉伯林派遭放逐。1294年当选的教宗波尼法爵八世想控制佛罗伦萨，一部分富裕市民希望城市独立，不愿受制于教宗，分化成"白党"，另一部分没落户希望借助教宗势力翻身，成为"黑党"。但丁成为白党中坚，被选为最高权力机关执行委员会六位委员之一。1301年，教宗特派法国国王腓力四世的兄弟瓦卢瓦伯爵查理去佛罗伦萨"调节和平"，白党怀疑此行另有目的，派出以但丁为团长的代表团说服教宗收回成命，未能成功。果然，查理一到佛罗伦萨便组织黑党屠杀反对派，并宣布放逐但丁，从此但丁再也没能回到家乡。

这位伟大的意大利诗人虽然仍坚定追随托马斯·阿奎那关于秩序的思想，却已经懂得向新视野挺进。如果说我们能从但丁的思想里看到一些完全是近代历史哲学的萌芽破土而出，这并非夸大其词。同样的赞誉也可以确凿无疑地归给 1324 年的另一项探究。两位作者，帕多瓦的马西利乌斯（Marsilius von Padua，1275—1342）和让丹的约翰（Johannes von Jandun，1285—1323），为这部著作取了一个具有纲领性的题目——“和平保卫者”（Defensor pacis）。他们再次在帝制理想的框架下阐述国家法和教会法问题，却以令人惊讶，有时甚至颇具攻击性的措辞来讨论领土与主权诉求问题。

其中最为大胆的说法要数两人的如下主张：与圣座的权力诉求不同，皇帝的权威以人民主权（Volkssouveränität）为根基。在皇帝权杖之下的温和帝制宣告与传达上天（Göttliches）的善法，最适合保障共同富裕与公共和平。不过，必须确保教会及其大公教首脑不会插手和干预世俗事务。相反，这种值得向往的国家统一体（Staatseinheit）不仅包含世俗领域，也囊括宗教领域，这是两人从现实主义角度提出的要求。只有皇帝有权召开宗教会议，他馈赠给教会的产业是国家所有物，因此教会有义务向国家纳税。只有国家有权追捕异端，神职人员犯罪后付出的赔偿也归国家所有。教士必须遵守安贫戒律，放弃一切所有。教会唯一的任务就是管理圣事，劝诫信徒，对信徒给予谴责，最重的谴责就是宣称信徒死后会受到地狱的惩罚。两位作者认为，限制教士权力，将会最好地保障人与人之间的和平共处。

《和平保卫者》虽然在思维方式上尚未完全脱离中世纪意识，但却以独特而有力的方式，最为真实地成功表达了广大民众对和平的热切向往。这一勇敢无畏的大胆尝试空前绝后，十五、十六世纪的一些著作虽也表露出类似苗头，却既没有其进攻方向的精准，也缺乏它心系人民的诚意。

1460 年左右，信奉胡斯教的波西米亚国王波杰布拉德与昆什塔特的格奥尔格（Georg von Podierbrad und Kunstatt，1420—1471）与其法国谋士马里尼（Antonius Marini）制订了一个欧洲和平组织的规划。该组织带有一个在巴塞尔的常设联盟法庭，这个法庭可在其他欧洲城市（如意大利、法国、德意志的城市）轮转。为了进一步发展这个联盟，该法庭还要起草相关宪法条款。1517 年，教宗利奥十世在一篇纪要里建议，所有诸侯与教宗国一起成立一个类似神圣同盟的神圣联盟。

四十年之后即 1557 年，一位名为努埃的弗朗索瓦（François de la Noue，1531—1591）的胡格诺贵族在其《论政治与军事》（*Discours politiques et militairs*）中再次提起类似计划，不过并没有什么重大建树。所有这些宣告并没有将建立欧洲范围内的基督教和平视为目的本身，仅仅将欧洲和平视为保障十字军向土耳其东征取得胜利的前提。一旦接下来就如何瓜分将来取得的战利品而开始讨价还价时（这样的事常常发生），十字军东征所谓的高尚目的自然不攻自破。

二　文艺复兴时期

席卷整个欧洲的文艺复兴运动强有力地废除了中世纪的世界观以及对人的理解，它体现了从漫长的社会尤其思想的停滞状态中觉醒过来的意识的厚积薄发，这个时候，封建制度已经经过充分发展走到了尽头。从文艺复兴的起因与面貌上看，文艺复兴的各个阶段都与封建制度逐渐没落的开端密切相关，它一直延伸至旧大陆的早期资产阶级革命。文艺复兴的绝大多数哲学成果，体现出一个具有（相对容易理解的）内在固有价值的社会转型期的特征。

在这一时期，关于战争与和平的辩论突然变得十分热烈、积极，无论在广度还是深度上都有所拓展，开启出之前尚无人知的维度。

在此之前，对和平本质的定义从范畴上主要是否定性的：和平是非战争，是战争的缺席或者战争的对立面，是战争与战争之间的调解人或间歇——如今，这类定义慢慢变得少见。积极正面的特征逐渐占得上风：和平是值得去追求的繁荣状态，是宝贵的财富，是“至善”（summum bonum），正如古代哲学家在自己的价值体系里所表达的那样；最后，和平是一切生命的人性与人道的基本处境，与人及其天性最为契合，它能释放人的创造力，只有和平才能创造出人实现其积极正面的本质力量所需要的空间。在相对较短的时间里，中世纪关于战争与和平的大多数观念一步步地被彻底清除。

哲学家着手建立一个更具包容性的和平思想体系，并取得了迅速而显著的进展，废除了将和平概念几乎是按照正反题分裂为内心（思想上的、心灵上的）和平与外部（俗世、现实）和平的做法。虽然这种区分法还见于某些宗教观点（根据不同教派还有更细的划分，比如路德关于两个国度的说法），但在文艺复兴的审判席前，这种划分法已经站不住脚。文艺复兴的评定标准不再以神为中心，而是以人为中心——至少从趋势上看是如此。有边界的、局部和平体系如今不再吃香，不管是古代的和平观（和平只适用于希腊人或罗马人，不适用于蛮人）还是中世纪的和平观（和平只包括基督徒，不包括信仰其他宗教的人或者异教徒）。现在，哲学思想致力于构想出无边界的普遍和平甚至全球和平观念。在文艺复兴期间，这些观念发展势头十分强劲，甚至相当超前，然而之后又逐渐枯萎，几近消失，直到启蒙时期才再次迎来巅峰时刻。

在十六世纪早期，几乎与宗教改革同时，一波汹涌澎湃的和平运动浪潮震荡着欧洲，其势不可挡的能量主要归功于欧洲文艺复兴人文主义的观念世界释放出来的思想脉动。众多杰出的头脑参与到这场运动中来，英国政治家莫尔（1478—1535）、鹿特丹的尼德兰学者伊拉斯谟（1466—1536）、德意志前神父弗兰克（Sebastian

Franck，1499—1542）贡献了最具决定意义的文献。他们一下子就将辩论推向一个更高层次。

莫尔的政治小说《关于最完美的国家制度以及乌托邦新岛的既有益又有趣的真正金书》（*Libellus vere aureus nec minus salutaris quam festivus de optimo reipublicae statu, deque nova Insula Utopia*）于1516年年底出版于尼德兰城市鲁汶。众所周知，它的中心词“乌托邦”（即所谓“乌有之乡”）早已成为一种文学类别的名字——“乌托邦文学”。莫尔是伦敦法学家同业公会会员、议会议员，时人都知道他是坚定的天主教徒，律己甚严，品格高洁。莫尔的机智与风趣为人称道，他发表的语文学著作使他蜚声海外。莫尔被视为人文主义者，他与伊拉斯谟和小霍尔拜因结下了终生友谊，许多著名人文主义者也是他的熟人和崇拜者。

《乌托邦》是古代之后第一部具有开创意义的乌托邦社会主义著作。坚定实行的对抗（Konfrontation）技法决定了这部作品的结构：第一部分对当时英国社会的弊端——主要涉及政治与社会方面——进行了毫不留情的批判，第二部分构想出英国社会的对立面。莫尔描绘了一个按照共产主义原则建立起来的理想国家制度，它消除了不平等与压迫，公平分配共同生产出来的产品。莫尔的焦点主要集中于这一乌托邦构想，因此战争与和平的问题处于他研究的边缘而非中心。对于一切玩弄暴力和权力的政治，莫尔都深恶痛绝。出于宗教原因，他也十分反感一切革命性质的变化。莫尔代表一种革新式人文主义，以颇具“不列颠式”的精神特质结合了强烈的威权感与洒脱的自由精神（Freigeisterei）。莫尔只对实现和平的内政条件而非外部条件感兴趣，因此，他得出的最后结论基本上是悲观的：

> 乌托邦人憎恶战争胜过一切别的事物，就好像战争是某种野兽一样的东西。然而，没有任何一种野兽像人那样热衷于此道。

伊拉斯谟的和平思想同样前后冲突，同时也被这个时代所有想象得到的自相矛盾所撕裂。民族性这一视角对他来说无足轻重。伊拉斯谟自认是世界市民，并且享受着他的著作带给他的国际知名度。尽管他具有世界主义情怀，伊拉斯谟却拒绝世界国家（Weltstaat）这个概念。他这样问自己与大家：“一个君王怎么可能统治一个这样的国家?”这位饱学之士一再反对战争、捍卫和平，其背后的动机不止一个：出于直觉蔑视暴力、残忍、狂妄、谎言、自负。在他看来，战争本身总是具有某种幼稚的青春期特征，成熟男人不屑为之。

此外，伊拉斯谟的和平反战思想还显得非常冷静、深思熟虑、谨慎，似乎不掺杂情感，却又明显出于由理性驱动的对弱小与受压迫者的同情。正是这些人一再受到战争的摧残，他们孤苦无告，不得不独自承受战争带来的难以想象的苦难。从这种民主视角出发，伊拉斯谟试图解释，为何无论世俗还是宗教统治者，无论是否受到良心的谴责，都要不断发起战争。他希望可以调节、安抚、平息争端。伊拉斯谟唯恐自己会有所偏袒，他最希望自己不从属于任何党派，能够不偏不倚，因此不会对任何人不公。

这使得伊拉斯谟陷入困境。和伊拉斯谟的其他著作一样，他关于战争与和平问题的表态，无不是对某些具体事态的回应，受某些身居高位、出手慷慨的主顾和恩主的委托而作。这些人自然希望伊拉斯谟能够为这样或那样的战争政策摇旗呐喊。伊拉斯谟小心翼翼、蹑手蹑脚地避开恩主施加的压力，我们几乎难以察觉。他赞成“全面质疑现行的观念”，比如他认为，基督徒君王——其实是非基督徒君王——发起土耳其战争，只不过是为了更好地镇压本国人民。教会在和平问题方面的应对失败，使得伊拉斯谟终其一生都不信赖教会能维系和平，并对此忧心忡忡。他向自己的朋友、教宗哈德良六世提出了一个堪称冒失的问题：为什么教宗的权威看起来更适合于发动战争而不是平息战争?

伊拉斯谟一向不赞成镇压宗教改革运动，因为战争只会孕育新的战争，成为将来革命与灾难的源头。当他受到逼迫和威胁，不得不针对土耳其战争而写一点东西的时候，伊拉斯谟踟躇很久而最终决心承认：一场针对“不信教者”的战争可被允许。然而他旋即又补充了一条限制：土耳其人取得的所有胜利都要归因于基督徒的罪孽，所以也应该被理解为某种启示，即神对基督徒的震怒。结论就是，真正重要的不是对土耳其人的战争，而是要改革和转变基督教思想以及基督教会——他十分享受地将谚语 Dulce bellum inexpertis 阐释为：没尝过战争苦头的人才会认为战争甜蜜。

伊拉斯谟有两次清晰扼要地表明了他的和平思想，并且两部著作前后相继问世。一部为《论基督教君主的教育》（*Institutio pirncipis Christiani*），出版于 1516 年，是为年轻的查理五世撰写。伊拉斯谟建议设立某种安全理事会，由政治家、教会人士、学者、神学家组成。他如此解释成立安全理事会的理由：缔造和平是一项棘手的事务，既不能单独交到军人手里，也不能单独交给政治家。君王应该投身于国内的技术建设，将自己从对战争的关注中解脱出来，比如改良土壤促进农业，关注交通、贸易、经济等方面。所有税收政策的制定，都应该让巩固和平变得容易、发起战争变得困难。由于只有没文化、没教养的短视之人会沉迷于战争，国民教育举足轻重。如若筹划得当，国民教育将会成为真正和平社会的根基。

一年之后，伊拉斯谟写出毁誉参半的名著《和平的控诉：它被万国抛弃、压制》（*Quaerela Pacis*）。伊拉斯谟希望通过这部著作声援尼德兰与勃艮第的和平政策。两国属于［意大利战争期间的］康布雷同盟（the League of Cambrai），在 1517 年想要对抗皇帝党与教宗党，推行自己的和平政策，却举步维艰。伊拉斯谟采用文学修辞手法，让和平化身为人物形象登台诉说，从而赋予和平的控诉和谴责以正直的尊严与说服力。将近结尾处的总结触及和平的核心问题：

> 绝大部分人民都厌战而祈求和平。只有极少数人，他们邪恶的幸福靠的是所有人的不幸来滋养，只有他们才希望发动战争。这些人罪恶的意愿压倒了所有善良人的意愿。这是否公平，我留给你们自己去判断！你们也看到了，这些结盟政策迄今为止没有取得任何成就，这些联姻政策没有推进任何东西。暴力或复仇政策同样也所获寥寥。比起这些危险，我们看看谅解与善意和良善能带来什么。原谅一定能够衍生出原谅，善行一定能够帮助善行。凡是为此而牺牲自己权利的人，将是最具王者气象之人。

这就是典型的伊拉斯谟思想：将做决定的自由和权限移交给人民主权，而宽宥与仁厚则是实践中可以用来避免战争的唯一手段。

相比起来，弗兰克《反战与和平的战争小册子》（*Kriegbüchlin des Frides wider den Krieg*，1539）的口吻就更加不接受妥协与让步。弗兰克在英戈尔施塔特、海德堡学习神学，接受了良好的人文主义教育，并领受圣秩成为天主教神父。然而，他受到路德学说感化改宗新教，却又于1528年解除一切教派约束。作为“自由的”亦即受迫害、一再被驱逐的作家，弗兰克辗转于纽伦堡、斯特拉斯堡、艾斯林根、乌尔姆，最后终老于瑞士巴塞尔。终其一生，弗兰克都过着清贫生活。他撰写过史书，著有《编年史与历史圣经》（*Chronika*，*Zeitbuch und Geschichtbibel*，1531，内附《异端编年史》），成了宗教批判者，著有《悖论》（*Paradoxa*，1534）。在这两部著作里，弗兰克谴责封建主阶层的专制与暴政。他虽然与闵采尔（Thomas Münzer，1490—1525）的革命行动保持距离，却十分认同他的思想纲领。弗兰克被划为“狂热思想者”之列，因为他从一个受神秘启示的立场出发，希望建立一种独立于圣经和一切信仰典籍的宗教生活，一个由思想者组成的自由共同体，不受任何教会的强制，没有圣事、没有宗教礼仪。弗兰克虽然情感冲动，却眼光敏锐，在写下的箴言中显示出自由思想家的本色。在他身上一切可喜的东西都经受住了时间的考验：毫不做作的情感世界、文采、坦率与朝气。

《战争小册子》抨击路德宗以及严苛的加尔文宗，视它们为人的内心安宁与外在安宁的主要敌人。“教会高墙”（die Mauerkirchen）① 是一切不幸之源。土耳其人是和平之敌？弗兰克对此嗤之以鼻，并尖刻地指出，皇帝的士兵在洗劫罗马城时比土耳其人猖獗多了。1529年那些本应将维也纳从土耳其人手中解救出来的基督教群氓也一样。“嗜血的神学家”竟然因所谓的基督教信仰而惦记着为这些杀人如麻、四处烧杀劫掠的兵痞辩护，甚至不惜大加赞扬！不，热心战争的理论家没有任何理由可以为这些兵痞的行为辩护。弗兰克的结论简洁明了：

> 整个以色列在旧约里四处征战，因此我们在新约里不应发起战争。

伊拉斯谟与弗兰克的论战富有启发、大有教益、发人深省，它使得一个现象学层面的自相矛盾浮出水面。一方面，这场论战是一场思想游戏或思想实验，因为它更多在反复掂量与斟酌，而不是想要以理服人。论战在哲学层面进行，饱含怀疑与反讽，各种机锋与灵光随处闪耀，意在从理论上透彻思考问题。另一方面，这场论战又是针对紧要关头提出的纲领，即着眼于解救难以忍受的社会境况，因此更偏向于直接提出要求或得出结论。它带有寻常人思维的清晰，

---

① ［译注］语出帕拉克尔苏斯（Paracelsus），意指一切成建制的基督宗教。

用语形象粗俗甚至粗鄙，将推进理论思考的逻辑必然性贯彻到底。许多和平先驱者与人民的关系极为不同、互有差异，上述自相矛盾不过是这种关系共有的特征。在文艺复兴时期并通过文艺复兴，这种矛盾第一次浮出水面，后来虽然出现了无数变体，但从未彻底消失，而是贯穿了资产阶级市民（bürgerlich）思想的和平观，直至德意志古典哲学，甚至在它之后还不绝如缕。

1525 年以后，德意志文艺复兴人文主义者兴起的和平运动被迅速而有力地粉碎。直到十六世纪中期，大多数代表人物都面临着各种教派的宗教法庭的镇压与羞辱、驱逐与迫害。他们中有的人最后孤苦伶仃地死在流亡途中。许多人离开故土，在他乡寻找避难之所——或许还有宽容。意大利人逃到克拉考（Krakau）或锡本比根（Siebenbürgen），① 西班牙人逃至英格兰，法国人逃至瑞士或尼德兰，德意志人则逃至帝国境内尚保持一点独立的小公国或伯国。这些被击溃和驱逐后隐伏起来的人自然是带着他们的精神财富一同踏上逃亡之途，他们在流亡途中遇见宗教异见分子，便以教团或秘密会社的形式组织起来，就像弗兰克那样，以一种绝对的方式，按照某种异端的和平理想来生活：在即将来临的新时代，也就是必将成为基督时代的新时代，战争将不再是调停人与人之间争端的合法手段。浸礼会、波西米亚兄弟会、门诺会、苏西尼派、非三位一体派等教团，为这样的信念承受了许多苦难，许多人还为此献出了生命。

他们的精神遗产为贵格会所继承。“贵格”是这个团体的敌人给他们起的诨号（英语的 quaker 即“颤抖”，讽刺其教徒称受神感召而全身发抖），他们接过这个称号，视为自身特征的光荣称号。自十七世纪中期以来，贵格会聚集在领袖人物福克斯（Gerge Fox,

---

① ［译注］两座城市均一度为神圣罗马帝国的城市，现分别位于波兰与罗马尼亚境内，名为克拉科夫和特兰西瓦尼亚。

1624—1691）周围，不久就成为一股不容小觑的灵修运动。该运动成员（每人都有自己的独到理解）坚定不移地追随着自己“内心的光”。耶稣基督用这光普照所有顺从他的人，引领他们走向真理与新生。他们厌恶战争，拒绝服兵役，蔑视一切形式的暴力。他们承受着宗教与世俗机构最为严苛的镇压与斥责，却为后世树立了放下武器、被动抵抗或半主动抵抗的榜样。他们以正直和不怕牺牲的姿态，寻求理论与实践、思考与行动、和平理念与和平行动的结合。

为了传播贵格会的思想财富，成员们偏爱的宣传手段有小型密社和大型集会、口头辩论和面向平信徒布道。不过，他们还是留下了一些书面和印刷品文献。他们的精神领袖之一巴克莱（Robert Barclay，1648—1690）在《为真正的基督教神学申辩》（*Theologiae verae Christianae Apologia*，1767）一书中，以毫不妥协的立场对战争展开了巨细靡遗的攻击。在著述与外交上均十分老练的坦普尔爵士（Sir William Temple，1628—1699）与贵格会走得很近。他假托考察尼德兰七省联盟（*Observations upon the United Provinces of the Netherlands*，1673），阐明通过何种手段和策略来获取和平。贵格会的殖民地创立人、避难者的组织者，佩恩（Willian Penn，1644—1718，他与父亲同名，其父是一名屡战屡败的著名英国海军上将）于1682年在北美（即“佩恩之林地”，宾西法尼亚州即得名于此，即 Pennsyvanien）与印第安人签署了一份和约，从而建立起一个没有武装力量的政府，并以批判的保留态度回望欧洲旧大陆，省视欧洲当前与未来的和平（*Essay towards the present and future peace of Europe*，1693）。

1710年，伦敦还匿名出版了一项受贵格会观点感染的缔结和平的《动议》（*Proposal*），想要宣告成立一个基督教世界共和国。在这个共和国里，所有人——无论统治者还是臣民——都沐浴在上帝一视同仁的恩泽之中。马克思多次提到这一纲要的作者：他在《资本论》里多次援引这位贝勒斯（John Bellers，1654—1725），称他为“政治经济学史上的一个真正异象（Phänomen）”。

三　绝对王权时期

随着中世纪等级制的帝制不可避免地逐渐土崩瓦解，在十七世纪和十八世纪初期，绝对王权制度逐渐成为欧洲社会现实里各个封建单位的主流政体形式。在尼德兰、英国、法国的土地上，三大西欧民族国家逐渐成型。这一过程在时间上几乎同步，政治上却走上了不同的道路。三十年战争留下了可怖的后果（八十场会战与围城，阵亡率至少为 25%），它留下的世界末日般的伴随现象更加可怖（饥馑、物价上涨、瘟疫、疾病），诸如生产工具、住所以及其他物质文化遗产等实物折损和毁灭，就更是不计其数。这三国的发展过程极大改变了战争与和平之辩证关系的客观条件，迫使人们寻找新的基础、方法和目标，以便从思想上消化这一发展过程。

绝对王权这一国家形式最为本质的特征就是政治权力的最大程度集中。君主（皇帝或沙皇、国王或诸侯）可以不受限制地亦即“绝对地”施行统治，因为他取消了所有等级（即议会，也就是所谓三级会议、国家杜马或其他封建统治阶级利益的代表）。主权者的身位（Person）集立法、行政、司法权于一身，以常备军为后盾推行自身的权力，他创造了一套等级森严的官僚机构，所有官员诸如各部大臣都不过是执行统治者意愿的工具而已。在“王座与祭坛”的联盟之下，君主常常也是最高宗教领袖（比如在英国和俄国），或者竭尽所能限制教宗的支配权（比如在法国），或者至少可以——按照著名的“教随国定”（Cuius regio，eius religio）的口号——行使决定其臣民之宗教信仰的权限（比如德意志诸邦）。

对封建关系极为有利的中央集权现象的出现，有着多重原因。

中央集权得到强化，可以代表一个正在形成的民族利益来行动。然而，中央集权虽然消除了等级代表，却仍然服务于封建阶层的利益，他们的特权是不容侵犯的。为了保护封建贵族，封建统治阶层对人民的反封建运动实施镇压。中央集权促进手工业，推行重商主义经济政策，并通过对资产阶级作出各种妥协（保护经济增长、促进贸易、创造统一市场等），成功地暂时分裂了资产阶级与人民及其需求。绝对王权国家的代表常常施展手腕，成功使贵族与资产阶级相互制衡。通过政治制衡，主权者又进一步获得更多权力。然而，绝对王权制度开始被迫将枷锁加诸逐渐发达的资本主义生产方式之上，否则资产阶级将会危及它自身权力地位的根本——正是在这个时候，绝对王权制度在历史上的所有进步特征都消失殆尽。

许多（或大或小的）绝对王权国家并存，自然使得一切可能形式的对抗、分歧、敌意与侵犯大行其道。它们以战争冲突的形式爆发出来，几乎从未中断过，消耗了巨量金钱与鲜血。因此，大多数绝对王权制度理论家在其政治、法学与道德哲学的考量之中都毫不犹豫地认为，战争与和平的永久交替与并存乃是不可改变的事实，虽然或许令人扼腕，但这一事实既无法否认也无法消除。他们认为，“战争权”原则上毫无争议、不容置疑。这些理论家难以想象，在几十年之后，竟能在这一前提之下编撰出一部《欧洲公法》（*ius publicum Europaeum*）来。因为他们认为，这个问题不可能有总体解决方案（普遍地确立和平或禁止战争），所以这些理论家都只是寻求权宜之计或暂缓之策。

为了降低战争带来的弊端，如果可行的话，甚至降低到最小，唯一可行的就是赔偿、削弱（Reduzierung）以及建立规则机制（Regelmechanismen）。十七世纪是形成欧洲均势理论、拟定“经典”和平条约、形成国家理性与国家和平等观点、诞生国际法的繁荣时期，所有这些命题、实践或理论，都离不开由绝对王权制度之下的世界观所形成的前提与结果。

既然无法避免相互竞争、对立、敌对的国家之间持续发生争端，怎样才能使其最小化呢？均势理论试图回答这一问题。它提出建议说，关键在于阻止居统治地位的（präponderierend）势力之一获得真正的霸权地位。也就是说，必须通过大国之间的均势抑制所有称霸的野心：通过精明计算出来的结盟体系，通过即便小国也应该加入从而保障自己利益的协约。少一点战争，多一点和平。无法再达成更多了。真正的技艺在于，将动摇不定的均势一再重新变成一个相对稳固的均势。

均势理论虽然用心良苦，自身却问题重重。在绝对王权时代，它只能带来短暂的虚假成功也就不足为奇了。均势理论常常只是各王朝掩盖人尽皆知的侵略意图、捉摸不透的外交阴谋的意识形态外衣。尽管如此，或者说惟其如此，均势理论被证实十分长寿。欧洲好几场较大的权力斗争都在建立（或重建）均势的口号下决出胜负，尤其是针对西班牙腓力二世、法国路易十四的战争。甚至到了十八世纪和十九世纪，英格兰仍然以“权力平衡”（balance of power）作为它欧洲政策的宣传口号。均势理论还拟定出适用于专制（despotisch）君主的变体。为了所谓所有人的福祉，均势理论建议将保障政治形态之均势这一任务交付给一个强大同时又“开明”的伟大统治者。大多数这类建议都是意指普鲁士的弗里德里希二世或拿破仑·波拿巴。其同时代人就已经批评指出，此类建言会导致一个矛盾，即为阻止霸权反倒要扶植一个霸权。

既然较大范围、较长时段之内的和平无论如何都毫无希望，那么，需要怎样做才能至少暂时在某一地区范围之内实现和平呢？这一问题本身已经将要求再次大大降低。对此的回答是：必须确保不会对战后缔结的和约进行牵强附会的阐释。因此，和约就必须在法律上经得起推敲，表述精准，绝对没有歧义，字字必究。和约双方都不得逃避或曲解条款来破坏双方一经签署就意味着要承担的义务。正因为如此，该观点也建议在谈判时期就要谨慎区分暂时的与最终的协议，并在和约文本中分别安排，即分别出所谓“临时条款”与“确定条款”。正是绝对王权时代的和约文件在法律上精确斟酌的这种形式，为它在后世带来具有某种古典味道的名声。

事实上这根本站不住脚。实际上，不仅仅是缔结和约双方自己清楚（反正大多数情况下他们也会签署秘密条款与附加条款），而且所有人都清楚，终止战争不过是为了能够在下次重新发起战争。缔结和平根本就不是真正的结束。和约最终不过是暂时协定，用来暂时调停诸侯国之间具体的利益冲突而已。就这样，和平概念萎缩成一个普遍认可的概念：它只是暂时的外交协定。这种相互妥协之所以竟然还有可能被遵守一小段时间，也只是因为欧洲上层贵族倾向于原则上至少对各自内政方面的统治权给予一定的相互尊重。从内容上看，这些和约至少不能被称为“古典”——这一点后来被康德一语道破。他的哲学构想的第一条要求就是：

> 任何和约的缔结，如果是以为了一场未来的战争而秘密地保留物资来进行的，均不应当被视为和约的缔结。

康德接着论证道，在这种情况下，“和约的缔结就会只是停火，是敌对行为的延迟，而不是和平”。①

然而，按照绝对王权制度的主权思想，外交和平并非国内和平。两者被严格分隔开，互不相干。宗教改革使得基督教世界四分五裂为众多教派，这也意味着所有关于一个超越民族共同体界限与国家界限的“真正的和正义的和平”（pax vera et justa）的想象彻底破

---

① 康德，《论永久和平》，译文参看《康德著作全集》第8卷，李秋零译，北京：中国人民大学出版社，2010，页348。

产。每个国家都有自己的秩序，各国在各自秩序之内的安宁，是为“国内和平”（pax civilis）。将和平概念一分为二，这一做法也顽固地延续了很长时间。许多替封建制度辩护的人十分重视它，然而直到资产阶级理论家才使其得到彻底发展。当时十分流行的《策德勒百科辞典》（1735）里的“和平”词条还写道：

> 和平……是在共和国获得安宁之前取得的，因为没人会伤害别人，而人人都让别人不受打扰地享受自己的权利。

然而，绝对王权制度下的国家理性在向外的同时也对内，也即如下原则：实现国家福利（Staatswohl）、维持和扩张国家权力，是国家行为的标准和准则。这也涉及另一学说，它可以追溯到意大利文艺复兴时期的哲学家马基雅维利，即国家在使用对其自我保存而言是必要的权力时，可以不用顾忌现行法律或当时盛行的道德。由于国家化身为主权者人格（路易十四在1655年有“朕即国家”一说），原则上，主权者根本不用有任何法律、道德哲学，甚至和平政治上的考量。他唯一需要考量的是权力政治。这最终意味着：和平与法律、和平与道德、和平与哲学原本就不应该被放在一起，这不合逻辑，也毫无意义。在那些不食人间烟火的人无关紧要的胡言乱语中，它们或许还占据一席之地，在残酷的现实生活里，它们一无是处，在个别情况里可能是谎言——不是错误就是自欺欺人。绝对王权国家理性与和平为敌。

在封建制度时代，思想家着手以哲学方式来解决这一两难困境。霍布斯既不打算亲近君权神授说，也不打算亲近自由主义的三权分立，而是试图将两个截然不同的原理调和在一起：一为国内和平，一为国家理性。霍布斯的笔法严酷，也充斥着笨拙的前后矛盾，他的著作有《论市民》（1642）和《利维坦，或教会国家和市民国家的实质、形式和权力》（1651）。德·贝蒂纳，叙利公爵（Maximilian de

Bethune，Herzog von Sully，1560—1641）拟定了一个《大和平计划》（*Grand Dessein*，1645）。为了提升其提议的公众影响力，他假托此书出于法王亨利四世（1553—1610）之手。这位国王打压宗教战争，深受人民爱戴。这份令人惊讶的文献也处于时代更替之际。德·贝蒂纳相当明目张胆地宣传绝对王权制度的主权思想，以及残忍的权力政策，以确保法国在欧洲新秩序中的霸权地位，以便在另一方面至少致力于成立一个民主机构——总理事会（Conseil général），它效仿古希腊的近邻同盟（Amphiktyonen），采取过半数原则来决定战争或和平。

战争与和平问题日益尖锐化，它越来越清晰、越来越难以回避：原则上每个国家的主权与独立性都不会允许任何凌驾于国家之上的审判权，遑论执行权。不管以何种社会或意识形态为根基，凡是在国家内部作为“民法”（ius civilis）原则上是可能的东西，一旦放到国与国之间的共存层面，原则上就变得不可能了。或者并非如此？现在亟需的是国际法或国与国之间的法。从此开始，万民法（Völkerrecht）成为国际法（拉丁语 ius gentium，德语为 Völkerrechtswissenschaft，法语为 Droit international，Droit des gens，英语为 international law，Law of nations）。它诞生于反封建思想正打算将中世纪的伪秩序连同绝对王权制造的混乱一股脑取缔的历史时刻。这一双重创举仅仅依靠为数不多的十七世纪末期下述西班牙神学家还无法完成，他们是卡萨斯（Bartolomé de las Casas，1474—1566）、维多利亚（Francisco de Vitoria，1492—1546）、德莫利纳（Luis de Molina，1535—1600）、苏亚雷茨（Francisco Suárez，1548—1617）。他们常常被冠以“巴洛克经院哲学家”的头衔，其实并不准确。直到一位意大利学者、一位荷兰学者、一位德意志学者才真正实现了突破：1598 年真提利（Alberico Gentili，1552—1608）的三卷本《论战争法》（*De iure belli libri tres*）问世，1625 年格劳秀斯（Hugo

Grotius，1583—1645）的三卷本《战争与和平法》（*De iure belli ac pacis libri tres*）问世，1672 年普芬道夫（Samuel Pufendorf，1632—1694）的八卷本《自然法与国际法》（*De iure naturae et gentium libri octo*）问世。

三位思想家中最重要的是格劳秀斯，他无论在思想上还是风格上都极具荷兰特色，而荷兰是“资本主义的模范国家”（马克思语）。他用尽可能去神秘化的自然方式来阐释问题：只有当人与人、民族与民族、国家与国家之间不单单并存，而是相互合作，才能最好地和平共处。格劳秀斯坚持这一基本思想，提出陆地与海洋的交通自由——早在 1609 年他就出版了《海洋自由论》（*Mare lirerum*）——以及人与货物的流通自由、为了双方的利益与盈利而不受阻碍的商品交换自由。《论捕获物与战利品法》（*De iure praedae*）可能创作于 1604—1605 年冬，涵盖面十分广泛，格劳秀斯生前并未出版。格劳秀斯从正派商人的贸易与商品交换的领域提炼出他契约思想的模型，并将其运用于国家法和国际法：契约应该允许甚至保障没有战争的和平共处。这样的契约必须满足三个原则，即自愿、权利对等、相互获利。

凡此种种都是挺进到新大陆的崭新思想轨迹。这些思想轨迹将封建的、宗教的自然法转变成了资产阶级的、理性的自然法。它希望找到人类共同生活的经验与物质前提，而不是超验的、精神上的前提；它希望通过理性而不是暴力来解决（说避免更为恰当）冲突。因此，在追溯这些思想的统绪时，他并没有提及经院哲学或是从圣经或基督教教父提炼出来的原理，而是更愿意且更频繁地援引亚里士多德、廊下派、西塞罗（也就是说全都是“异教”来源）。虽然这并不会彻底否定基督教信仰根基，但却促成毫不客气地、不再可逆地告别十字军东征的旧意识形态，也促成对当下殖民者发起的掠夺性战争的严厉批判。

当然，对殖民者掠夺性战争的批判常常采取口是心非、迂回狡诈的表达方式，因为这时候（自 1602 年起）可是出现了荷兰东印度公司及其难以估量的商业利益。然而，论证这时已经不再需要宗教的，更不消说教派的理由了，甚至都不需要批驳它们，因为它们早已变得多余。正如有人准确地观察到，在这些国际法教师的观念里，不同宗教都同样有效，因此也都同样无关紧要。

1623—1624 年间，巴黎出版了一部由学识渊博的僧侣格鲁克（Émeric Crucé，1590—1648）撰写的国家法著作《新居勒尼或论在全球建立普遍和平以及贸易自由的机遇与手段》（*Le Nouveau Cynée ou Discours d'Estat représentant les occasions et moyens d'establir une paix générale et la liberté de commerce pour tout le monde*）。该著作与格劳秀斯支持与反对的观点惊人地一致，甚至在某些方面偶尔还略胜一筹。据普鲁塔克记载，书名中出现的居勒尼是摩罗西亚国王皮洛士的亲信。据说他殚精竭虑地抑制他的主公以及别的统治者的战争欲望，并向这些统治者提出切实可行的建议，如果他们真正想要和平并且懂得如何相机而动，应该怎样做才能十拿九稳地获得和平。

格鲁克也是如此行事。他认为，战争的起因在于君王恶劣的性格和自私的心性，这已是不容争议的事实。然而他也并不认为和平就因此毫无希望，因为在他看来，人类社会是“一个庞大的躯体，其四肢百骸处于一种秘密的相互联系之中”。一切国族“都通过一条自然因而不会散开的纽带而相互约束在一起”，只要他们——或顺应或违背他们君王的意志——感受到这一约束，一切都会自然而然地、似乎自动地走向和平。格鲁克在谈到国族间的相互约束时，他具体指的不是别的，就是能带来好收成的现代农业以及惠泽所有人的自由国际贸易。

为了使得从事这些生产活动变得更加容易，格鲁克还提出了内政与外交两方面的举措。应该在威尼斯设立一个国际联盟和国际仲裁法庭，以调停国际争端。为了达到这一目的，在国际联盟里不仅要有欧洲国家，还要联合东方以及亚洲国家（格鲁克提到俄国、土耳其、鞑靼国、波斯和印度）。如果这些国家强大的军队不再忙于打仗，将会是何等幸福。为了不让军队因失业而变得游手好闲，应该把建造定居点、河道、堤坝、蓄水池、船舶等任务放心委托给他们去做，或是让他们来改良土壤。只有将军事才干转换成科技才干，才可能实现从战争时代向和平以及国内改革时期（比如改革社会福利立法、税收、贸易、扶贫、促进科学以及改善法律系统）转换。通过经济上的周全考虑而保持货币价值的长期稳定，并结合法律上确保对外国人的保护，将会使得商业与交通繁荣兴盛，并使人心满意足，这样他们根本就不可能再起愚蠢的念头，或因为天然而生的国族与宗教差异而产生敌对情绪。

无疑，这位具有人道主义思想的僧侣和教师（此人长期以来籍籍无名，直到 1900 年前才被比利时史学家重新发现）的构想非同寻常，尽管个别地方看起来有些天真烂漫，但他已经远远超越了他的时代。对格鲁克一无所知的后人根本无法得出或是冥思苦想才得出的许多结论，格鲁克早就已经道出。他和格劳秀斯一样，扮演了先驱与开路人的角色（两人有可能相互认识，不过尚无证据），开启了随后讨论和平问题的启蒙运动阶段。

四　法国启蒙运动

在十八世纪，法国启蒙作家接过了欧洲和平辩论的大旗，坚定不移地辩论了整整九十五年，并产生了巨大影响。这期间，首次出现了一位开路先锋般占据主导地位的核心形象，几乎所有重要的倡议和后续影响都来源于此。从外部事件经过来看，用关键词“圣皮埃尔及其结果”来描述和平辩论的此一阶段，不会有简化之虞。

在这场辩论之前还有一场序幕，首先粉墨登场的是还死守着旧观点不放的极端保守作家。1700 年前后，路易十四的权力扩张达到顶点，同时也达到边界，这时出现了一场如何评价这位国王的激烈争执。路易十四究竟是给万民带来福祉的和平之君，还是吸血鬼和暴君？路易十四盘剥民众、管理混乱、穷兵黩武、因轻率而使得国库空虚几近破产，面对这些谴责，即便那些或真心或假意替“太阳王”辩护的人也很难替国王辩解，他的军事冒险尤其越来越成为猛烈批判的交叉火力点。

在这种情况下，有两位具有复辟思想倾向的杰出作家认为，勇敢无畏地指出绝对王权制度的一些根本矛盾，揭露它的弊端、过度和畸形发展，不仅恰当，也有必要。虽然他们还根本谈不上醉心于反叛的甚至革命的观念，但他们毕竟点出了绝对王权制度恃强凌弱、穷兵黩武的问题，这已经算得上相当肆无忌惮了。首先是拉布吕耶尔（La Bruyère，1645—1696）和他的散文作品《品格论》（1688）。这部作品是由社会批判画像与对问题的探讨拼成的马赛克，它包罗万象，给人留下深刻印象——作品全名为《泰奥弗拉斯托斯之人物志，译自希腊文，附本世纪之品格与风俗》（*Les Caractères de Théophraste*，*traduits du grec*，*avec les Caractères ou les Mœurs de ce siècle*）。教会大贵族费奈隆（Fénelon，1651—1715）竭力仿效拉布吕耶尔，冗长的十八卷本成长小说《忒勒玛科斯历险记》（*Les aventures de Télémach*，1699）便是一例。小说旨在教育王太子，受到读者的热烈追捧。费奈隆的效仿还体现于一部匿名出版的对话集《红衣主教黎塞留、马扎然及其他人的几场谈话》（*Dialogues divers entre les cardinaux Richelieu et Mazarin et autres*，1700），他并不避讳是以路吉阿诺斯（约 125—180）和丰特奈尔（Bernard le Bovier de Fontenelle，1657—1757）为榜样，也的确像他们一样言辞犀利，狠狠嘲讽统治者热衷攻城略地。这些作品文笔老练而优雅，它们松动了土壤。

拉布吕耶尔与费奈隆都认为战争既愚蠢又残酷。两人倾尽雄辩之才，鞭挞战争，称它是对国家财产毫无意义的挥霍，是对穷苦人民不负责任的奴役。然而，最重要的是，两人都认为战争不可避免。尤其两人一开始探索战争的起因，马上就跌落到神学解释层面。拉布吕耶尔依附于廊下派以及教父学传统，在他看来，人类早在最初就已经表现出自私与不公，他们不满足于自己的所有，还觊觎邻人的财产。这一点在整个人类历史上都未曾改变过。费奈隆反对社会契约论的自然法原则，他认为这不过是空想，唯有基督教的博爱（Brüderlichkeit）诫命才值得信赖，所有人都是同一个上帝的孩子，或许这位父亲最有可能为他的大家庭带来更多安宁。因此费奈隆提倡均势理论，他认为，如果战争无法根除，那么或许这一理论能够帮助遏制理应受到谴责的战争。

这些思想萌动并未将和平辩论向前推进多少。讨论有陷入停滞和淤塞的危险。这时有一个人站了出来，向这一辩论的思想竞技场输送了更多新观点。他毫不犹豫地谴责整个均势理论。他认为，两家、三家甚至多家王室之间的权力制衡，并不会形成长久的秩序与安全。只有从各国人民和统治者中产生出一个“由平等成员组成的新社会”（societé nouvelle entre pareils），这一不幸的、令人绝望的动荡局面才会真正有机会从根本上得到改善。新社会的成员国——他预计有大约两百个——如果真心希望和平，那么不管他们是否愿意，他们都必须下定决心彻底重新整顿当前欧洲的秩序。这应该一点也不难，或者说并非毫无指望：毕竟它的榜样神圣罗马帝国现在都还屹立不倒！

照这么说，这是一个基督教主权国家之间的联盟，虽然是建立在古老皇权的废墟之上，依据的却是邦联式（Konföderation）的平等原则，其根基是各国当前领土占有的局面，不得再作更改。这一联盟首先建立在欧洲国家之间，而后也对欧洲以外的国家开放。联盟不得干涉任何成员国的内政，除非是为了维护该成员国的政体形式（Verfassungsform）或是该国境内爆发了革命。联盟既要阻止国际战争，也要遏制内战。所有这一切都被牢牢固定在一部巨细靡遗的协议之中，其中包括十二则基本条款（articles fundamentaux），每则基本条款之下又另有八则“重要”与“有用”的条款（articles importants et utiles）。条款明确规定且不得更改：设立一个常务和平大会；各国派遣具有不同层级投票权的代表；所有成员国的国界不容侵犯，因而也不允许因为继承、买卖、馈赠、割让、侵略或征服而改变；取消君主联合，由联盟来监管和促进各国之间的贸易往来。

所有这一切都记录在两部相继出版的著作里，前一部提纲挈领、掷地有声，后一部则周备详尽，可惜失之冗余。两部著作的法语书名相近，都使用了“永久和平”这个词，八十年之后，康德也以此作为书名和思想诉求，还称它“有赘语之嫌”。1712 年，科隆一位自称“热爱和平的雅克”（Jacques le Pacifique）的不知名出版商出版了《重建欧洲永久和平备忘录》（*Mémoire pour rendre la paix perpétuelle en Europe*）。该书后来又以三卷本形式出版，名为《重建欧洲永久和平规划》（*Projet pour rendre la paix perpétuelle en Europe*），前两卷于 1713 年在乌德勒支匿名出版，第三卷于 1716 年在巴黎署名出版。

德·圣皮埃尔（Charles de Saint – Pierre）生于 1658 年，自行坚信礼之后就自称为查理 – 依雷尼（Charles – Irénée）。他出生于一个没落的诺曼贵族家庭，献身神职，就读于鲁昂、卡昂、巴黎等地的著名耶稣会学校，成为神父，却很早就摒弃了天主教，最后甚至摒弃一切宗教，成了一名通俗哲学家，他终生都在或好或糟糕的意义上保持着这一身份。作为笔头快的高产作家，他从不关心读者的灵魂福祉，埋头勤勉地宣扬一切世俗改革。那些激荡时人心胸的话题，没有一个逃过他的关注。他发表过看法的话题包括陆军与海军、贸易与关税、经济与司法、统计学与金融、宗教宽容，他反对神职人员独身主义，反对乞讨，谈论过如何利用教育游手好闲者的感化院，最重要的是，他就国家、国家的社会福利机构、其政府和外交政策展开过辩论。他的许多观察与建言都颇有见地，但大多数流于表面，有一些则是异想天开，另一些则荒诞得令人发笑。

圣皮埃尔将《重建欧洲永久和平规划》这本书视为自己真正的、颇有建树的主要著作，这不无道理。一则轶闻说，早在 1708 年时他就已经发现了这个主题，那时他正乘坐颠簸的马车返回故乡。路况不佳使得马车缺乏平衡，这让他想起了动荡不安的政治局势。这部著作卷帙浩繁，从一开始就影响了它的传播。这位“知名神父”（le famaux Abbé）——圣皮埃尔不久之后就如此自谓——对此心知肚明，因此前后两次（1729 与 1738 年）出版了在他看来是简短的节本（Abrégé）。时人的反应毁誉参半，要么表示敬畏，要么朗声耻笑。

圣皮埃尔论和平的著作为何能有如此巨大的影响？因为尽管这部著作受到早期启蒙思想的局限，文风也乏善可陈，令其内容大打折扣，它却坚定地、以建设性的方式将资产阶级意识带入和平观念的辩论之中，以至于没有谁能视而不见。它要求每个人都要表明自己的立场：捍卫还是反对它。所以，这部著作激发起那个世纪几乎所有的伟大思想家发出自己的声音，或赞同或反对，或进一步细分或进行调整和改动——直到赫尔德与康德，中间几乎没有出现过较长的中断。如此绵绵不绝，着实令人惊叹！

首先是反对声音占上风。莱布尼茨（1646—1716）这位提倡哲学与宗教普世和谐的伟大哲人收到圣皮埃尔寄给他的《规划》后，两人通信到 1716 年。然而，莱布尼茨是彻头彻尾的理性主义者，丝毫不为神父的满腔热情所动。在一篇小文《评圣皮埃尔神父先生永久和平之规划》（*Observations sur le Projet de paix perpétuelle de l'abbé de Saint - Pierre*）里，莱布尼茨拥护一个由皇帝和教宗共同治理的世界帝国的想法，并强调《新居勒尼》的观点值得重视——莱布尼茨并不知道该书作者是谁。伏尔泰的回应要尖锐得多：不同意、讽刺、嘲弄。其中一首毒辣的短诗大致翻译如下：

> 幸好咱们在礼堂见到的只是
> 神父的一幅无声肖像，
> 否则若咱们见到本尊，
> 铁定能听到几句蠢话。

圣皮埃尔的“乌托邦”没能逃过伏尔泰的严厉审视。伏尔泰认为战争不过是人类非理性的表达。在遥远的将来，人类肯定会唾弃它，随后会慢慢将它逐出人类生活。因此，现在就做一些不切实际、不可能实现的白日梦，根本毫无意义。

圣皮埃尔神父将自己的和平规划寄给当时的著名政治家和权贵，以期能够感化他们。可以想见，神父的努力并没有获得多少成功。在法国，此举还使他与红衣主教波利尼亚克（Polignac）和弗勒里（Fleury）成为不共戴天的仇敌。两人于 1718 年将他赶出法兰西学院，而圣皮埃尔神父早在 1695 年就已经光荣地被法兰西学院接纳。更为有名的是，他希望结交普鲁士的弗里德里希二世，最后以失败告终。像当时许多法国早期启蒙思想家一样，圣皮埃尔也对这位当时被誉为“开明”的年轻王储寄予厚望。仅仅与他通过几次信，这位年届八十三岁高龄的神父便在弗里德里希登基之后迫不及待地赶往柏林和波茨坦，在那里却备受冷遇，之后还遭遇了更大的失望。

这一局面令人想起一桩戏剧性事件。弗里德里希二世刚好在他的《驳马基雅维利》（写于 1739 年，发表于 1740 年）中提出如下主张：维护和平是每一位君主的职责。只有在极少数十分明确的例外状况下，君主才能发动战争。然而，卡尔六世刚一驾崩，这位年轻的普鲁士君主就立即动员他的军队攻打奥地利属土。全欧洲都看到弗里德里希如何践踏国际法，向萨克森不宣而战，并对此怒不可遏，圣皮埃尔也加入愤怒的声讨之中。他重新修订了已经写完的手稿，该手稿原题为《思考驳马基雅维利》（*Réflexion sur l'Antimachiavell*），同时又出版了题为《政治之谜》（*Énigme politique*）的小册子。圣皮埃尔在里面分析了普鲁士国王“谜一般的”行为，并敦促他痛改前非，立即缔结和平。

当然，这位取得（一时）胜利的侵略者做梦都不会响应圣皮埃尔的敦促，但对此却十分重视，因为弗里德里希二世委托他的笔杆子——可能是普鲁士王家科学院秘书福尔迈（Jean Henri Formay，1711—1797）撰写了一篇尖锐有力的回应文章，《反圣皮埃尔或驳圣皮埃尔神父提出的政治之谜》（Anti – St – Pierre ou réfutation de l'énigme politique de l'Abbé St. Pierre），对圣皮埃尔毫不留情，最后得出结论说，圣皮埃尔根本没能成功证明普鲁士对玛利亚·特蕾西亚（1717—1780）的战争是不义的。

只有在十八世纪下半叶的法国晚期启蒙思想家那里，永久和平规划才发挥了积极影响。达让松侯爵（Marquis d'Argenson，1694—1757）自称是圣皮埃尔的弟子，想要将老师的思想化为实践。他提议为军事强国法国谋得一个为如此错综复杂的欧洲事务提供仲裁的法官角色。1757 年，一位名叫古达尔（Ange Goudar，1720—1791）的作家在阿姆斯特丹出版了一本同样着眼于实践的和平规划，名为《欧洲和平只可能作为长期停火的结果而出现，除此以外别无可能，或结合让一切政治势力达成二十年停火协定来实现普遍安定的规划》（*La Paix de l'Europe ne peut s'établir qu'à la suite d'une longue trêve，ou Projet de pacification générale，combiné par une suspension d'armes de vingt ans，entre toutes les puissances politiques*）。这个详尽的标题已经说明，作者认为战争不是必要的弊端，而是人类很难克服的恶习。由于这一恶习无法一下子铲除，我们就应该着手一步步将它根除。他猜想，也许二十年停火期之后就不会有人再想要发起战争了。达朗贝尔与狄德罗《百科全书》（1757）的“战争”词条里（没有“和平”词条）也阐明了这一原则，即理性与政治、自然法与行动要保持一致：

> 这样，只有当统治者的良心认识到战争是正义的，是为了实现公共福祉而必要的、不可避免的，他才可以发动战争。与此同时，他的冒险行动也应该得到更多人的期盼而不是担忧。

1766年，法兰西科学院为有奖征文竞赛出了这样的题目：参赛者要“突出和平的优势，让人憎恶战争引起的生灵涂炭，并呼吁所有国家团结起来确保普遍安宁”。在众多征文里，两篇文章分获一二等奖——分别来自德拉阿尔普（de la Harpe）和加亚尔（Gaillard）。八十年代涌现出许多匿名的和平规划，其中一篇名为《再论永久和平规划》（*Nouvel essai sur le projet de la paix perpétuelle*，1788），出自名不见经传的德圣日耳曼（Polier de Saint - Germain，1705—1797）之手。所有这些作品都多多少少带有圣皮埃尔的印记，作者都十分崇敬圣皮埃尔，承认圣皮埃尔用心良苦，并希望圣皮埃尔的规划能成功，虽然大多数在最后都不忘补充说，成功仍然遥遥无期。1775年，达朗贝尔在法兰西科学院诵读了纪念早已离世的圣皮埃尔的悼词，也表达了同样的基本观点：悼词为圣皮埃尔追加名誉，通篇交织着崇敬与遗憾之情。

还有一人早年追随圣皮埃尔的足迹，日后却背离了他的观点，开辟出自己的道路。此人就是加尔加茨（Pierre André Gargaz，1728—1801）。他被判在橹舰上划桨二十年（可能是被冤枉）。在此期间，他将两份包含如何使欧洲获得安宁之规划的手稿寄给了当时美利坚合众国驻法使节富兰克林。富兰克林于1782年在帕西（Passy）的私人印刷作坊里将手稿印刷出来，命名为《欧洲所有国家的调停人，或在欧洲所有主权国及其邻国之间建立永久和平的规划》（*Conciliateur de toutes les nations d'Europe, ou Projet de paix perpétuelle entre tous les souverains de l'Europe & leurs voisins*）。加尔加茨希望接续亨利四世，保留君王之位，但也要求他们必须履行承诺，派遣本国德高望重之士前往一个常设大会（congrès perpétuel）。该大会作为仲裁机构，负责解决冲突与争端。各国领土应该保持不变，常备军应该保留下来（否则职业军人将无所事事），但应该在和平时期交给他们一些有益的工作。只有当君王发动侵略战争，他才应该立即被选举退位。在督政府时期（1795—1799），加尔加茨出版了这一规划的增订版，称之为《社会契约，又名共济会联盟》（*Contrat social, surnommé Union Francmaçone*，1797）。显然，两部著作均反响平平。

迈出超越圣皮埃尔的决定性一步的不是别人，正是大名鼎鼎的卢梭。有两篇重要见解出自他手：一篇是《圣皮埃尔神父先生论永久和平规划节录》（*Extrait de projet de paix perpétuelle de M. l'abbé de Saint - Pierre*，出版于1761年，即《社会契约论》前一年），一篇是《评判永久和平规划》（*Jugement sur la paix perpétuelle*，同样完成于1761年，却直到1798年才出版）。卢梭之所以要去啃这位强烈相信自己乃和平预言家的人的三卷本大部头，并非出于他自己的意愿，而是马布利神父（Abbé Mably）的愿望和杜邦夫人（Madame Dupin）的建议。最终，卢梭决定用简洁的形式阐明圣皮埃尔的核心思想，并对此作出判决。

《节录》与《评判》的断语丝毫不留情面。两文都承认，如果圣皮埃尔神父的规划都能实现的话，自然是件美事，然而如果真想要使用神父先生为实现这一规划而建议的手段，那无异于孩子或傻瓜的行为。人们不应该设想人应该是的样子，即善良、高尚、无私，而应该接受他们的本来面目，即偏心、贪婪、自私。整个人类社会组成一个自然共同体，这无异于痴人说梦。要提防那些宣称爱鞑靼人的哲学家。他们这样做，不过是为了不用去爱自己的邻人。最重要的是：君王在阻拦所有实现和平的努力；应该质疑的是欧洲统治体系是否公正与实用。绝对王权结构才应该被清除。只有小范围内（以小国形式）的直接民主制才有可能热爱和平且有能力缔造和平。卢梭直接承续圣皮埃尔，同时又远远超过了他。他第一个在大革命前夕宣告了这一思想冲动：只有彻底变革社会、用民主制或共和制取代君主制，才能为最终建立真正对得起自己这一称号的和平做好准备。关于战争与和平的辩论再次到达一个新的质的阶段。

五 德意志启蒙运动

如果将十八世纪法国人建构的和平规划与同一时期的德意志作家提出的规划做一对比，就会首先注意到，在这场平行进展的观念史里，法国人担当前锋与主力军，德意志人则负责输送后卫。这并不是说德意志人完全没有创造力，没有为这场大辩论增添任何新意。然而，某种程度的平庸以及局部的落后还是清晰可辨：直到1795年国运转折之年，德意志的学人共和国里最杰出的思想家都没有加入这场逐渐扩展的辩论。此外，辩论问题的发展走向更加缓慢，更加犹疑不决，对前进方向也不那么坚定不移。法国的辩论场占据上风的是一种对话风气，有来有往，要么赞同要么反对。相比之下，德意志则更像是一场混战，更倾向于自说自话，总是个人单枪匹马地打开新局面，宣扬自己的观点而毫无交流。法国的和平辩论发展能看到十分明显的连续性，而在德意志则断断续续，主要有两波（第一波在十八世纪五六十年代，第二波在十八世纪八十年代末期），中间间隔了有二十年之久。

“论欧洲的持久和平”是普鲁士枢密大臣与行政专区主席罗恩（Johann Michael von Loen，1694—1776）的著作《治国术纲要》（*Entwurf einer Staatskunst*）额外附上的最后一章。罗恩接续费奈隆，体现出唯意志论思想：战争的起因并不是自然的，只与人类意志相关，因此可以通过一个明智挑选出来的和平调解人组成的会议来制止。托泽（Eobald Toze，1715—1789）受到1745年匿名出版的《欧洲新体系之规划》（*Projet d'un nouveau système de l'Europe*）的启发，于1752年同样以匿名方式出版了他的研究——《法王亨利四世、圣皮埃尔神父等关于在欧洲共同建立基督教共和国的构想介绍，附对此一国家政制的考察，探究其可行性、讨论其可能产生的善果恶果》（*Die allgemeine Christliche Republick in Europa nach den Entwürfen Heinrichs des Vierten, Königs von Frankreich, des Abts von St. Pierre und anderer vorgestellt, nebst einigen Betrachtungen über diese Staatsverfassung, worin ihre Möglichkeit untersucht und von den guten und bösen Folgen, die daraus entstehen würden, gehandelt wird*）。它更多是拾人牙慧，而非贡献自己的独创思想，不过至少对法国和平辩论的全过程进行了一些评鉴。托泽得出结论说，“欧洲基督教共和国”这样的组织最终不可能实现，因为它与国家利益至上这一绝对王权原则处于不可化解的冲突之中。

帕尔滕（Johann Franz Palthen，1725—1804）是位颇具诗才的司法顾问、颇有文笔的军官，他显然在七年战争及其浩劫①的触动之下有感而发，创作了《维持持久和平之规划》（*Porjekt, einen immerwährenden Frieden zu unterhalten*），收录在他的《闲笔》（*Versuche*

① ［译注］七年战争（1756—1763）又称第二次西里西亚战争，因为，在第一次西里西亚战争中，普鲁士从奥地利手中夺走了富庶的西里西亚地区。1756年8月，普王弗里德里希二世向萨克森不宣而战发动突袭，一举占领萨克森。奥地利联合法国、俄国对普鲁士宣战。普鲁士虽然以少胜多取得多场军事胜利，但付出的代价十分沉重，普鲁士精良的陆军几乎阵亡殆尽，还一度濒临亡国绝境。最后普奥两国签订《胡贝图斯堡和约》，普鲁士同意撤出萨克森，奥地利最终承认西里西亚归属普鲁士，可以说是付出沉重代价又回到战前的势态。

zu vergnügen）第一辑（1758）里。利利恩菲尔德（Lilienfeld）的《新国家建筑》（*Neues Staats - Gebäude*，1767）是一部具有独立立场的论著，内容丰富，估计印刷量不低。两位作者都满怀义愤，对战争带来的灾难有惊心动魄的描述。除此以外，他们并没有提出任何具有建设性意义的观点，仅仅满足于激情洋溢地呼吁欧洲各王室，建议他们成立一个和平议会（帕尔滕）或是基督教联盟（利利恩菲尔德）。这表明两人不过是一厢情愿，毫无现实政治头脑。只有在证明过度军备因为会吸干国家与人民的生产能力而如何有害时，他们的阐述才具有一点说服力。

帕尔滕与利利恩菲尔德两人的情感固然十分充沛，然而，从其制订的规划中却能看出，他们的逻辑理论能力疲弱。这种疲弱状况将一直持续下去并继续恶化。在长达二十年的时间里，德意志的和平辩论都死气沉沉，仅局限于就事论事，直到八十年代末期才重新焕发生机。之前付之阙如的法学（主要是自然法）与经济学（主要是重农主义）视角涌向和平辩论，为它带来了活力与高度。不过就其哲学特色而言，德意志的和平辩论仍然无法与法国比肩。

1787 年，《下易北河历史政治文学杂志》（*Niederelbisches historisch - politisch - literarisches Magazin*）刊登的一篇名为《关于在全世界实现普遍永久和平的看法》（*Eine Idee von der Möglichkeit eines allgemeinen und ewigen Friedens in der Welt*）的匿名文章，透露出现实主义与幻想主义交织的矛盾立场，不过它至少努力顾及，甚至评鉴先前法国辩论的思考成果。文章认为，在至高创世者的创世计划里，战争自始至终都占据着一席之地。这是确凿无疑的，然而并不能就此得出结论说，未来也一定要有战争。因为上帝同时也将选择权交到了他在尘世的代表和当权者手中：他们既拥有发动战争的“权力”，也肩负维系和平的“义务”。如果能够建立起一个联邦州形式的秩序，争端就可以通过法庭得到裁决，并且可以不用诉诸暴力就得到调停。只要当权者有能力在战争与和平之间做出选择，他就有可能选择“体恤百姓”、偏向和平的判决。因为“上帝还从未赋予任何凡人这样的权力，在真正存在两条道路的时候选择非人性（unmenschlich）的那一条道路”。

君特（Karl Gottlob Günther，1752—1832）至少也了解叙利公爵、圣皮埃尔以及利利恩菲尔德的规划。他在《和平时期的欧洲国家法》（*Europäisches Völkerrecht in Friedenstzeiten*，1787）一书中增添了一个章节，专门考察各国族之间的社会联系。他认为，如果“国族之间以市民社会（bürgerliche Gesellschaft）的形式联合起来”，“或许就能消除”战争的兵荒马乱。辛德勒（Johann Gottfried Schindler，1724—1792）也提出了类似的解决办法。他托名辛利（Schinly）发表了一篇短小的随笔，并采用问句为题：“为了促进各国繁荣与幸福，有何治国良策可上疏大国之君?”（*Was ist den größern Fürsten zu raten*，*um das Wahl und Glück der Länder zu beförden?*，1788）他的回答是，唯有成立一个由大国组成的国际组织，才有可能谋求在所有国家之间建立和平联盟。

法国大革命前夕的这三篇谈论和平的德意志论著，其意义不应被过分夸大。诚然，它们勉强在某几点上取得了或者说似乎取得了与某一自然法基本要求的联系，这算得上是进步。然而在社会政治方面，它们整齐划一地旨在确保现状，并一再警告，不要以维护和平为目的触犯君主制这一社会组织方式。“市民”体制，也即具有平等权利者之间订立契约的形式，只可能在国家之间实现，而不可能成为国内的社会构成形式。君特与辛德勒尤其强调这一普遍限制。《下易北河杂志》的这位匿名和平规划倡议者认为，如果革命逼近，那么，国家军队刻不容缓地对内政事务进行干涉就是“高尚的、值得人类敬重的举措”。用一个形象比喻的说法，卢梭早在 1761 年就已经跨过那道思想的门槛，可所有这些作者在 1787/1788 年还站在它面前踟躇不前。所以说，他们的规划在面世之时已经是时代错置之作，因而也不再会受到重视。

1791年，莱比锡出版了一部著作，名为《欧洲最重要的事务，或在欧洲各国间建立牢固和平体系，附论俄国与奥斯曼帝国间和平》（*Die wichtigste Angelegenheit für Europa*，*oder System eines festen Friedens unter den europäischen Staaten nebst einem Anhang über einen besonderen Frieden zwischen Rußland und der Pforte*），作者是著名学者施雷特万（Johann August Schlettwein，1731—1802），德意志重农主义的主要理论家。这部著作也与前述两部著作一样，属于时代错置之作。施雷特万的看法是，首先要扫除一切阻碍和限制重商主义发展的障碍；更重要的是建立一个广泛的自由贸易体系。一旦这个体系开始运作，就有可能实现迄今为止通过政治手段无法实现的目的：在所有民族与国家间编织起一条"亲如兄弟的美丽纽带"。如果能够实现的话，当时正肆虐在新法兰克人之中的革命将不可能会发生——施雷特万也是一位姗姗来迟者。

1750到1790年间宣扬和平的德意志人，从罗恩到施雷特万，主要都是在体系内进行思考。具体来说，他们竭力将那些少之又少，且并不怎么深远的资产者的基本要求表述得如此规矩、平淡、克制，这不可避免会使他们陷入巨大困境。因为，他们被嘲笑为不谙世事的空想家，被恶毒地讽刺为畸形角色，几乎沦为模棱两可、毫不值得羡慕的思想弄臣——宫廷弄臣被准许偶尔表述一些离经叛道的思想，为的是博得各位殿下与阁下大人们一笑而已。不过，对他们的嘲讽也须得有个限度。然而更糟糕的是，就连他们自己也无法与自己逻辑严密的思想体系保持一致，因此难免受到一些无法驳倒的善意诘难。

客观来说，主要困难在于，这些著作将国际冲突局限于或主要视为形式上的诉讼争议，而非看到其真正所是：社会利益的冲突。由于这一根本误解，他们的论证就成了真正的循环论证。那个时代最耀眼的思想家莱辛（Gotthold Ephraim Lessing，1729—1781）毫不费力地看穿这一漏洞。在《谈最新文学通信》（*Briefe*，*die neueste Literatur betreffend*，1759）的第五封信里，莱辛攻击了帕尔滕的《维持持久和平之规划》（1758）。他的论点一语中的，简快明了，堪称典范：

> 他的主要念头如下：建立一个共同议会或法庭，它们给出的判决所有欧洲国家都会遵守……可若是这些欧洲强国里出现一个顽固不化的国家，拒绝服从法庭的判决，该怎么办呢？哦对了，帕尔滕先生有执行判决的民族，他有执行判决的兵力。他有？那么如此一来，就得出现战争……

莱辛的诘难表述得十分精彩，无法反驳。他不仅质疑了帕尔滕的观点，甚至质疑了帕尔滕的德意志前辈及其十八世纪下半叶的后继者——康德与同道同样为这个问题头疼不已。

卢梭之前的所有法国人以及康德之前的德意志人，他们制订的和平规划都无法使得哲学上理论与实践的关系在社会与政治世界中得到完美贯彻。他们都认为自己无法令人信服地回答这个关键问题：究竟什么样的社会力量才既有权柄又足够人道，能够最终维护与保障和平——前提是能够通过联邦、联盟、世界共和国或普世君主制、国家共同体或民族联合体的形式来实现和平。他们的和平主义构想都具有重大缺陷，他们都声嘶力竭地声讨作为各国君主最后手段的战争，却又不得不将战争视为实现自己良好意图的最后手段。于是就出现了一堆自相矛盾的碎片：恰恰正是那些出于内心坚定信念想要证明可以避免战争的哲学派别，论证到最后反而无意中证明了战争的不可避免——所谓的“论证完毕”其实是全线崩盘。

这些内在矛盾粉碎，甚至几乎要侵蚀并击溃启蒙哲学对战争与和平之辩证关系的思考，甚至连它最基本的构成元素都无法幸免。然而，这些内在矛盾其实比这还要更加深刻与危险。它们虽然发生在相对较早的历史节点上，却激进得出乎意料，甚至引发了辩论大方向的突然转向，使得其辩论的主要观点颠倒为其严格意义上的对立面。按照启蒙对自身的理解，一切启蒙都应该显示出"人走出自我招致的不成熟状态"。这是康德的名言。从此以后，在所有的个别争论之中，有一个基本信念似乎逐渐变得不可置疑，即和平是善，战争为恶——或许是必要的恶，却毫无疑问是恶。因此，不管出于理论抑或实践的考量，甚至可以直截了当地否认永久和平能够得以实现——然而却不再有人否认永久和平值得期盼。

不过，这仅仅是看起来如此而已。1779 年，曼海姆的选帝侯宫廷书商施万（C. F. Schwan）出版了一本两百页的八开本小册子。该书献给"古斯塔夫三世，瑞典人、哥特人与斯拉夫人的国王"（Gustav Ⅲ.，der Schweden，Goten und Wenden Könige），书名为《我们哲学世纪的偶像敬拜。第一个偶像：永久和平》（*Die Abgotterei unsers philosophischen Jahrhunderts. Erster Abgott：Ewiger Frieden*）。名为《驳永久和平规划》（*Widerlegung des Ewigen - Friedens - Projekts*）的小册子于 1797 年发行了第二版，作者为恩姆泽（Johann Valentin Embser，1749—1783）。除了名字，我们对这位作者几乎一无所知。此人毫无顾忌，公然将战争的恩泽与永久和平的暴行比照。他彻底颠倒了启蒙时期的主流观念，认为："永久和平一定会将尘世改造成匪窝与地狱。"

恩姆泽采取两个步骤来完成他的举证义务。该书第一部分题为"永久和平规划能够实施吗？"，他对这一问题给出直截了当的否定回答。恩姆泽虽然也一一考察了一系列法国作家（包括圣皮埃尔、卢梭、费奈隆、黎塞留、爱尔维修等），但只是为了得出结论说，永久和平规划不过是"世界搭建的摇摇欲坠的房子"。"应该实施永久和平规划吗?”是第二部分的标题。恩姆泽回答第二个问题时的坚定丝毫不亚于第一个。第二部分主要是证明永久和平与持续战争一样有害，甚至有可能害处更大。因为持续战争最起码还会对人有所鞭策与激励，永久和平则只会让人娇弱不堪、萎靡不振。这样看来，永久和平是不怀好意的礼物，谁要是认为它值得追求，就是愚昧与反动（且不提能不能实现的问题）。永久战争则应该受到称颂与期盼，因为它会促进人类文化的进步，甚至是文化进步真正可能的原因。恩姆泽尖声喊道：打倒这个以和平为旨归的“我们这个哲学世纪的偶像敬拜”!

显然，这属于个别现象。然而，同时代人并没有因为它太过极端就对它视而不见。他们尖锐地批驳恩姆泽想要宣扬的所谓造福受苦受难人类的粗暴战争主义（Bellizismus），并义愤填膺地驳斥道，它的立场自称客观，具有科学之诚实，不过是伪装作假。不过就其论证的狡诈而言，恩姆泽将战争视为推动文明进步的催化剂的看法绝非个例，而是极具代表性。要驳倒他，甚至对于康德（1786 年《人类历史揣测的开端》之结语）和费希特（1805 年《当前时代基本特征》十一讲）来说都并非易事。

六　法国大革命时期

随着巴黎革命事件的爆发，关于欧洲国际和平的辩论又面临着极其崭新的问题。当时，狂热的彻底颠覆一切现存之物的思想要求并迫使和平辩论也要具有颠覆性。这些由法国激进知识人鼓吹的颠覆性思想诞生于法国大革命三阶段中的上升阶段：第一阶段是资产者君主立宪制派掌权期，即 1789 年 7 月到 1792 年 8 月；第二阶段是吉伦特派掌权期，直到 1793 年 5 月；第三阶段是革命民主的雅各宾派掌权期，直到 1794 年 7 月——这一阶段历史进步的速度越来越快，以至于和平辩论并不能总是跟上其步伐。

开始一切似乎都很顺利：没有麻烦，充满希望。1789 年 8 月 26 日的《人权与公民权宣言》吐纳着和平与世界主义精神。它那振奋人心的口号“自由、平等、博爱”极为贴切地表达出世界主义的心愿。法国大革命爆发之时，所有关键的革命者都强调，现在正是出台一部新国际法的时候，从今天起，法国将会谴责之前的国王和大主教恬不知耻的侵略贪欲，法国渴望和平，呼吁各民族团结起来。专制主义（Despotismus）将各民族分割开来，自由应当将平等的各民族重新联合起来。如果所有民族都能同样幸福的话，它们为什么还会相互嫉妒呢？

大约有一年之久，立宪会议上大多数辩论里占主导地位的都是这样的观点，尤其在谈到应该如何表述未来宪法的相应原则时，更是深深打上了如此观点的烙印。《箴言报》（*Le Moniteur*）定期忠实记录下这场为了在立法机关里巩固启蒙要求而进行的搏斗。罗伯斯庇尔（1758—1794）在 1790 年 5 月 15 日发起了一项最重要的倡议。他宣布，法国作为一个自由的民族，希望与所有民族友爱共存。[巴黎市长兼国民议会主席] 德维尔纳夫（Pétion de Villeneuve，1756—1784）提出一项议案支持罗伯斯庇尔的观点。他要求只有经过具有立法权的国民议会的同意才能够宣战，而国民议会也应当正式诏告欧洲各宫廷，法国从此将远离所有侵略战争，因为诚实与无私将规定法国今后的外交政策。博阿尔内（Beauharnais，1760—1794）① 在一场热

① [译注] 此处应为亚历山大·博阿尔内子爵（Alexandre de Beauharnais），在美国独立战争期间军功卓越。法国大革命爆发后，他是最先投靠第三等级阵营里的贵族议员，在 1791 年 6 月间还担任过国民议会主席。1794 年他因被诬告而被革命法庭判处死刑。他的妻子约瑟芬后来成了拿破仑的妻子。他的儿子欧仁·博阿尔内（Eugène de Beauharnais）被拿破仑收为继子，被视为波拿巴王室里最具才干的人物。

情洋溢的演讲中说，由于法兰西人民的伟大，永久和平将得以实现。而迄今为止许多人都不得不视其为幻想（其中不无道理）——许多其他发言人也发表了类似看法。

然而不久之后，高贵与仁爱之精神就遭受了严峻考验。国内外的君主制势力负隅顽抗。在法国的心脏以及国界线对面集结起军队，时刻准备扑向新生的社会秩序，将其扼杀在摇篮。年轻的法兰西共和国不得不为了自保而进行战争。这些战争在一开始几乎将共和国推向毁灭的边缘。然而渐渐地，形势开始反转。随着战事展开，战争赐予共和国更多的是胜利而非失败。共和国最终通过果敢的军事干预，成功地将革命的旗帜插在通过暴力掠夺过来的别国疆土之上。所有和平声明没起到任何效果，反倒是军事行动能够赢取甚多。

新形成的形势带着不容抗拒的强制，要求对战争与和平的相互关系重新进行理论反思。在定义两种军事冲突的本质与特征时，要区分出两者的必要差别还算是相对容易。一种是“内阁战争”（Kabinettskrieg），参战的是雇佣军或职业军人，目的是捍卫绝对王权统治者的利益。这样的战争不会触及封建制度的社会结构，而只是对它加以利用。另一种是“人民战争”（Volkskrieg），参战的是志愿者或以义务兵役制为根基，捍卫的是人民的民族利益，反抗的是绝对王权统治者。这样的战争不仅危及封建秩序，而是力图推翻它。这一区分符合事实，也十分精准，它恰当地考虑到现实发生的革命性的质变。后世对这一区分基本上没有提出过站得住脚的反对意见。

面对历史时刻的社会演变，如何看待两个更加复杂的后续问题，才是更加困难的事。当外国势力对一个民族进行干预、要置之于死地时，这个民族有权进行自卫反击，这是不证自明的道理——然而，如果这场自卫战争演变成了侵略战争，又将如何替这些侵略战争辩护呢？此外，人民主权（以及公共意志）的新观念终于战胜了宣告破产的国王主权（以及国家理性）观念，这无疑意味着重大的历史进步，只有反动势力或呆子才会否认这一点。然而，当法国军队开进别国领土，所到之处恰恰不是在维护反而在践踏他们所宣扬的民族自决权，又该如何为他们辩解呢？随着革命事件在九十年代早期不断深入发展，这些矛盾越发引起同时代哲学意识深深的不安。用什么样的理由才能解释清楚这些矛盾？

这里抛出的实质上是*历史正义*与道德问题。在法国大革命时期，对这个问题的（暂时和部分）解答只可能基于一种英雄主义的虚假幻觉。启蒙主义学者的自我欺骗在主观上很诚实，因为他们认定，新生的资产者阶层的特殊与特别的解放目标可等同于全人类普遍而自然的解放。利益构成的阶级特征决定了这条发展成形的全新推论链条的出发点和所有基本结论。战争与和平的关系如今是在，并且只可能在革命法国肩负的*世界历史使命*这一主导视角之下来加以讨论。

这首先导致的后果是，早期和晚期启蒙时期的一些抽象的对立概念具有百折不挠的乐观精神，如今，这些概念不是被冷淡就是遭到抛弃，甚至受到抨击，比如：和平即秩序，战争即混乱；和平即安宁，战争即纷扰；和平是实现的道德，战争是被激发的邪恶；和平是理性的光辉写照，战争是非理性的丑陋化身。诸如此类的对立观念在启蒙运动时期被视为善良愿望，如今突然成了庸俗的观念，并且还相当天真。一种新的战争类型即内战（Bürgerkrieg）充分证明启蒙主义的和平观在逻辑上不可靠、结论错误，是对现实的非历史的简单化。如果仅从历史角度来判断，那么内战不仅必要且合理，同时还是道义要求，因此也算师出有名。因此，该受到谴责的不是战争中使用的暴力本身，而只是不道德的暴力行为。内战作为正义的战争应当战胜不义的和平，因此也应该可以变成道德义务。诸如霍布斯鼓吹的“国内和平”（pax civilis），在绝对王权制度下根本不可能存在。因此，德马布利（Gabriel Bonnot de Mably）宣称内战（la guerre civile）乃大善，如果没有内战这样的军事行动的协助，社会将死于专制。再没有比这句话更能清楚地表述出后启蒙的崭新立场。

这种区分正义战争与不义战争的主张，会让人想起奥古斯丁的类似说法，实际上两者有天壤之别。对于奥古斯丁及其后继者而言，超验领域与此世领域之间的区分是毋庸置疑的，而启蒙后的两种战争的区分却与此毫无关系，它几乎完全放弃了任何形而上学或超验信仰的根据，却又怀着善意想象并期盼着一场“最后的”战争，它最终会带来普遍的持续和平——在这场战争之后或伴随着这场战争，一切都将反转过来。

这些主张属于十分典型的法兰西式思维，并不仅仅是因为其论者的出生地或国籍，而是因为它们都与这个国家所发生的革命事件本身有绝对关联。在法国国界之外，极少见到一模一样的主张，大多都有所稀释或削弱，比如民主主义与宗教虔诚、仇视专制与瑞士联邦主义（Helvetismus）、激进与仁爱的奇特组合。莫泽尔（Andreas Moser，1766—1806）以《健康人类理智思索使万国之民蒙福的技艺》（*Gesunder Menschenverstand für die Kunst, Völker zu beglücken*, 1800）为题出版的小册子，就是一例，他宣称“自由之国属于未来时代”。迪穆里埃（Dumouriez）将军①在1791年国民议会上的发言

---

① ［译注］全名为夏尔-弗朗索瓦·德·佩里耶·迪穆里埃（Charles-François du Périer Dumouriez，1739—1823），出身贵族。大革命爆发之际，迪穆里埃认为这是自己开启新的职业生涯的机会，于是加入雅各宾俱乐部，成为大革命期间的将军，其下属凯勒曼将军取得了瓦尔密战役的胜利。迪穆里埃认为，像法兰西这样的革命国家有义务将革命传播到其他受压迫民族。然而迪穆里埃与激进革命者之间却存在很大分歧，主要矛盾在于后者持扩张政策，认为法国

就不一样，尽管他后来背叛了国民议会。他坚定得多，其政治色彩也更直接，没有任何拖泥带水：

> 自由将会在各处取得胜利。在哲学的陪伴下，她将走遍全球。当自由消灭了专制、启蒙了各国人民之后，她将重新坐在古老宝座之上。你们所订立的立宪制法律，将会成为各民族幸福与团结之根基。这场战争将会是最后的战争。

如果一切征兆不是虚幻，那么历史的确赋予了伟大的法兰西民族这一光荣使命。一旦承认了这一前提，无论从逻辑上还是历史上都不可能对履行这一造福人民的雄心勃勃的任务提出任何异议。理性在一个国家里的胜利难道不意味着她将在全球所向披靡吗？如果实现了自由的民族自决，各民族彼此不再相互仇恨，旧制度的那些骇人听闻的战争难道不会终止吗？如果绝对王权君主被推翻，如果他们树立起来的宗教、种族与阶层的壁垒被拆除，难道不会出现和平吗？在这样的解放行动之后，已经实现了的自由、平等与博爱难道不会成

应当将所谓“自然边界”之内的所有土地都收归法国所有，而迪穆里埃则认为如比利时等国应当成为独立的共和国。

随着法王被斩首、法国向英国与荷兰宣战，迪穆里埃开始萌生“二心”。他希望在荷兰建立一个非雅各宾政权，在比利时实现自治，然后以1791年的法兰西宪法为基础与各国缔结和约，并在法国实行君主立宪制。正当此时，法国受到奥地利军队反击，亚琛失守。国民政府急召迪穆里埃驰援。迪穆里埃从命，但给国民议会写了一封十分傲慢的信，指责革命政府在国外的行为必将使其丧失民心。此信被称为“向国民议会的宣战书”。迪穆里埃与奥地利的战事陷入胶着，引起了革命政府的怀疑。政府遣人往军营试图带迪穆里埃回巴黎接受调查。迪穆里埃将五人交给奥地利，并希望与奥地利一同进军荷兰。此计划最终失败，因为法军士兵多为坚定的共和主义者，不愿随迪穆里埃叛变。迪穆里埃遂带领少数军官与士兵投奔奥地利。

此后迪穆里埃开始了他辗转欧洲各国的流亡生涯，最后于1804年定居英国，甚至还成为英国反拿破仑战争中的有力顾问。

为和平的国际秩序的坚实根基吗？法国国民议会的一位发言人在1790年道出了这样的信念："如果所有民族都像我们期望的那样自由，就不再会有战争。"简言之，和煦而友善的、众望所归的和平时代有朝一日必将到来。为了战胜反动派的不义抵抗，必须进行正义的战争。它们没有别的作用，只是铺平并缩短通向普遍的和平帝国的道路。

类似倾向最为集中的表达见于两部杰作，均构思并完成于1790年代早期的革命斗争，都具有强烈的问题意识，对于自身立场的界定所包含的问题、对矛盾和可能存在的申诉，也都具有敏锐的眼光。同时，两者也都因不可抗拒的觉醒而欢欣鼓舞，闪耀着炫目的乐观主义光辉。其中一部作品偏实践和政治，另一部偏理论和哲学。1792年，克洛茨（Jean Baptiste Cloots）① 撰写了《普世共和国》（*La république universelle*）；1793年，孔多塞侯爵（1743—1794）将他的进步哲学付诸笔端，他的《人类精神进步史表纲要》（*Esquisse d'un tableau historique des progrès de l'esprit humain*）在1795年作为遗著出版。克洛茨死在断头台上，孔多塞自尽身亡——他们关于和平的著作可被视为其精神遗嘱。

克洛茨是德意志人，克莱沃贵族。他投身民主思想，获得了法国公民权，并成为国民议会议员。伏尔泰与卢梭是他时评创作的指路明灯。他猛烈攻击贵族与神职人员，并将自己尝试深入思考的"社会契约"和人民主权概念结合起来。在他看来，法国是"人类的祖国"，所有别的民族，除了尽快加入法国之外，再无更好的选择。借纪念攻陷巴士底狱周年之机，克洛茨组织了一个全人类议员

---

① ［译注］让-巴蒂斯特-德-格拉斯男爵（Jean-Baptiste du Val-de-Grâce，1755—1794），又名阿纳卡哈尔西斯-克洛茨（Anacharsis Cloots，其名取自公元前六世纪西徐亚王子，曾是梭伦座上宾，"希腊七贤"之一），普鲁士贵族和法国大革命的重要人物。他可能是第一个倡导世界议会的人，早于加缪和爱因斯坦，也是世界联邦主义者和国际无政府主义者。

组成的代表大会，并作为主席登台演讲，演讲期间掌声雷动。自从他将自己的名字让·巴蒂斯特改为“阿纳卡哈尔西斯”之后，他就自称“人类的演说家”（l’orateur du genre humain）。

1791 年底，克洛茨又在他四海皆兄弟的观念里增添了军事成分。他现在希望来一场必要的战争，以带来和平的正义。他完全同意吉伦特派 1792 年 4 月 20 日向奥地利宣战（彼时奥地利正是反法君主同盟的核心与推动者），并在一天之后极富象征意味地将他关于普世共和国的小册子提交给国民议会。普世共和国应该成为一个巨大的“单一自由国家”（nation unique et libre）。为了实现和平，必须彻底撤销所有国家。全人类国家应该是一个世界共和国，没有国界，不再有单个国家各自为政，而是将所有人联合起来。这个国家的中心自然在巴黎。未来的世界和平的所有福祉将会从那里向四方传播（克洛茨用了一个比喻：就好像太阳的光芒）。这个由现实政治与狂热念头组成的奇特组合，令许多同时代人心驰神往。

孔多塞的出发点原本是一切人的平等。作为杜尔哥（Turgot，1727—1781）和重农主义者的弟子，孔多塞谴责战争，因为战争阻碍了人发展自身的规定，即建成一个庞大的国际劳动组织，它创造价值，并以此推动全世界的发展。因此，他的论文“论美国革命对欧洲的影响”（*De l’influence de la révolution d’Amerique sur l’Europe*，1786）聚焦于研究圣皮埃尔和平规划的合理内核，鼓励成立一个拟定和平法、战争法和中立法的国际法庭。

1791 至 1792 年之交，孔多塞也感到渐渐逼近的战争压力，这激发了他新的思考。此后他一再在国民议会里就法国的外交政策发表看法，并受托起草一份“动机陈述计划”（Projet d’une expostion des motifs），恐怕并非偶然。“动机”指吉伦特党于 1792 年 4 月 20 日向奥地利宣战的动机。在这份报告中，孔多塞试图确立一个中间立场，为了要阐释清楚，孔多塞不得不咬文嚼字，并使点逻辑虚招。报告以自信，甚至带有一点倔强的激情捍卫法国出兵的道义：为了粉碎所有国家的贵族阴谋，法国才不得不出兵。这表明它与诸如布里索（Jaques - Pierre Brissot，1754—1793）等人的观点有显著不同，后者认为，法国人有权用剑将他们的自由思想硬塞给其他民族。

吉伦特派垮台后，革命法庭以布里索“同谋者”的罪名控告孔多塞，并剥夺其公民权。孔多塞藏匿在巴黎躲过逮捕，在他的藏身之所，或者说在死亡的威胁下，他勾勒出人类精神进步的历史概要。这部手稿最终没有完成，他的思想有如整个启蒙运动时期和平辩论的曲终和弦。孔多塞将进步定义为人类在社会和精神领域不断增长逐渐完善的原则，在他眼里，人类的局限性（finitude）不过是暂时的缺陷，可以通过社会教育来改善，通过道德上的自我完善而彻底消灭。在人类精神的全面进步下，所有利益纷争将会渐渐消散，人类将生活在和平之中，经济迎来繁荣，艺术与科学将会赋予所有人灵感，人们甚至可能会发明表达思想和情感的共同语言——届时将再也不会感受到战争带来的苦难。

孔多塞写下这一愿景时，外面的兵戈之声不绝于耳，空气中充斥着爆炸后的火药味、血腥气和尸体腐烂的臭味。这个社会新秩序原本真诚地想要馈赠给这个世界真正的和平，然而送给它的却是被一再挑起的激烈战争，伤亡惨重且迟迟不愿终结。大革命传播和平的使命，似乎与大革命本身一样，走向了它灭绝人性的反面。从圣皮埃尔和卢梭到克洛茨和孔多塞，法国思潮开启的这场关于永久和平的讨论，随着热月的临近而变得虚弱无力，乃至最终消亡。随后是德意志启蒙思想家接过大旗——在法国大革命逐渐衰退、反法同盟战争如火如荼之际，德意志知识界在 1800 年前后展开了一场关于永久和平的经典辩论。

论欧洲目前与未来的和平

——以欧洲国会、议会或联邦会议的确立为例

佩恩（William Penn） 撰

刘桂芝 译

［中译编者按］佩恩（William Penn，1644—1718）与他声名显赫的父亲佩恩爵士（1621—1670）同名，老佩恩是著名的英国海军将领，1654 年指挥远征西印度群岛的舰队，从西班牙手中夺取了牙买加，第二次英荷战争（1672）时，他再次出任舰队司令。小佩恩上大学时脱离英国国教，成了“不从国教者”，被大学除名（1662）。在诸多“不从国教”的小教派之间游荡多年后（1667），佩恩皈依贵格派，激情使他在随后的七年间写了 42 本小册子。

1674 年，佩恩前往北美，用继承的家族财产在泽西西部（West Jersey）购买了一片土地，开始试验自己的社会理想。1681 年，英国国王查理二世（1630—1685）为了偿还欠佩恩家族的一笔巨额皇家债务，将北美东海岸最后一块未被分配的殖民地土地（面积与整个英格兰相若）赐给佩恩（后来的宾夕法尼亚州），这让他有了土

地来实现他的和平主义殖民方案。佩恩最早提出，北美的英国殖民者应该形成联合，他起草的宾夕法尼亚州宪法成为美国宪法的范本。

佩恩虽然身在北美却关注欧洲，1680年代后期还多次返回欧洲。在奥古斯特联盟战争（1688—1697）期间（1693），佩恩发表了《论欧洲目前与未来的和平》，基于他的和平主义信念提出了一套关于“欧洲合众国”（United States of Europe）构想，比圣皮埃尔提出的构想早足足二十年，尽管直到二十世纪八十年代才引起极少数史学家的注意，史称“国际联盟”构想的重要历史文献之一。

Beati Pacifici. Cedant Arma Togae

和平使者有福了；让武器屈服于长袍。①

致读者

我开启了一个主题，我对它非常清楚，但需要很高的能力才能去完成。事实上，它不仅值得我去完成，且呻吟的欧洲也需要我去完成；但是正如新手会偶然发现猎物，大师也是如此，尽管他能熟练地去发现和捕捉它。如果这篇文章看起来不是空想的和不公正的，并有可能启发作者们以更好的判断力来改进和执行构思的话，我希望大家不会因为我的错误而批评此文。

对于这篇文章，我不会再为自己辩解，这是我真切思想的结晶，

① “和平使者有福了。”（《马太福音》5：9）“让武器屈服于长袍”指一种罗马习俗：罗马将军进入罗马时放下剑、穿上长袍，这意味着放弃军事指挥权，进入罗马公民角色。

那些因为我提出和平主张而生气的人，为了欧洲的和平，他们肯定需要仁慈，如同世界需要平静一样。让他们指责我的行文能力吧，这样他们也能继续发展我构思的优点；对我来说，在千禧年主义完成之前，似乎没有什么比这四分之一个世界的和平与幸福更有利的权宜之计了。

一 论和平及其优势

他肯定不是一个人，而是一尊黄铜或石头雕像，当他在匈牙利、德意志、弗兰德斯、爱尔兰和海上看到这场战争的血腥悲剧时，他的心肠并没有变软。自1688年以来，① 病痛而疲弱的营地和海军的死亡命运，以及浩浩荡荡的吞噬之风和海浪的呼啸，已降临到船只和人类身上。正因为如此，理智应该影响人类的本性，深厚的血缘关系也是，因此，考虑成为审慎的人就需要去考虑一件值得追求的事——伴随着鲜血而来的巨大代价并不意味着它构成了这些悲剧的一部分。尤其是当他们考虑战争的不确定性时，他们不知道战争将如何或何时结束，而且代价也不会减少，危险与以往一样大。

这样，在和平的对立面中，我们看到了和平的美丽和好处；在和平之下，却是人类的不幸，因为饱腹不喜欢蜂巢，所以我们太容易犯恶心了；就像那位不幸的绅士，虽然娶了一位好女人做妻子，但是只能在禁锢的、不那么令人愉快的陪伴中追寻快乐，当有人谴责他忽视了更好的享受时，他说，如果她没有成为他的妻子，他一样可以在所有女人中去爱他的妻子，这使他有责任去更喜欢她。

这是我们天性堕落的一个重要标志，它应该使我们极其谦卑，

① 威廉三世统治下的英国在战争时几乎一直反对詹姆斯二世夺回王位的企图，并且领导了一个反对法国的大同盟。

并激发我们运用理性去培养高尚感与公正感，缺失它们，我们将看不到舒适的好处和乐趣，就好像我们没有疾病就不能体会到健康的好处，不懂得匮乏就无法理解充实的满足感，没有罪恶战争中的精明与忏悔就不知道和平的舒适：毫无疑问，这并不是上帝如此频繁惩罚我们的原因。除了沐浴和平的恩典，还有什么更值得我们向往呢？和平保护我们的财产；我们没有被入侵的危险：我们的贸易自由且安全，我们可以没有焦虑地站起或躺下。

富人拿出他们的储蓄雇用贫穷的工人，出于利益或娱乐需要兴建建筑物，列出各种各样的规划，这促进了产业的发展，带来了财富，由此提供了仁慈和好客的物质基础，而不是王国或联邦的低级装饰。但是战争就像 1683 年的霜冻一样，立刻夺去了所有的舒适，阻断了社会的民间交流。富人撤资，穷人就去当兵、当小偷或者忍受饥饿。工业、建筑业、制造业全军覆没，好客与仁慈也消失殆尽，战争把和平给予的一切都摧毁了。对于所有政府职能来说，和平的好处和战争的危害都已经如此众多和明晰，不管是和平还是战争成为主流，我都不需要再就这个问题说更多了。我将开始下一点。什么是最好的和平手段，这将为我的提议开辟道路。

二　论和平的手段，是正义而不是战争

因为正义是保护者，所以它比战争更能促进和平。常言道，和平终结战争（Tho’Pax quaeritur bello）。克伦威尔以此作为座右铭。然而，这个表达的普遍用法告诉我们，准确而真实地说，人们通过战争而不是和平来寻求他们的意愿，因为他们将通过违背和平而获得该意愿。因此除非他们的欲望得到满足，否则他们几乎不会想到和平。如果我们回顾所有时代的故事，我们会发现侵略者通常被野心所驱动；征服的骄傲和统治的伟大比权力还重要。

但是，由于这些利维坦（Leviathans）很少出现，因此我将努力表明，如果我为当今时代利益所提出的建议早已付诸实施的话，他们就绝不会像曾经那样破坏世界和平，称霸整个国家。正义在战争中的优势体现在大使馆的成功上，大使馆常常通过听取过错方的请求和对正义的怀念来阻止战争。或许很大程度上是由于声誉、贫穷或君主和国家的某些特殊利益或便利，以及司法，但是，可以肯定的是，战争在任何意义上都不正当。但当错误被接纳、正义被控诉时，这句话就被推翻了。因此，战争的普遍性就从一些这样的主张中产生了。这在国内更为清楚易懂；因为可以防止一个国家内战的东西，也可能阻止国外战争，即正义；我们看到无正义的地方，尤其是王国和国家中的行政当局和人民之间爆发了战争。可是，站在人民的立场上看这是不合法的，我们看到人们从来都是这么做的，并且应该给予君主同样的告诫，这似乎是人民的权利。但我必须说，补救措施几乎比弊病更糟糕；如果侵略者得逞，他们很少得到他们想要的东西，或者履行自己的承诺。

通常，在尘世和天堂里，为了实现进取心而产生的血腥和贫穷，比他们所失去或遭受的，或通过努力改善自己的状况而得到的一切都沉重得多，这种扫兴似乎是上天的旨意，是上帝对那些暴力企图的审判。

但是，回过头来说，在政府和人民之间，在一个人、群体与另一个人和群体之间，正义都是和平的手段。它阻止了争斗，并最终终结了它：因为除了受到羞耻或恐惧的约束之外，为了能竞争得更久，处于政府管理之下的他或他们也会受到法律的约束，其欲望和怨恨需符合法律规范。因此，和平是由正义维护的，而正义是政府的产物，正如政府源自社会，社会源于和谐。

三 各种模式下政府的兴衰

政府是防止混乱的权宜之计，一切紊乱的约束，正义的砝码和公正的天平。政府使一个人不会因放纵而伤害别人，也不会伤害自己。

起初，世袭制是没有争议的，在父亲或一家之主去世后，地位由长子或男性亲属继承。但是，随着世界的更新换代，这种统治方式改变了，世袭制在其他的权利要求和形式之下衰落，就像我们所拥有的第一批有关神圣或公民事务的著作都是副本，已经很难追溯到源头。可以肯定，和谐是最自然、最人性化的，因为当人们通过真正遵守他们自己制定的规则从而享有自由时，这种约束也是自由的（如我所说）。

无人可以裁夺自己的事务，这样，［每个人就不是自己的法官，行刑的刽子手,］也就不再有各种法官、刽子手的困惑和血腥了。因为在社会之外，每个人都是他自己的主宰，冒着自己的风险行计划之事，但是，当他开始融入社会，他让个人利益服从整体利益，相应地他从全体人民那得到了保护。因此，他现在不是自己的审判者、复仇者，也不是敌人，而是身处其间的中立法律。并且，如果他服务于以前是自由之身的人，他也会被原先并没有义务服务他的人所服侍。

因此，虽然我们自己不属于自己，但实际上每个人有的都是我们的，我们得到的比失去的还要多，社会的安全由个体的安全组成。因此，当我们似乎顺从并掌握了从社会中获得的一切，我们正是通过社会才能保留所拥有的东西。

那么，政府就是防止或拯救混乱并实行正义的手段，也是和平的途径。为此，他们有会议、条款、法令和议会，以控制激情和怨恨，使他们不能裁夺自己的事务，也不能惩罚自己的错误，腐败国家的人很容易这样，因此，他们不会遵守任何措施，也不会轻易推卸责任。不是说人不知道什么是正确的，不知道他们过分荒淫的行为和他们错在哪里，绝不是。对他们而言，没有什么比这更清楚的了。但是人性却如此堕落，以至于如果没有以这样或那样的方式去强制的话，大多数人就不会轻易地去做他们已知正确的和合适的事，或满足于做不应该做的事。这让我更接近我提出的观点。

为了更好地理解这一点，我有必要对和平、正义和政府做一个简要的介绍，因为在某政府中维护和平的方式方法，对于我提案中最关心的读者们而言，将有助于他们设想获得和保持欧洲和平是多么容易和有利。这是我的论述目的，一切都服务于那些对这篇小论文感兴趣的人。

四　论如何实现世界和平或欧洲的和平

在本文的第一部分，我表达了和平的愿望；接下来，我将谈到获取和平真正有效的方式是正义，而不是战争。最后，我会谈到这里的正义是政府的产物，而政府本身源自社会；这起初来自和平人士的一个合理构思。现在，如果代表那个社会的欧洲主权君主，或在社会职责出现之前的人的独立国家，出于同样的理由使人第一次进入社会，即出于对和平与秩序的热爱，同意与他们指派的代表在最高国会（General Dyet）、联邦会议（Estates）或议会（Parliament）中会面，并在那里为最高统治者建立正义规则，以彼此监督；以这种方式，每年或最多隔两三年举行一次会议，或者视情况召开欧洲的君主或御前国会、议会、欧洲联邦（the Soveraign or Imperial Dyet, Parliament, or State of Europe）。

在此之前举行君主议会（Soveraign Assembly）呈现出来的所有

差异，取决于君主，在会议开始之前，私人使馆不能编造；如果这些帝国国家中任何一个主权国家拒绝提出他们的诉求或在他们面前自命不凡，或拒绝遵守和执行其判决，并以武力寻求解决，或拖延遵守决议所规定的时间，则其他所有主权国家将团结一致，强制服从和履行判决，对受害方的损害赔偿和对主权国家的指控迫使他们服从。确保欧洲能够平静地为受骚扰的居民带来十分渴求和需要的和平；欧洲的君主没有权力，从而不能质疑最终缔结的条约；因此，欧洲将实现和平并继续保持下去。

五　论分歧的原因及破坏和平的动机

在我看来，只有三件事破坏了和平，即维护、收复、扩张。首先，从敌人的入侵中维护自己的权利，我纯粹是防守。第二，我认为自己足够强大，可以凭暴力把我或我的先祖失去的东西夺回来，那曾是被拥有更强的武力所夺走的，在这里，我是具有攻击性的。最后，我通过占领邻国来扩大统治，因为我发现他们力量薄弱，而我力量强大。为了满足这一激情，他们甚至不需要某种意外或其他东西为借口。我知道自己的力量，我将成为自己的仲裁者和塑造者。这最后一种人在各种帝国没有一席之地，对于这种野心来说，帝国是一个不可逾越的极限。但前面两种人可能会很快找到最高法院的法官，寻求正义。考虑到这些掠食者如此之少，他们暴露得又太早，即便危险的诉求已经出现，但在一两个时期内平衡很难被打破。

六　论头衔之上可能出现的差异

但是这很容易提出一个疑问，或许沿着我们的思路能得到答案，这疑问就是：什么是对的？不知道这个，我们就永远无法知道什么是错的：这恰巧正是应该被确定的。但这更适合主权国家去解决，而不是我。

然而我可以为这件事指明方向，我要说的是，这个头衔要么是经过无可置疑的长期继承，就像西班牙、法国和英国的王权；要么是通过选举（Election），就像波兰和帝国的王权（the Crown of Poland，and the Empire）；要么通过婚姻，就像斯图尔特家族从英国来到这里，勃兰登堡州的选民前往克利夫公国，古代的我们在国外索取；要么通过购买，意大利和德意志经常这样做；要么通过征服，就像基督教世界的土耳其，佛兰德斯的西班牙以前都大部分掌控在法国手中，勃艮第、诺曼底、洛兰、法兰西郡等地也都是法国的领土。

从道义上讲，最后这个头衔获得方式是有问题的。它确实在一卷卷的头衔历史中占有一席之地，但却是通过战争所占有和取得的，带有血腥的特性。凡是控制或抵抗不了的，只能去服从；但是，全世界都清楚这类帝国的寿命长短，它们随着统治者保卫它们的力量的消失而终结。然而，它一旦获得和平条款的许可，通过征服去获得头衔这种手段也就得到了部分的许可。虽然那并不总是能扑灭战火，它仅仅是一个谎言，像灰烬下的余烬，一旦遇到合适的物质马上就能点燃。

虽然如此，当征服得来的头衔被和平条款、条约认可时，我必须承认，这不是一个正统的头衔；它不是那么纯粹和自然，而是被嫁接其中，由更好的头衔的保障——许可——所滋养。这一节还有一件事需要提及，那就是头衔的起源时间，和我们确认或质疑它们的时间需要追溯到多远。

于我而言，确定这样一个敏感点是非常大胆和不可原谅的，但是，无论它的时间或多或少，像上一次尼梅根（Nimeguen）的全面和平,① 或这场战争的开始，或和平条约的起源，我都必须将其交给那些事件中主要的觊觎者和主宰。每个人都必须愿意付出或放弃些什么，这样他才可能留住剩下的东西，确定了这一点，就永远不必再失去更多了。

七 论这些帝国的组成

乍一看，这些主权国家（Soveraign Part）或帝国国家（Imperial State）的构成和比例似乎带来了不小的困难：君主和列国在选票上不平等。但是，基于更好的判断，我认为它不是不可克服的，因为如果有可能估计出几个主权国家的年产值，他们的代表将出席今年八月的议会，那么确定每个主权国家的人数或选票数将是可行的。

举一个很明显的例子，通过考量土地收入、海关的出口和进口数、税率表和所有的政府调查，能精确地估计英国、法国、西班牙等帝国的产值，为了得到他们的支持对他们按比例征税，即使是那些对欧洲和平最不感兴趣的人也不会对这一提议有意见。恕我直言，我将举一个不太确切的例子，我既不会假装精确，也不会提供一个估算值；我行事随意，只有这般合理和公正，才能给我明智的读者一些目标，我的目的是：记住，我不是通过对君主收入的任何计算、估算来设计的，而是通过全世界和君主都很关心的领土价值。

这是一个公正的衡量标准，因为一个君主可能比另一个更富有国家的君主收入更多。因此在我举的这个例子中，并不需要那么谨慎，因为正如我之前所说，我装作不严谨，完全凭借猜测，只是为了举例而已。我假定德意志会派出十二位代表，法国十位，西班牙十位，意大利八位，接近法国，英国六位，葡萄牙三位，瑞典四位，

---

① 《尼梅根条约》（*The Treaty of Nimeguen*）于 1679 年终止了大陆战争。

丹麦三位，波兰四位，威尼斯三位，尼德兰联邦共和国四位，十三个州和小邻国两位，荷斯坦公国和库兰公国一位，如果把土耳其人和莫斯科人也算进来，这似乎既合适又公正，他们会分别派十位。总计九十位。当他们代表第四世界时，他们是一个伟大的存在；现在，他们是已知世界上最好和最富有的部分；宗教和学习、文明和艺术在那里拥有自己的席位和帝国。

但是，并不总是一定要有这么多的人来代表一个更大的主权国家。因为选票可以由任何一个国家的一个人投出，也可以由十个或十二个人投出。国会越是完整，辩论就越庄严、有效和自由，决议也会有更大的权威性。在他们同意的情况下第一届会议的地点应尽量设在中心位置。

八　论帝国议会的会议规章

为了避免大家争夺上席，可能需要圆形的房间，并有若干个门可供进出，以防出现异常情况。如果把整体划分成十，每人选择一个，他们就可以轮流主持，决定应该向谁发言，谁应该收集辩论的意义，并提出问题进行表决，我认为投票应该秉承威尼斯人谨慎和值得称赞的方法。这在很大程度上防止了腐败的不良影响；因为即便是高贵的代表里也有人会卑鄙、虚伪且无耻到被金钱收买，在无记名投票的情况下，他可以这边收受贿赂，那边依然按照自己的原则和意志投票。一个精明的反腐策略和尝试性补救是：谁会把他们的钱放在他们容易上当受骗的地方呢，但如果在二比一选票情况下，他们就会这样做；当他们知道自己的谎言不会被识破，他们就会收受贿赂，他们会忠于这些贿赂他们的人，甚至不惜背叛他们的国家。

在我看来，除非通过票数占到整体四分之三，且至少高出否决票数七票，否则就不能在帝国议会中通过。我确信这有助于防止背信弃义，因为在这样一个法庭里，如果金钱成了诱惑，那就需要花费大量的金钱来平衡错误的天平。

所有投诉都应以书面形式提交，具有记录性质；日志由合适的人保存在大行李箱或某种大箱子中，箱子应该上多把锁，就像一个国家会派出十位代表一样。如果每十位代表配一位书记员的话，则需要为议会中的这些书记员安排座位或桌子；在每届会议结束时，每十名议员中便有一名获委任审阅和比较这些书记纪要，然后如我先前所说的，把它们封存起来，这样就很清楚并令人满意了。而且如果他们愿意的话，每一个主权国家都可备一份该记录和会议纪要的样本或副本，这是很合适的。

可以肯定，为了主权国家自己的荣誉和安全，言论自由和规则不能失效，并将是每个主权国家中最智慧和最崇高的存在。如果来自同一主权国家的代表之间出现了异议，则由主要议员中的一位行使该主权国家的投票权。我认为非常必要的是，每个主权国家都应出席，否则将受到严厉的惩罚；在所有议题结束前，任何人未经允许都不能离场；在辩论中决不应该保持中立：因为任何这样的自由都会很快为不公平的议程开辟道路，随之而来的是一连串眼前的和潜在的不便。我不想多说至高无上的联邦会议应该用什么语言，它只能是拉丁语或法语；拉丁语适合平民，法语则便于有素质的人。

九　论针对提案的异议

我将首先回答针对我的提案的异议。下一章和最后一章会努力展示这个欧洲联盟或联邦的多种益处。

第一个异议是，最强大和最富有的主权国家永远不会同意加入联盟，如果它同意的话，那么总会一天，腐败带来的危害会超过武力带来的。我的回答是，它并不比其他国家更强大，因此，你应该宣扬这点，并迫使它加入其中，尤其是在该国还没来得及拒绝之时，否则，对付这样的国家就太迟了。

对于异议的最后部分，我认为现在的解决方式和过去一样明朗；问题很少，并且容易解决。然而，如果选择了有理智、有声望、有实力的人，他们要么会鄙视卑鄙，要么就会为流氓行为付出代价：至少他们会彼此监督，相互制衡，且都会受到他们所代表的主权国家的谨慎限制。在所有重大问题上，特别是在最终决定出现之前，他们有义务将这些重要事件的是非曲直转达给他们的雇主，并接受他们的最终指示，指定了会议地点的话最多可在二十四天之内完成。

第二个异议是，取消军事训练将导致软弱：任何情况下，一旦需要军队，我们都会像他们1672年在荷兰一样不知所措。

不会导致软弱，因为每一个主权国家都可以根据自己的意愿，通过简朴的生活和适当的劳动，在青年教育中引入一种或温和或严厉的纪律。通过实际行动传授他们机械知识和自然哲学，这是德意志贵族的荣誉。这会使他们成为男子汉，既不是女人也不是勇猛之人。因为军人不是软弱的另一个极端。但是，对自然的认识，以及有益而又令人愉快的艺术创作，使人们认识自己，认识自己出生的世界，知道怎么服务自己和他人，如何拯救和帮助而不是伤害或毁灭。一般的政府知识，欧洲的特殊组成，尤其是他自己国家的知识，都是非常值得推荐的成就。那些任职于国内议会、委员会，以及国外帝国国家贵族法院的人，很适合学习这类知识。至少，一位优秀的富人可以服务公众，也可以视情况而退休。

对于异议的另一部分，如果有对军队的任何需要，我们都会像他们1672年在荷兰一样不知所措，这个提案本身就能回答。一方与另一方之间发生战争，有时是因为同样的诉求。不能认为在一个帝国行军之后，所有国家都要储备这样一支军队，这可能会危及其他国家的安全。

倘若如此，就会出现这样的疑问：为什么这样的主权国家在其治下要增加或维持一支强大的军队？它们必须立即改革或裁减军队，唯恐因增派大批兵力，使邻邦大吃一惊。实际上，在其他任何一个主权国家中，只要有能力长期培养一支小部队，就一定能够预防这种危险，并克服这类恐惧。

第三个异议是，家庭中年轻人的就业机会将非常缺乏；穷人要么成为士兵，要么变成小偷。我在回应第二个异议时已经回答了这个问题。如果政府关心年轻人的教育，我们就会有更多的商人和农民，或者有才华的博物学家。除了眼前和当下的幸福之外，所有的一切都应该受到政府的关心与训练。因为任何一个国家的青年都是这样培养出来的，每一代都是如此，关键在于政府是掌控在好人还是坏人手中。

现在我要指出最后一点异议，即君主和主权国家们将失去主权；他们永远不能忍受这一点。但是，这也是一个有待更正的错误，因为他们在国内仍然像以前一样拥有主权。他们对人民的权力，以及他们通常给人民提供的收入都没有减少；随之而来的当然是战争的减少，或对公众优势的更好发挥。因此，各主权国维持原样，现在没有任何一个国家拥有另一个国家的任何主权。如果这被认为是他们的力量的削弱，那一定是因为大鱼不能再吃掉小鱼，而且每个主权国家受到同样的保护，免受伤害，并禁止对他们犯罪。让武器屈服于长袍是一次光荣的宣判，鸽子的声音，和平的橄榄枝。祝福是如此巨大，以至于当上帝想要严惩我们的罪行时，他往往会用战争来鞭打我们；但经验告诉我们，在此之后没有人会留下深刻的烙印。

十　论和平提案带来的真实益处

在最后一章中，我将列举本提案为欧洲现在和未来的和平带来的许多实际好处。

我祈祷，让牺牲不要再发生，或至少避免大量仁爱者和基督徒的牺牲，这件事让人觉得可怕和痛苦，是对上帝的冒犯，因此就像从前一样，必须毫无异议地推行我们的权宜之计。一个人能用什么来换取他的生命和灵魂呢？虽然政府中的领袖很少亲自露面，但他们有照顾子民的责任；当然，他们在为人民服务的过程中做出牺牲是对上帝负责。此外，除了避免牺牲大量生命之外，还可以避免出现大量寡妇、父母和孤儿的哭喊声，无论是从劳动力还是社会的繁衍层面来说，生命对于政府都至关重要，而哭喊声是政府所不乐意听到的，却是所有政府参与战争的自然结果。

还有另一个明显的好处，那就是通过这种和平的权宜之计，某种程度上基督教的声誉会在异教徒的眼中重现；基督教的许多血腥和不正义的战争已经极大减少，其中不仅包括他们之间的战争，还包括对外的战争。这一神圣职业有这样的恶名：一直以来，那些以救世主之名为荣的基督徒，常常被野心或复仇的冲动所驱使，他们的荣誉和尊严总在世俗的激情面前败下阵来。他们并不总是正义的，正义也不能成为发动战争的理由。基督徒之间不仅有对抗，同样也有歃血为盟的时候；有趣的是，他们所做的是祈求善良仁慈的上帝，赐予他们更多的武器以毁灭他们的兄弟；然而他们的耶稣告诉他们，他来是要拯救而不是毁灭人的生命，是赠予人类和平并培育它；如果说他必须要降下战争，那实际上是圣战，因为它针对魔鬼，而不是人。

对我们来说，耶稣所有的头衔中最光荣和最让人感到舒服的就是和平之主。这是他的本性，他的职务，他的工作，他的目标以及他降临的最好的祝福，他既是我们与上帝和平之约的缔结者，又是维护者。值得注意的是，在《新约》中，除了一次他被称为狮子，一般都被称为上帝的羔羊，其意在向我们表明他温柔、温顺和无害的本性；因为他与他的十字架和王国是不可分的，所以那些渴望成为他十字架和天国的门徒必须要像他一样，正如圣·保罗、圣·彼得和圣·约翰所告诉我们的那样。① 不是羊羔将顺从狮子，而是狮子必将顺从羊羔。也就是说，战争将让位于和平，士兵将无用武之地。

基督教徒肯定不应倾向于斗争，也不应对任何人急躁发怒，相互之间就更不应该了，尤其不应为这个下层世界中多变和逐渐消逝的快乐而发怒：没有品质不受这一原则约束。可敬的欧洲神职人员拥有大量君主与人民的财产，可在广阔领域中发挥他们的作用。愿他们推行我所提出的和平方法，如果没有争端，将不会有流血牺牲；理性也将取代武力成为自由辩论中的法官。因此，正义与和平乃是明智政府的愿望和成果，也是所有国家想要的福气，这些似乎都有助于这一提案的实行。

第三个好处是，它为君主和人民节省了金钱，从而防止他们之间因战争的巨大损耗而生出怨恨与误会；并且使他们都能为教育、慈善和制造业等公共事业做出贡献。此乃政府的美德和国家的装饰品。这还不是主权国家的全部好处，除了开头说的省钱和良好的资源管理，这篇简短的论述也将说明主权国家提供的服务与带来的幸福。因为它节省了数目众多的辉煌的大使馆的巨额开支，以及他们附属的间谍与情报需求带来的所有消耗，即使在最审慎的政府里，

---

① 耶稣是犹大的狮子，见《启示录》5：5。耶稣是羔羊，见《约翰福音》1：29，36；《使徒行传》8：32；《彼得前书》1：19。

间谍与情报也已经消耗了大量的金钱；同时这里还存在着一些不道德的行为。例如通过揭露仆人的秘密，败坏仆人去背叛他们的主人；这不符合基督教或古罗马的美德。但是在主权国家里，没有什么是害怕让人知道的，因此情报价格便宜，或者可以免费获得。我可能会提到对战争中的寡妇和孤儿以及那些在战争中致残的人的抚恤金；这在一些国家的财政收入中占比高涨。

我们的第四个好处是，那些因战争肆虐而荒废的城镇、城市和国家能得以保存。这一点看看佛兰德斯和匈牙利，甚至是所有主权国家的边界后就明白了，这些地方几乎都是掠夺和苦难的发生地；其中英格兰和苏格兰的故事就是最好的例子，不需要再去深究（looking over the Water）。

和平的第五个好处是能保障旅行与交通的方便和安全。自从罗马帝国分裂成众多独立国家之后，就再也没有此种幸福了。但是，如若我们拥有欧洲所有独立国家的通行证，就可以轻松享受到去欧洲各国旅行的舒服与好处，此和平国家的联盟将实现这一点。那些去过德意志的人就知道这项通行特权的必要性和价值，在德意志有非常多的独立国家，旅行途中他们会经历许多停留和检查；欧洲之旅尤为如此。

欧洲联盟会带来全球性君主专制的益处，而不会有随之而来的弊端。因为当全体国家组成一个帝国的时候，尽管可以享受这些优势，但是由于大量的金钱汇入帝国宫廷，还由于几个地方总督和州长的野心与贪婪，以及他们支付给无数士兵的巨额税款，所以现在组成欧洲王国和国家的几个州市正面临着一些困难，士兵中饱私囊，他们各自的主权国家虽总是表达出对他们的关爱，但是他们不习惯去接受这种关爱（这种关爱是不确定的，他们自己需要去创造财富）。因此，由本国的君主或国家进行统治，这种和平与安全的优势能使全球性君主政体更受欢迎，这是我们的提案所特有的，也正是因为这个原因才提出的。

另一个好处是，面对强暴之人的入侵，即使是最有钱的基督徒也十分安全。迄今为止，除了某些基督教君主的粗心大意或有意纵容，如果没有援助的话，港口不可能会在基督教国家中如此繁荣。基于同样的原因，没有一个基督教君主会冒险去反对或打破这样一个联盟，为了维护他在欧洲的财产安全，伟大的君主将发现自己不得不同意，即使用上他的全部力量，他也会觉得难以与联盟匹敌。尤其是近两年来，基督教国家间战争引起的祈祷、泪水、背叛、鲜血和破坏，进一步为我们的提案增添了说服力，并因此谦卑地宣扬和平之福。

第七个好处是欧洲帝国国会、议会或联邦会议的建立，它将建立并巩固君主与国家间的私人友谊，它肃清了战争，并把和平栽种于沃土。如果他们能安全地、自在地满足自己的意愿，君主对其他国家的宫廷和城市会充满好奇，其家人也是一样，他们可以自由地面对面交流，彼此当面表达礼貌，接受善意，这是世界安宁的一个重要目的。交流之后彼此会有殷勤好客的印象，将很难再因平常之事去互相误解或争吵。他们将在宗教、法律、风俗、学问、艺术、建筑等方面彼此学习，尤其是那些与慈善有关的领域，即一些政府真正荣耀之所在，那儿就像其他地方一样，罕见乞丐。

这也不是此自由和君主会谈所带来的全部好处。从他们的子女或姐妹们嫁入其他宫廷之时起，亲情将受到保护，保存一点也比失掉要好。因为现在君主的伪善，他们无法舒适地享受天伦之乐。由此，从他们的女儿或姐妹嫁给另一个王权之时起，亲情就屈从于利益，而这种利益多半不是建立在坚实的或值得称道的基础之上，而是建立在野心或不公正的贪婪之上。

我要说的是，和平提案所带来的效果——自由，使亲情恢复了它在君主家庭中应得的权利与尊严，无论亲情被保存在任何地方，他们都能享受到亲情的舒适。女儿为了和她们丈夫之间的良好关系，可以亲自恳求她们的父母、兄弟姐妹，在那里，亲情几乎肯定会获胜，因为它不会被分别和邪恶的利益所摧毁，而是靠这种亲密关系中的目光和生动真实的恳求起作用。他们很难抵抗住这类强大恳求者最深情的话语，如他们的孩子、孙子、姐妹、侄子和邻居。因此，从孩子到父母，到姐妹再到兄弟，建立起了夫妇和他们彼此之间的良好理解，保持并维护他们自己的家庭。

总结本章，在上述交流和良好的理解之后，还有另一个明显特别的好处，我认为这对君主来说应该有所促动，那就是他们能借此来为自己选择妻子，例如选择他们所爱之人为妻而不是让他人代为选择仅仅满足利益需求的人为妻；后者的动机很可耻，很少会引起或延续丈夫和妻子之间应有的良善。很少有君主知道这一乐事，与之相较，其他的所有乐趣都相形见绌。这常常使我想到，家人之于君主的好处在于，家庭的舒适能完全平衡他们的伟大政权和荣耀。一种更多是想象中的，而不是真实，且往往非法；但另一种，是自然的、坚实的、值得称赞的。

此外，可以肯定的是，父母在婚前就彼此深爱的情况很少发生在君主身上，但却对他们的后代有着良好而深远的影响：有了他们的榜样，他们的后代将成为更好的丈夫和妻子。这在很大程度上避免了不合法的爱情和随之而来的阴谋的危害。在若干时代里，君主和妻子间的不和带来了怎样的仇恨、纷争、战争和绝望呢？他们与孩子中有多少不近人情的隔阂，即便没有使他们丢掉自己的国家，也毁坏了自己的家庭呢？

有一个自然而有效的权宜之计可以阻止它发生：君主的快乐能给人民带来快乐。我已经说过，夫妇彼此间的誓言和爱慕将复兴和巩固亲情，将为君主留下柔和而亲切的印象，宫廷和国家会很容易察觉到这种印象并受到其良好的影响；如果他们关心子女的成功和与其君主关系的智慧，就更是如此。因为这不仅使他们向善，而且如果他们及他们的君主之间不幸产生任何误解，这些亲子关系将为他们及其君主间的沟通搭建有力的桥梁。自此本章结束。

现在是时候总结此论述了，虽然我没有让我的读者满意，或者没有满足其期望，但是我的意图是好的，而且只花了读者很少的金钱和时间，这于我多少是一种安慰；如果我的简洁没有起到用处，那就是一种借口，或主题不讨人喜欢，或是受到了糟糕的控诉。

结　论

最后，我将通过追溯他们在自己主权国家中各自特殊的经验，对我提案做一个总结，此提案就是我之前提到的关于建立一个欧洲的、主权国家的，或帝国的国会、议会，或联邦会议，这也是大家所关心的。父母和一家之主管理他们的家庭，地方法官管理他们的城市，联邦会议管理他们的共和国，君主和国王管理他们的公国和王国，都是借助公正和谨慎的守则，从而欧洲得以获得并维护其主权国家之间的和平。因为战争是君主的争斗；由于王国和国家的政府阻止人们成为自己的审判者和执行者，用私人感情去伤害或报复，并使大事小事都服从正义的规则，这样权力就不会征服或压倒正义，一个国家也不会对另一个国家展现独立，行使威权，与此同时，他们已经放弃了对社会利益和舒适的最初诉求；因此，如果把这一点放在整体中，冷静地加以权衡，就不难设想或构思，也不难执行我在这里提出的计划。

为了更好地理解和完善这一观点，我在这里向欧洲的君主和联邦会议致意，为了安全和宁静，我必须推荐他们阅读坦普尔爵士对尼德兰联邦共和国的描述；① 对于那些怀疑我提案可行性的异议，

---

① Sir William Temple, *Observations upon the United Provinces of the Netherlands*, London, 1676.

这就是对它的回答和实例。而且，这次尝试不仅成功实现了我们的提案，而且达成了一项毫无争议的成就。在那里，我们可以发现，总议会的各主权都是由三个主权等级构成的。

我将于后面大略介绍它们。首先是总议会。然后是构成这些议会的直接主权，它们是对欧洲主权负责的各联邦，在我们的提案中正是它们的代表组成欧洲国会、议会或联邦会议。然后，每个州有几个城市，它们有大量不同的独立国，由此组成了各联邦，而这些联邦组成了位于海牙的总议会。

但我承认这份荣誉——提出并实施如此伟大而出色的构思，也许要归功于英国以及欧洲所有国家，对此我衷心表示热烈的祝福，因为我们构思和准备中的权宜之计，它的一些本质乃是源自法国亨利四世的智慧、正义和勇敢，他的卓越品质使得他的品性超越了他的祖先和同时代的人，理所当然成了亨利大帝。因为当西班牙派系借拉维里雅克（Ravilliac）之手策划并完成了他的谋杀时，鉴于此，他必须使欧洲君主和联邦会议达到政治上的平衡。

我不会怕因此受到责难，因为我提出了一个有利于欧洲现在和未来和平的权宜之计，这不仅是我一人的构思，而且也是欧洲有史以来最伟大君主的荣誉，在欧洲最智慧和最强大的国家的宪法中也被认为是可行的。总之，在这件事上，我没什么可回应的了；因为，如果它成功实行了，就再没什么值得我去做的了。这位伟大的国王作为榜样告诉我们，这件事是合适的；坦普尔爵士的历史记录中通过一个优秀的实例告诉我们，这件事可以完成；而欧洲极大的不幸，促使我们必须现在要完成这件事：而我的任务只是在这个生死关头去思考它，并把它置于欧洲和平与繁荣的考量之中。

论永久的和平

（节选）

根茨（Friedrich Gentz） 撰

刘学慧 译

［中译编者按］弗里德里希·冯·根茨（Friedrich von Gentz，1764—1832）是十八世纪末十九世纪初著名的普鲁士政治家和政治作家，早年在柯尼斯堡大学就读时，曾受康德影响。法国大革命爆发后，根茨由起初的大革命支持者很快转变为反对者，1801 年出版的《革命前后的欧洲政治状况》（Von dem politischen Zustande von Europa vor und nach der Revolution）是其最为著名的作品。1802 年，根茨成为奥地利皇室政治顾问，他在 1806 年出版的《欧洲政治均势的晚近历史断章》（Fragmente aus der neuesten Geschichte des politischen Gleichgewichts in Europa）一书，即便今天看来仍是重要的历史文献。自 1812 年起，根茨担任梅特涅的顾问，出席了维也纳会议（1814—1815）以及此前和此后的所有会议，并多次担任会议秘书，起草了诸多重要的外交文件，有“欧洲大臣”的历史声誉。基于为实现欧洲和平不懈努力的丰富政治实践经验，本文针对康德的

“永久和平”论提出了异议。（因本刊篇幅所限，仅为节译。）

永久的和平不是痴人说梦般的肆意空想。或者，更确切地说，人们一直把主权国家之间的国际法视为永久和平的基础，因此，永久的和平是一种严谨而深刻的伟大理念，是一项特定的任务，甚至是人类理性的要求。在人类交往的宏伟整体中，我们关于法权、秩序以及道德的观念不断向前发展，永久的和平将是必然的结果。国与国之间的永久和平就跟个体与个体之间的关系一样——如果个体不是处在一个合法的社会，如果个体不能在一个合法的最高权力机构为他们的各种需求以及需求限制寻求全面的保障，那么，相互独立的社会之间就无法产生真正的合法团体；如果没有一个普遍适用的立法来确定个体之间的法权关系，如果没有一个最高法院依法裁定争执，如果没有一个最高的执法机构来执行最高法院的权威判决，那么，个体根本就不能实现全面的法权。同样，国与国之间如果不具备类似的条件，从国际法的意义上看，也是处于无政府状态，并将一直处于这种状态。

国与国之间签订的各种条约根本就不能充分等同于完全确定的社会宪法，尽管各国偶尔也会试图通过这些条约对各个方面予以强调，或者借此强调无政府状态下各国之间的相互关系。此类条约只能满足当下需要，却无法预见遥远的未来格局发展，也无法涵盖在未来的纵深处所隐藏的各种争端。即使是退一步看，假设上述条约能够涵盖未来可能会出现的争端，那也无法满足真正的法权保障这种最重要的需求。对于签订条约的各方来说，一旦任何一方出于单方面意愿不再承认条约的约束力，那么，条约就不再有效：恰恰是在条约最应该发挥作用的地方，条约的约束力最为苍白无力。我们现在的整个国际法无非就是一系列互不相干的条约，而且随时都会被撕毁。因此，这些随时都会被撕成碎片的国际法根本就不是真正意义上的国际法。对于任何争端问题，裁决办法最终都跟合法性毫无关系。武力绝不是解决争端的办法，但是，一直以来，武力却是国际法审判中唯一的、最终的审判官。当然，凡是在理性允许发声的地方，理性总是会跳出来反对这种非理性的做法。面对难以解决的混乱状态，面对令人悲痛的却又屡屡发生、不可避免的争斗，理性从深深的绝望中发出命令般的呐喊：不应该发动战争！理性之所以发出如此令人敬畏的呐喊要求，首要的理由就是：不应该发动战争，因为战争使得神圣的权利蒙受了偶然和无序的践踏。这条理由掷地有声，比任何其他理由都更加有力，胜过人类之爱、柔情万丈、更高的国家智慧、自我保存以及乐于看到社会文化在岁月静好中向前发展，也胜过世界大国对秩序、坚固以及和谐稳定的渴望。

只通过合法手段来解决合法的争端问题，以便将战争永远排除在社会之外，这种想法往往被嘲讽为美好的幻想。就算这样的想法不切实际，就算这样的想法无论是在当下还是在遥远的未来根本就无法实现，我们依然有义务，为了实现这个美好愿望而继续努力创造条件。特别是人类中最有智慧、最为优秀的那些人，更应该致力于将人世间最高的政治财富变为现实。在道德上的世界秩序中，存在着一些目的，这些目的在现实世界里根本就没有相对应的手段：理性之要求与有限个体之力量，这两者之间存在着不可逾越的鸿沟。但是，我们依然要研究了解理性与个体力量的差异，哪怕我们深知，这种差异几乎无法消除；我们依然要坚定一个伟大的想法，哪怕在较为美好的未来仍然不能将这一想法变成现实；我们依然要始终仰望星空，哪怕我们周遭被浓浓的黑夜所笼罩：这就是我们明确的职责之所在，这也是我们最珍贵的慰藉之所在。

理性之要求与有限个体之力量，对这两者之间的差异进行调查研究，有助于为我们赢得难能可贵的尊严：虽然我们一直都在寻求宪法，但是宪法却又难以形成；如果能够比较深入地了解到我们所寻求的宪法难以形成的具体原因，那么，我们自然就有理由去相信与宪法或多或少有所关联的道德思想。一方面，如果人们把能够形成永久和平的社会状态看作对人类法权的最高认可，如果人们认为，永久和平这个概念跟所有其他的权利与义务概念一样牢牢建立在理性的基础之上，而另一方面，如果在现实中根本就看不到与永久和平这个理想相一致的任何希望，那么，尤其是在道德最为苍白无力的时代，人们难免会产生怀疑，以为永久和平的理念可能与法权的基本原则极为不符。更有甚者，那些头脑聪明的人也会产生怀疑，以为大家费尽心血想出来的永久和平理念其实跟国际事务毫无共同之处。总而言之，一切都将是徒劳——无论是告诉世人何为永久和平、为何永久和平是理性唯一的永恒理想；还是向世人解释，永久和平与理性需求之间看似是一对矛盾体，其实不会动摇道德世界秩序的基石；又或者是告诉世人，即使是最深思熟虑的政治家在思考永久和平这个重大问题时最终只会陷入绝望，但是却仍然坚持在无所不包、无所不能的道德法律中寻求解救的方法和手段。不管如何解释，都是徒劳。

要想彻底避免处在世界某地的国家之间发动战争，有三种不同的方法。迄今为止，为了实现永久和平尝试的各种建议都包含在内，而且必须包含在内：

第一种方法是，将这些国家完全统一为同一个国家，从而消除那些导致其政府分离的冲突；

第二种方法是，将这些国家完全隔绝，或者让这些国家通过一种宪法，从而让一方的任何利益都不再侵犯另一方的权利；

第三种方法是，最终由这些国家所组成的社会整体形成一个组织，必须能够以和平的方式解决相互之间的争端，而不是以其他任何方式解决争端。形成统一组织之后，该组织内部可以有两种处事方式。其一，各国形成一项自愿协定，根据该协定，各国相互负责。

一旦产生任何权利之争，都将由指定的裁判进行裁决；或者视具体情况而定，每次都指定一个裁判进行裁决，并且绝不采取暴力手段。或者，其二，制定正式的国际法宪法，设立大家公认的最高法院，并由最高法院行使必要的判决权力。

[……]

早先时期，曾经有人提出过同样的想法，那就是把世界上某个地区居住着的全体部族聚集到同一个国家整体中，称之为“统一君主国”。历史上，不止一个人有过如此大胆的想法并采取行动，而且也不止一次因此给欧洲带来恐怖和灾祸。在此，毋庸赘述这种想法是否多余，但是需要指出的是：一旦有人试图把这种想法付诸实践，其后果将会比战争还要可怕，虽然不应该发动战争。[……]

在最近的几个时期，欧洲遭遇了两大事件，尽管这两大事件本身并不值得付出那么大的代价，也不是大家所期望看到的，但是却为“统一君主国”奠定了坚实的基础。——“统一君主国”这种伟大的重新联盟原则，曾经被视作政治交往中的自然法则之一。——第一大事件就是分割机制的形成：自 1772 年以来，分割机制似乎已经成为欧洲治理国家的基本才能之一。另一个事件就是法国大革命。在这两大事件中，无论是篡权成功所带来的一线希望，还是滥用权力的无耻欺骗，最终都无法摆脱真正意义上的道德原则。因此，这两大事件的后果其实早就得到了永久的判决。由于分割机制的存在，世界上不可能形成国际法；只要革命仍是一种被允许的行为，那么公民社会中根本就不可能有任何权利可言。不仅如此，分割与革命这两种行为渐行渐远，特别是革命行为只是在欧洲各族人民中堵住了战争的根源，却不能维持长期的和平。[……]

前面说过的第二种方法是将各个国家完全隔绝，并制定各方都承认的宪法，使这些国家之间能够持续处于和平状态。关于这种方法，根本就无需多加解释，因为有一位著名的德国哲学家曾经在他的书①中进行了繁琐的分析，并郑重提出了建议。

[……]

对于我们人类来说，真正的文化，其最高条件就是形成普遍共同体。只有这个普遍共同体进步了，人类本质中最宝贵的力量才会随之一同发展。自从航海与贸易将世界上最遥远的地方连接在一起，人类社会就再也不可能倒退到普遍蛮荒的时代。诚然，这个普遍共同体中也充满了无数的罪恶与苦难，但是，人类的命运不应该也不可能纯粹往好的方向发展，也不可能一味追求好的享受。如果每个国家都觉得普遍共同体不尽如人意而选择闭关自锁，那么我们既没有物力也没有能力去享受更好的生活，也就不可能达到更高的人性。如此一来，我们的社会关系、劳动成果、艺术、科学、身心教育等都将永远停留在孩童的水平。那位著名的德国哲学家如今带着一副忘恩而自傲的神情，丝毫也瞧不起那部各方都应承认的宪法，因为这样的宪法根本就不可能帮他实现理想。哲学家本人仍然生活艰苦，条件简陋，辛勤钻研，根本无暇顾及他的理想世界。对我们而言，各个国家之间的伟大联合是一笔宝贵的财富；但是，如果我们把这一宝贵财富用来建造彼此之间不可逾越的壁垒，那么，这个世界将不可避免地要退回到孩童时代。倘若真的是这样，生活的真正魅力将会消失，人类的最高利益也只能是时刻保持赤裸裸的生存基础，工业发展将失去动力，企业也不会扩大生产；再也没有全面的计划，再也没有荣誉感，再也没有任何激情去从事伟大的事业；所有的国家都将充斥着单调空虚、松弛懈怠、不思进取，所有的海洋上空都

① 参 J. G. Fichte，*Der geschlossne Handels – Staat. Ein philosophischer Entwurf als Anhang zur Rechtslehre*，*und Probe einer künftig zu liefernden Politik*，Tübingen，1800；关于永久和平的理念，虽然不是费希特本人首次直接提出的，但是他在不同的著述中多次明确表示：他是出于其他更伟大的目的，从哲学层面对永久和平进行思考。因此，费希特的上述论点也是源自他本人的整个哲学体系。

不再充满活力，世界旋即又被黑暗所笼罩。[……]

不！仅仅在口头上预言人类的和平，这远远不够。我们必须采取行动创造条件，让人类拥有和平。我们必须打破我们赖以生存的狭小圈子，带着我们的愿望、用我们的实际行动逐渐跨过海洋和陆地，沿着地平线奔向远方，这是我们与生俱来的本能需求。一股不可抗拒的力量将各个国家联系到一起，这股力量来源于文化的全部奥秘，来源于更高的世界政治的教育。各国人民之间的共同点越多，将越有助于提高人们的教养，使他们更趋完善、更具人性。在各国人民的联系和接触中，必将呈现出真正的财富。一旦中止联系和接触，必将带来灾祸。我们痛恨战争，不过，如果人类这个伟大的普遍共同体始终无法幸免于战争，那我们必须经受战争，就像承受苛捐重税一样。只有这样，我们才能最终换来公民宪法的无限好处。我们渴望看到各国都实现和平。不过，如果永久和平只能通过永久分割来实现，那么我们已经下定决心：我们要维持原来的样子，并将放弃永久的和平。

为了促成永久和平或者为了迎接永久和平，第三种方法就是让各国联系起来建立一个自由的联盟，或者形成一个完全确定的、有组织的联邦宪法。这么做的目的就是通过和平的合法手段来解除各国之间的争端，同时，借助联盟的统一权力防止任何一个成员国以武力争夺权利。为了实现这一目的，可以考虑采取不同的方式方法：每次遇到争端，联盟的各个成员国都有权指定一个或多个裁判进行裁决；或者他们也可以决定，让联盟成员国中的少数服从多数；又或者他们最终设立一个常务委员会，主要是商讨共同事务、掌管相关流程、调解纷争，并将棘手的法律难点提交到最高机构进行裁决。[……]

如果真像卢梭所说，这种和平联盟之所以无法实现，只是因为缔结联盟的各国君主绝不会接受联盟的宪法，一旦他们接受了联盟的宪法，就不能“随意做出不合法的事情”；如果真像卢梭所说，这样的联盟最多只会存在一天，随即就会被摧毁；如果真是这样，那么我们希望将来迟早会有一天能够看到联盟成为现实。在欧洲的近代历史上，曾经出现过多次这样的情况：在某一个关键时刻，各国君主宁可保障持久的和平，而不愿打一场难分胜负的战争。相信以后欧洲还会出现这种情况，关键时刻所做出的决定都有可能影响到战争与和平。因此，最大的问题或者说最大的不确定性并不在于联盟是否形成，而是取决于联盟是否具备长期存在的条件。

一部宪法是否能在个人或国家之间生效，必须具备一定的保障前提，特别是现有的外部条件必须能保证宪法的有效性与稳定性。如果这样的宪法只是取决于各成员国持续不断的意愿，那么它肯定不会持久牢靠。人民和国家的态度比大自然还要多变，他们的道德观念也会随风摇摆。因此，合法的联盟需要强制约束，而强制约束力来自最高权力机构。所有关于国家联盟的计划中恰恰缺少这样的最高权力机构。尽管所有的国家联盟计划都设立了立法和裁决机构，但是却没有执行权力，因此也就无从保障裁决结果能够有效执行。这一点至关重要，直接关系到国家联盟计划是否现实可行；或者真的像有些人所嘲讽的那样——国家联盟计划只是一场空谈。

各国之间签订的自由条约，只有满足一定的条件才会被各国遵守，那就是，签订条约的国家都无权也无意违反条约内容，换言之，即使没有这样的条约，各方之间也会和平相处。一旦其中一方或多方联手谋求自己的利益，并且他们的力量强大到足够对抗共同利益时，整个联盟机制就会分崩离析。从这一刻起，联盟的其他成员只能采取战争的形式来平息反叛，迫使反叛者要么服从裁决，要么服从大多数，或者服从常务委员会的决定。本来，各国建立大联盟的唯一目的就是要避免发动战争。可是，要保证这种联盟能够维持下去，只能采取战争的手段；而联盟的目的就是不再发动战争。这样看来，建立国家联盟的计划本身就是一种自相矛盾。

大约一百五十年来，在欧洲各国的真实关系中，为了保持政治平衡，始终都有建立联盟的各种不成熟想法。这种想法乍看上去颇为诱人，但是却经不住仔细推敲。历史经验告诉我们：有的国家善于利用自己的有利条件取得优势地位，而大多数的战争都是由巨大的国力优势引起的。由此可知，治国之道的结论就是：必须根本赢得整个国家的和平与安宁。其方法可以有很多，比如通过有目的性的结盟、通过巧妙的谈判、在危难时刻通过武力获得优势；又比如在取得优势地位之后能够消除各种不利影响。建立联盟机制的初衷从来就不是为了让所有的成员国都能够势均力敌，可是大家却常常如此批评联盟没有实现这一目标。建立联盟机制的目的仅仅在于：让弱小的国家能够联手较强大的国家，尽最大可能去共同抵抗占据绝对优势的国家，防止它有任何野心。人们希望能够巧妙运用欧洲的自然联邦宪法，以便在这个政治大集团中保持平衡。虽然大家都明白，没有任何一种联盟能够彻底杜绝战争，但是人们还是希望尽量减少战争。因此，在联盟机制中，大家一方面满怀希望，同时又面临很多困难。虽然联盟当中并没有最高权力机构，但是各成员国出于恐惧和利益克服了困难，去谋求权力和道德观念。总之，人们希望分别建立各种不同的联盟来实现圣皮埃尔神甫所提出的永久和平计划。有所不同的是，圣皮埃尔神甫的永久和平计划是要建立一个统一的联盟。

但是，国家联盟这种政治平衡机制已经多次被那些野心勃勃且自私自利的国家所利用，变成了毁灭其他国家的工具。这些国家不仅没有如联盟所希望的那样制止战争，反而还多次发动战争。

[……]

如果有一门科学能够教给我们实现永久和平的方法，那这门科学将是人类所有科学当中最高级的学问。既然这门科学是个新生事物，我们必须怀着敬畏之情定义这门科学，也就是论证如何实现 尽可能持久的和平。

第四种方法也是最后一种方法：为了实现持久的和平，需要考虑制定正式的国际法宪法，根据大家的共同意愿由一个最高权力机构负责立法、司法及执法权力。

有了正式的宪法，就满足了实现伟大目标的所有前提条件。在这样的宪法条件下，各国之间的关系将会变得井然有序。同样，在公民立法的条件下，各个国家的全体子民也都处于有序的关系之中。有了正式的宪法，最高法院就拥有了最高的权力，有权根据大家公认的国际法进行判决。就像民法法官判案一样，国际法最高法院的判决也是为了提供全面保障，保证任何一个社会、任何一个国家都能实现真正意义上的合法存在。

不幸的是，制定这样一部唯一有助于永久和平的宪法简直就是异想天开，永远都不可能实现。原因如下：

1. 为了实现永久和平的理想，这部宪法必须包含整个地球上的所有国家。一个完全成熟的联邦机制，如果只能包含地球上的一部分国家，那就不能算作完整的和平保障机制。各国人民必须联合成为一个整体，其自然状态才能彻底改变。但是，我们都知道，这根本就不可能。

2. 即使有很多国家，特别是那些大国愿意加入进来，他们愿意无条件建立一种完善的联邦机制，那么在这样的机制中，只有小国家才会因为共同的利益而建立联盟，也只有小国家才完全可以在国际法宪法的条件下得以生存和繁荣发展。① 但是，如果将这一联邦

① 这种形式的联盟组织有过成功的例子，但是联邦组织的所有成员都是中小国家。迄今为止只有两次例外情况，那就是在德国和北美。这两个国家曾经试图建立大国联邦制，其中一个国家的结果我们也看到了，还是留给后人去评判吧。但是，如果北美独立统一这种比较特殊的状态能够得以延续，那也很难超过五十年。

机制用于大的国家，比如用于欧洲的一些大国，且不说圣皮埃尔神甫还不太成熟的永久和平计划，仅仅是建立真正的联邦共和国这种联盟形式，恐怕这个庞大的共和国最高长官所拥有的权力将会是任何单个的国家都无法相比的。当然，我们也都知道，这样的联邦机制根本就不可能。

3. 建立一个庞大的联邦机制，只有欧洲能够做到。假设在这个庞大的联邦机制中，真有某个足够大的国家，大到可以用司法裁决的形式代替私下赔偿，那也还不能算作各国人民之间的永久和平。这一点恰恰说明了永久和平这一计划只是一种理想。因为我们不可能认为每个国家都愿意服从最高法院的裁决。就像在各个国家内部也经常使用暴力手段来执行权力一样，在进行各国人民之间的裁决时，有必要采取比私法关系更多的强制措施，以保证司法裁决能够生效。但是，针对一个国家的强制措施无非就是发动战争，这样看来，宪法本身并不能避免发生战争。

因此，一切都已经完全表明，根本就没有什么永久和平计划。永久和平计划只是一种理念，看起来似乎无懈可击，但是操作起来却困难重重。这样的结果真是令人扫兴，其原因似乎不仅仅在于人类自己，甚至在一定程度上还要归咎于世界政府。我们必须努力尝试，至少要看看是否能为世界政府进行辩解。

[……]

在每一个国家内部，法律决定了各种权利关系。但是，在各个国家之间，并不能完全根据法律来形成共同的、有组织的整体。各个国家所存在的形式并非自然状态，而是处于一种不完善的社会宪法秩序中——这样的观点很常见，但是并不正确。各国之间的关系就如同个人在公民社会建立之前的那种关系：在公民社会中，个体之间虽然能够签订有效的契约，但是不会形成包罗一切的联盟，以便应对所有的权利、所有的真实及可能的契约，并涵盖过去、现在和未来。因此，各国一直以来只是暂时而非绝对地将战争排除在外。

从这个观点来看，战争显然只能更确切地被称为一场灾祸。虽然人类社会的不完善状态导致了战争，但是，恰恰是这种不完善状态将我们从更大的灾祸中救出，因此，战争也应该被称为财富。理性的本意或者人的权利意识力求持续的、全面的法律保障，而这种保障只能通过全球各国人民建立普遍的法律关联，才有可能实现。让全球各国人民建立普遍的法律关联，这根本就不可能。就算是真的会形成这样的法律，也必须由一定数量的人来签订，并且这些人愿意作为民众来共同服从法律。无论以何种方式结束可怕的、理性的自然状态，势必要形成一系列的国家，因为单靠一个国家绝对做不到。那么，战争，至少是在每一个国家的势力范围内，被排除在外。如果在国与国之间不能一直排除战争的话，那么人类将会为战争付出代价，不再能够幸福地生活在某一种法律秩序中。战争是所有个体关系的自然状态，建立国家就是要将这种自然状态从人类社会的心中赶出去，这将带来很多好处。战争必须被赶出去，只有在那些大的、有权利关联的地区发生疆界冲突时，才会发生战争。国与国之间的战争应该被看作一种传导器：人们现有的敌对情绪能够借助传导器聚焦于某些点，并沿着确定的渠道疏散出去；否则的话，这种敌对情绪将无从释放，人们很有可能放任自己毁掉一切，甚至会阻碍个体之间的所有法律关联。无论战争多么可怕，战争能担保人类社会的唯一法律秩序。尽管这听起来很矛盾，但它仍然是无可否认的事实：没有战争，世界就没有和平。

如果有人想进一步发问：为什么最高世界政府要让我们处于这种讨厌的不完善状态？最高世界政府的做法是否自相矛盾？因为这个世界政府一方面将神圣的法律理念植根于我们的心灵深处，另一方面却不同意我们采取唯一的手段去完全实现这一理念，不让我们有能力去建立全人类的普遍社会宪法。针对上述发问，可做如下回答：

如果认为权利只有在私法关系中才能得到充分的保障和全面的保证，并且这种私法关系是由公民社会通过法律秩序来确定的，那么这种想法是错误的。公民社会只是或多或少成功尝试了建立法治。就算这种法治是人类智慧所能提供的最佳形式，那也仍然有可能存在不公正的法律、不公正的君主以及不公正的法官。在反对非社会状态的绝对无政府状态时，公民社会无疑是一种无价的财富，却远远不能达成完善的法律宪法的理想状态。另外，社会已经在很多情况下强迫其成员顺服，并且设法让其成员支持各项决议，这种做法也相当于一种持久的战争——实际上，就是不让人们私下追求无约束力的不法自由，可是这种追求却是人性使然，就连理性也无法阻止。即使是在公民秩序的怀抱中，和平也只是相对的，永远不可能有绝对的和平。

国家内部的法律关系与国家之间的不法关系，这两者在本质上有着非常大的相似性。这种相似性远远大于人们第一眼的初步估计。公民社会享有重要的关键性优势，那就是至少可以通过公民社会这种形式在社会内部始终防止出现彻底的无法无天状态。公民社会的这种优势，对于国家社会来说，根本就不可能拥有；但是国家社会也可以逐渐发展到很高程度的法律秩序，尽管采取的手段有些差强人意或者并不持久。按照理想状态的要求，公民社会和国家社会这两者都不够完善，但两者都能以自己的方式往更高的完善状态发展。

[……]

在各国的社会关系中，实现和平之路其实也是完善公民联盟之路，因此，也是实现各国的内部和平之路。尽管实现各国之间的和平要比实现各国内部的和平困难得多，但是，要想实现终极目标，也就是达到符合理性要求的状态，两者距离目标都是一样遥远。在各国之间建立一部永远排除战争的宪法是不可能的，但是，可以通过政府形式和法律去教育人们在社会的怀抱中也要追求正义、道德与和平；没有正义和道德，和平绝不可能长久存在。如果这种教育能够取得全面的成效，也算是很有希望的事情。公民宪法与国际宪法，两者的不足之处只是在程度上有所不同，但是又都具备继续提升的空间，提升的手段就在于人类的道德力量。永久和平的理想与完善的国家理想恰好一致：其共同的基石就是无限的法治。当人类肩负起这个使命，所有正当的目的都会实现。

关于“各民族之间的战争什么时候才会结束”，这个问题只有一个答案，那就是：如果法律和道德能在每个国家内部实行统治，那么国际法就是一部完善的整体，尽管它现在还很不完善。永久的和平确实是一种幻想，但它之所以是一种幻想，那是因为要想在全人类建立一部完善的法律制度也仍然是一种幻想。我们应该努力追求这两个目标，真诚勇敢，不懈努力。不过，只要我们人类存在，我们就不可能实现这两个目标。

[……]

1800 年前后德意志学人关于永久和平的论争

迪茨（Walter Dietze） 撰

刘学慧 译

1788 年秋天，席勒大概是受到了维兰德的启发，完成了他伟大的自白诗《艺术家》。三个月之后，他在 1789 年 2 月 9 日写给克尔纳的一封信中谈到了这首诗：

> 在这首诗的开头，我用十二行诗句介绍了人类目前所处在的完美状态。这让我得以很好地描述这个世纪比较好的那一面。

1789 年 3 月，这首赞美诗发表在《德意志信使》上：

> 多么美丽啊，戴着你的棕榈枝
> 你站在世纪的尽头，
> 在高贵骄傲的男子气概中，
> 以坦率的心态，以饱满的精神，
> 充满温和的严肃，饱含行动的沉默，
> 时代最成熟的儿子，

因理性而自由，因法律而坚定，
因温良而伟大，因宝藏而富有，
你的胸怀一直对你沉默不语，
自然之主，爱你的束缚，
在千锤百战中锻炼你的力量
从你脚下的荒野中闪耀着升起！

这首诗发表之后不到十年，一位化名为乌拉诺斯的佚名者极其无礼地对这首寓意诗歌做了讽刺性的模仿，并以《战士》为题发表在1796年的《人类苦难史》第二期上。这首诗写于1794年夏天，开头如下：

多么残暴啊，带着你的刺刀
你站在杀人凶手的队列中
挥舞着猖狂；
以懦弱的心态，以愤怒的神情，
踏着节拍的步伐，在陌生的土地上；
做好准备随时待命，
全是乌合之众，只等一声令下
见人就打，杀人无数
比畜生还要残暴，
对素未谋面的兄弟充满仇恨——
多么残暴啊，你站在那里：不是英雄，不是，海德
在你残暴行为的尽头，
被永世打入地狱！

这次小小的诗歌之争，乍看之下似乎是偶然的孤立事件，但仔细观察，就能清晰地看出，德意志在这个时候重又开始讨论和平这

个话题，而在同一时期的法国，关于和平的讨论却突然中断了。

一

1789 年，法国大革命发出的信号在欧洲引起了不安和巨大的恐惧。年轻的法兰西共和国几乎还没来得及消灭国内的敌人，就要从建立之初被迫用武力对抗外部敌人。为了捍卫自己的革命秩序，法国不得不从 1792 年到 1794 年进行革命战争，并且取得了胜利。在多次战役中，法国先是打败了奥普军，后来又击退了其他国家增援的武力干预军队。但是，枪炮声暂时停下来，只是为了不久之后又再次怒吼。法国的革命战争直接导致了欧洲各国联合起来共同对抗法国。最终，从 1795 年到 1807 年，这场战争打了十二年。

早在 1793 年初，一个庞大的反法同盟就已经形成。当时，欧洲许多封建贵族或大资产阶级的政治和意识形态代表极其敏锐地预感到：法国革命思想会直接威胁到他们自己的统治范围。美因茨共和国的建立似乎证明了，这种担心是多么可怕地变成了现实。法国革命军显示出强烈的抵抗意志和出人意料的军事技能。人们本以为第一轮交锋就能彻底打败法军，但是最终干预部队却在瓦尔米被法军狠狠地教训了一顿。1 月 21 日，路易十六以“路易·卡佩”的身份被送上断头台。这成了主要的导火索。此后不久，七个欧洲国家加入了普奥同盟：英国、荷兰、西班牙、撒丁岛、托斯卡纳、那不勒斯和德意志帝国。英国随即成为这第一个反法同盟的领导国，因为英国将法国视为其在欧洲争夺政治霸权的主要竞争对手。军事冲突仍在继续。

第一次反法同盟战争（1795—1797）从一开始就显示出同盟各国之间不平等的社会矛盾。普鲁士因参与入侵法国和吞并波兰而处于财政、军事和道义的破产边缘，因此退出了反法同盟。普鲁士承认法兰西共和国，并于1795年4月5日单独与法兰西共和国缔结了《巴塞尔和约》。根据这个和约的官方协议内容，承认普鲁士所属的莱茵河左岸地区归法国所有，并确定了德意志帝国北部各国保持中立地位。在一项秘密条约中规定了以下内容：如果达成全面和平协议，普鲁士最终便会将莱茵河左岸地区移交给法国，同时从莱茵河右岸地区获得补偿。荷兰、西班牙和托斯卡纳也退出了同盟，葡萄牙则作为新成员加入同盟。

在第一次反法同盟战争的战役中，各方都未能取得决定性的胜利。

在上莱茵河地区发生小规模冲突后，法国人继续向德意志南部推进，未能成功。而法军在意大利的作战营由年轻的拿破仑·波拿巴将军指挥，成功占领了伦巴第，在曼图亚包围了奥地利军队，并准备进攻维也纳。1797年4月中旬，两个战区都停火休战。10月17日，奥地利和法国在坎坡福尔米奥（Campo Formio）缔结了和平协议。奥地利失去了其在比利时的领地，并且不得不将其在意大利北部的领土割让给拿破仑建立的奇萨尔皮尼共和国（die Cisalpinische Republik）。[①] 法国特使与旧德意志帝国外交官在拉施塔特（Rastatt）大会上进行了长达一年半的和平谈判，最终无果而终。

与此同时，法国和英国并没有停止战斗。战争的运气越来越有利于法国人。法国在征服罗马之后，建立了罗马共和国；在进占瑞士之后，法军掠夺了伯尔尼的国库，并建立了由法国人保护的赫尔维特共和国[②]（die Helvetische Republik）。法军在波拿巴的指挥下远

① ［译按］奇萨尔皮尼共和国又称阿尔卑斯山南共和国，于1797年6月29日成立，是意大利统一前的北部历史政权。本文所有注释均为中译者所加，后文不再标明“译按”字样。

② 赫尔维特共和国是通过法国大革命在瑞士邦联的领域上建立的自治共和国，成立于1798年4月12日，1803年3月10日解散。

征埃及，也大获全胜。直到法国舰队在阿布基尔海战[①]（Seeschlacht bei Abukir）中被英军摧毁，英国重新占据了上风。最终，英国成功组建了一个新的反法同盟，奥地利、俄罗斯、那不勒斯、葡萄牙和土耳其加入了同盟。

第二次反法同盟战争（1799—1802）之初，各同盟国都取得了一些胜利，这在很大程度上归功于苏沃洛夫[②]（Suworow）的战略天才。但是，1800 年前后，由于拿破仑的军事独裁统治，同盟军队在瑞士、德意志南部以及意大利北部遭到重创。1800 年 6 月在马伦哥[③]（Marengo）附近以及 12 月在霍恩林登[④]（Hohenlinden）附近的两次败仗最终迫使奥地利和德意志帝国退出同盟战争。1801 年 2 月 9 日，奥地利被迫与法国签订吕内维尔（Lunéville）和约。[⑤]

---

① 阿布基尔海战是英法海军在地中海尼罗河口的阿布基尔湾附近进行的一次交战，发生于 1798 年 8 月 1—2 日，是世界历史上具有深远影响的战役之一。海战以英军的胜利而告终，英国战役指挥官纳尔逊受封为尼罗河男爵。

② 苏沃洛夫（1730 年 11 月 13 日—1800 年 5 月 6 日），俄罗斯帝国杰出的军事家、军事理论家、战略家、统帅，俄罗斯军事学术和军队改革的奠基人之一。他在《制胜的科学》等军事理论著作中提出一系列新的作战和军训方法，主张果断进攻、野战歼敌战略以及与散兵队形相结合的纵队战术，对后世影响深远。

③ 马伦哥战役为法国与奥地利帝国于第二次反法同盟时期的一场战役。法军由当时任法兰西第一共和国第一执政的拿破仑领军，最终，法军转败为胜，法奥议和。拿破仑于此役的胜利，不仅保住了法国的革命政权，也是拿破仑毕生最引以为傲的一次胜利。

④ 霍恩林登战役是法国莱茵集团军与奥地利多瑙集团军在巴伐利亚慕尼黑城东的霍恩林登附近进行的一场交战，最终法军获胜。奥军在霍恩林登的失败以及后来法军对维也纳的进攻，迫使奥地利退出战争并签订了不平等的吕内维尔和约。

⑤ 吕内维尔和约是第二次反法同盟战争后，法国与神圣罗马帝国之间签订的停战条约。奥军于马伦哥战役、霍恩林登战役失利之后，奥地利被逼对法国求和，奥法之间遂签订一系列和约。吕内维尔和约标志着第二次反法同盟的崩溃。继此条约后，英国亦单独与法国签订亚眠和约。

德意志帝国和皇帝同意将莱茵河左岸割让给法国；所有失去领土的封爵都将在莱茵河右岸的德意志获得补偿（这实际上意味着整个德意志帝国的重组，有利于王位的世袭）。另外，战败者还必须承认巴达维亚共和国①（die Batavische Republik）、利古里亚共和国②（die Ligurische Republik）、奇萨尔皮尼共和国以及赫尔维特共和国。1802年3月，英国、土耳其与法国签署了亚眠（Amiens）和约。③根据该条约，英国必须将它所征服的地盘归还给法国，并将马耳他归还给圣约翰骑士团，在埃及退到山口以北。因此，对于反法同盟的各国来说，第二次同盟战争并没有以特别光彩的方式结束。

就德意志的命运而言，现在的问题是如何将巴塞尔、坎坡福尔米奥和吕内维尔和约中的内容付诸政治实践。这些和约中的许多条款都表述不清、意义不明，而且很多都是临时或为拖延战事而制定的内容。为此，来自德意志各个王室的使节（代表）聚集在雷根斯堡（Regensburg），组成帝国和平代表团（由帝国国会任命，但由法国和俄罗斯这两个大国来发起和控制）。代表团于1801年11月开始工作，主要负责解决的问题是对德意志各个小国的彻底重组。既然

---

① 巴达维亚共和国是法兰西第一共和国的傀儡政府，其前身是荷兰共和国。1795年荷兰被法国占领，荷兰共和国灭亡，建立了巴达维亚共和国。1806年，改制为荷兰王国。但是四年之后，荷兰王国被并入法兰西帝国。1815年维也纳会议后，与比利时合并为荷兰联合王国。

② 利古里亚共和国是法国在意大利热那亚及其周围利古里亚地区建立的附属共和国。1797年，拿破仑率法军击败奥地利军队后，又占领热那亚，6月14日成立共和国，以热那亚为都城。1800年6月一度为俄奥联军占领。1801年为法奥签订的《吕内维尔和约》所确认。1805年6月并入拿破仑的法兰西帝国。1814年拿破仑退位后一度恢复，后并入撒丁王国。

③ 亚眠和约是法英之间于1802年3月在法国北部亚眠签订的休战条约。但是，和约签订以后，双方并未全面遵守。1803年5月，英国捕获法国与荷兰船舶的事件，成为条约双方关系恶化的导火线。

莱茵河左岸已经最终落入法国之手，德意志帝国的一些主权国家就应该为他们在莱茵河左岸的领土损失得到“补偿”。于是，人与人之间、国与国之间开始了一场看似闹剧、有失体面的肮脏交易，这让一些同时代的观察人士感到了深深的耻辱。

最终，法国人进行了干预，并在俄罗斯的同意下，向代表团成员提出了一份包含所有变化的计划。经过漫长而激烈的讨论，该计划作为“帝国代表团总决议”于 1803 年 2 月 25 日获得了法律的规范效力。这项决议对当时的德意志社会、政治和地区结构所造成的影响并非微不足道，混杂着进步和倒退、收益和损失等对立矛盾。

奥地利和普鲁士之间的历史对抗未能消除，甚至还有所升级。奥地利损失惨重，在雷根斯堡谈判中处于弱势，其帝国权力的地位被削弱，中世纪的德意志帝国濒于瓦解。普鲁士和德意志的一些中等国家即将成为法国的安全盟友，获得了最大份额的权益（巴登获得了其莱茵河左岸损失的八倍补偿，普鲁士五倍，符腾堡四倍）。不少于 112 个曾经在德意志帝国议会中占有席位的帝国阶层被废除，这其中包括几乎所有的教会公国以及全部 50 个帝国直辖市中的 44 个。这种方式（在历史上早就应该进行的剧烈治疗方法而直到现在才半遮半掩地开始）可以消除德意志分裂的最严重弊端，但是并不能阻止德意志分裂及其负面后果：普鲁士的权力在增强，德意志南部和西部各国对拿破仑的依赖从实质上大大加剧了帝国分裂。原有的冲突还未被完全消除，新的冲突又持续产生。可以预见，这种和平状态不会持续太久，雷根斯堡的临时紧急解决方案可能会在内部或外部都不堪一击。

亚眠和约也没能取得更好的结果，过了一年的期限之后就不再被双方遵守。英、法这两大竞争对手之间的敌对和冲突再次升级。双方有充分的理由相互怀疑。英国大资产阶级极其不信任地关注着拿破仑如何越来越巩固和扩大法国在整个欧洲大陆的霸权，意欲阻止拿破仑继续维持之前的法国殖民地并获得新的殖民地。英国要求法国军队撤出巴达维亚共和国、瑞士以及彼尔蒙地区。拿破仑根本无意屈服于这些要求，并寻找到新的反英盟友，毫不掩饰地准备对英国进行系统的军事攻击。他毫无顾忌地占领了汉诺威（Hannover）选帝侯的领地（与英国为君合国），尽其所能地粗暴对待英国外交官，并在布洛涅（Boulogne）地区正对着英国南部海岸的英吉利海峡建立了一个巨大的军事基地。近一年来，英法这一对宿敌在这个新阵地相互围攻，双方全副武装，随时准备出击。英国人应该很容易看明白处在他们自家门口的巨大危险，他们决定从背后攻击法军，并从东面对法军形成威胁，以此来挫败拿破仑的进攻计划。英国人不吝财力、不遗余力地建立第三次反法同盟。大量的英国黄金英镑最终发挥了令人信服的作用：在最初的犹豫之后，俄国、奥地利、瑞典和那不勒斯都加入了同盟。一场军事较量再次展开。

第三次同盟战争（从1805年夏末到当年年底）发展成为拿破仑的全面军事胜利。拿破仑并没有像现在的法国皇帝最初想象的那样以进占伦敦和掠夺英格兰银行来结束战争，而是在摩拉维亚（Mähren）南部的奥斯特里茨（Austerlitz）附近发动了决定性的“三皇之战”，①并以此宣告战争胜利结束。但这场战争之后欧洲政治版图的重塑——除了还未被征服的阿尔比恩——很大程度上是按照法国的想法进行的。

---

① 奥斯特里茨战役发生在第三次反法同盟战争期间的1805年12月2日。因参战三方的君主——法兰西帝国皇帝拿破仑·波拿巴，俄罗斯帝国皇帝亚历山大一世，神圣罗马帝国皇帝弗朗茨二世均亲临战场，御驾亲征，所以又称“三皇之战”，是世界战争史上的一场著名战役。法国取得决定性胜利，神圣罗马帝国灭亡。

在 1805 年 12 月 26 日缔结的普莱斯堡（Preßburg）和约中，[①] 奥地利失去了其最后的意大利属地（威尼斯）、蒂罗尔（Tirol）以及福拉尔贝格（Vorarlberg），实力遭致命性地削弱。巴伐利亚和符腾堡同时升格为主权王国，致使德意志帝国继续解体。只有俄国、英国和瑞典不准备签订和平条约，他们继续保持战争状态。但是在欧洲大陆，拿破仑已经能够独自做主，按照他的想象重塑欧洲大陆。

在阿尔卑斯山的北部和南部，政治格局在几个月内发生了翻天覆地的变化。在那不勒斯，执政的波旁王朝被废黜和驱逐，拿破仑的长兄约瑟夫·波拿巴即位。短命的意大利共和国变成了法国宗主权下的意大利王国。法国与西班牙、普鲁士建立了新的独立同盟。在德意志，拿破仑现在也在大力推行王朝的家庭政策：他封他的姐夫穆拉特（Murat）为贝格（Berg）和克莱夫（Kleve）大公，封贝尔蒂埃（Berthier）元帅为纳沙泰尔（Neuenburg）亲王，封他的兄弟路易为荷兰国王。然而，最重要的是，拿破仑（于 1806 年 7 月 12 日在巴黎）创立了莱茵邦联，一共有 16 名德意志封爵加入，拿破仑自封为邦联各国的保护者。这些邦联成员国随即宣布退出德意志帝国联盟，这也意味着德意志民族神圣罗马帝国的正式终结。1806 年 8 月 6 日，已经在 1804 年当了奥地利皇帝的弗朗茨二世在法国人的压力下正式辞去德皇的身份。1806/1807 年的战争（法国和莱茵联邦对普鲁士和俄罗斯）使整个德意志屈服于拿破仑的外国统治。

长达十二年的时间里，整个欧洲战火纷纭，几乎未曾停息。在同时代人看来，这本历史之书近乎是用血与铁写成的，里面充斥着无数的死者、无数的苦难。但是，所有这些争斗又有什么客观的、

---

① 普莱斯堡和约是神圣罗马帝国末代皇帝弗朗茨二世与拿破仑·波拿巴的法兰西第一帝国在奥斯特里茨战役后达成的和议。该条约的签订标志着第三次反法同盟的瓦解。

具世界历史意义的结果呢？

法国利用其在社会经济、政治、意识形态和军事上的优势，击败了旧的封建势力，持久维护了资产阶级秩序，并牢牢地统治着大多数邻国，有的是通过专政强迫建立联盟，有的是直接吞并，还有的是间接占领（王朝君合国，王位在位者的家庭关联）。只有在对抗英国和俄国时，法国没能取得决定性的成功。在臣服于法国统治的那些国家中，法国对这些国家的社会状况产生了深远影响。虽然影响程度存在地区差异，但是各国都逐渐与资产阶级秩序尽可能相适应。这样，法国的革命事件、与之直接相关的革命战争以及随后的反法同盟战争最终宣告了早有预兆的欧洲封建制度的消亡。

现在，正如荷尔德林诗意地表述的那样，“国王的时代已不复存在”。一个新的时代即将在未来的地平线上升起。从新时代的最重要特点来看，这个历史时刻直接引发了十八、十九世纪之交在德意志关于和平的庄严讨论。

二

德意志这次关于和平的讨论从形式上和数量上（与同时期的其他类似讨论相比）都显得尤为特别，甚至独一无二。这次讨论延续了整整十年，热度持续不减，几乎从未降低：直接始于热月政变之后，贯穿三次反法同盟战争的整个过程，这期间经历了法国的革命时期以及革命后的时期，也就是法国从督政府时期（1795—1799）发展到后来由拿破仑执政的执政府时期（1799—1804）。不少于75位作家决定直接参与讨论，有的多次参与，也以书面形式和发表文章的形式表达意见。他们当中既有重要的也有不重要的作家，既有知名的也有毫无名气的作家，甚至还有十几位匿名或化名的讨论者。总之，大家以少有的密集程度和爆炸性的意见争论掀起了一场生动的讨论热潮。如果算上同时期各种书籍或期刊中关于这场讨论的粗略内容，总计参与讨论的作家应该远远超过一百人。

从内容上和质量上看，这次讨论有其特殊性以及世纪意义。德意志古典资产阶级哲学的所有学术权威都加入了讨论，并推动讨论继续进行。那个时代的所有重要文学家都参与了讨论。就连世界智慧的各种局外人以及当时新闻场景中溃散的边缘人物也大都参与了讨论。当时，在德意志的各个地区，各个年龄段的几代人都发出了参与讨论的发言请求，或多或少清楚地表明了他们与各种不同的文学哲学思潮、流派或学派的联系。讨论的整体内容展现了德意志民族神圣罗马帝国最后几年近乎完整的精神地理概貌地图。这幅地图驳斥了一位瑞士观察家在 1788 年所说的尖刻妙语，即：德意志民族神圣罗马帝国作为一个帝国现在既不神圣，也不罗马，还不富裕，至少在发挥它惊人的、源源不断的精神财富方面是这样的。唯一只有那些专业的法律历史学家和国际法学者在这首和弦大合唱中的表现非常差。

整个讨论过程可以清晰地划分为三个阶段：序章、总辩论和尾声。各个阶段之间的过渡很自然，论据和结论保持了整体上的连续性，始终紧扣主题关联。讨论在矛盾的统一中继续进行；同时，因为矛盾的统一，讨论的后续发展得以不受任何束缚，风起云涌。

大讨论的序章始于 1794 年，由维兰德（Christoph Martin Wieland）发起。他在《新德意志信使》上发表了宏伟的、经过深思熟虑且充满自信的文章《论战争与和平》，试图对当前的历史时刻尽可能进行准确的定义，以便从这个定义中得出实际的结论。维兰德发问：人们到底真正需要什么，是以武力与法国人会战还是向他们提出和平的建议？维兰德将革命战争理解为具有历史意义的冲突。他对“战争本身”进行辩论，客观强调法兰西民族的合法利益，同时他也懂得如何客观地去证明民族主义德意志的指责和抱怨根本就是毫无根据。最终的结论与超强音的时代固定旋律相反。维兰德提出的建议是：双方做出妥协，并在彼此都能接受的条件下尽早缔结和平条约。

与此同时，在德意志也出现了完全不同的声音：有人用更直白的措辞发出“对德意志的呼吁”，充满仇恨、白沫四溅。这种呼吁当然是以上帝的名义，要求德意志立即进行反法战争。德意志的反法战争不仅要拯救整个德意志，而且要拯救整个欧洲。呼声大胆，直指法国的威胁、野蛮以及不人道，辱骂所有的革命力量和党派，斥责“雅各宾派”“否认上帝的存在、弑杀国君、扼杀人民”，只知道凶残地烧杀掠夺、抢劫财产、摧毁教堂。甚至还有言论认为法德之间一直以来就存在着世袭的敌意；对于那些诱导法兰西人民进行反抗的人，是时候采取武力手段去制止他们了。

针对这种“对德意志的呼吁”，也有完全不同的反对立场，那就是“对德意志民族的再次呼吁”：用平民领袖那种过于慷慨激昂、义愤填膺的语言暴力号召“德意志人民”，试图说服他们尽快结束“这场反对法国自由和人权的不公正战争”——因为“法兰克民族”是不可战胜的，因为“法兰克民族”是为“所有民族的自由”而战；封侯和国王、暴君和独裁者是所有民族的真正敌人，也是德意志人民的真正敌人。那么，被压迫者还要受虐待多久呢？他们还要惨遭屠宰多久呢？“人民的幸福”还要被放弃多久呢？对此的结论是威胁性的：要么是暴君最终自己想要和平，要么就是人民站起来争取和平！这应该清楚地意味着：不仅没有皇室和君主的统治，而且还要反对这些皇室和君主。

这两种不同的立场都是匿名发出的呼吁，我们不清楚究竟出自哪位作者，但这两种立场强化了阶级的对立。由贝尔图赫（Friedrich Justin Bertuch）和克劳斯（Georg Melchior Kraus）主编的《魏玛奢侈时尚杂志》认为，不应该对读者隐瞒这股反革命浪潮。而另一方的革命传单（我们甚至不知道是印刷本还是手抄本），仅从字句上我们根本就无法确定这些传单是不是出自《幸福》杂志（最初在莱比锡、后来在法兰克福匿名发行的杂志），目的是让读者引以为鉴，不要陷入极度的道德败坏之中。但是这家极端反动和反启蒙的杂志编辑们却不敢在文章中发出自己的声音，他们把传单称为“德意志雅各宾派的记录文件”——客观上一点没错，尽管主观上带有贬义——并且添加了大量评论脚注，旨在纠正和揭露事实。这样的传单能否起作用，还有待观察。无论如何，通过这种方式，他们竟然在无意中为这份臭名昭著的“记录文件”进行了意想不到的宣传，因为《幸福》杂志的发行量至少为三万份。歌德和席勒在两人合作的一首警句诗中对这件怪事情进行了讽刺：

> 幸福杂志永远为人民谋幸福
> 谋反的字眼，却带有注脚，用于印刷。

总辩论从 1795 年持续到 1802 年。康德开始加入总辩论中，他那强有力的、确信的、启发性的、令人鼓舞的辩论精神改变了一切，一锤定音。他开启了讨论的实质性主题，认为真正应该思考和讨论的是关于“永久”和平的可能性。这才是对传统进行有意识的、渐进的接受，并在全新的条件下，极度深入地对起初的问题进行扩大化讨论。因为从现在开始，大家不再只是热衷于在日常的政治混战中形成共识——如何阻止这一场或另一场出征、如何结束这一场或另一场战争、如何促成这一场或另一场休战——而是应该讨论如何促成和平条约。康德提出要彻底地、永远地废除战争。他强烈要求他的同时代人进行跨时代的思考，尽管已经拥有了丰富的经验，但是仍然要弄清楚到底需要满足什么样的条件才能保证人们持久地和平共处。从这一刻起（紧随许多法国先驱），关于社会理论和国际法、伦理和道德、人类哲学和人类学等基本问题都必将成为和平讨论的主题。康德将这一主题从根本上进行了扩展和深化，关乎到人类生活及努力的意义。

一时之间，许多聪颖的德意志作家参与到讨论中。在小国林立的条件下，每天都面临着政治和战争命运的风云突变，但是关于永久和平的讨论主题非同一般，因此，总辩论一直呈现出激烈而复杂的气氛。参与讨论的各方观点纷呈，讨论过程或相互关联或相互矛盾，整体上热闹非凡，犹如百花齐放。大家都自觉从社会理论，特别是从社会政治方面进行精确陈述，这样也就形成了某种内在秩序，（或隐藏或公开表示的）不同立场各自站队分组。每个参与讨论的人都要尽可能清楚地说明理由，究竟是谁（哪些社会和政治力量）有能力建立和巩固永久的和平。通过这种方式，参与讨论的人所发表的大量观点可以客观地分成三种基本立场。各位参与讨论的作者主观上对这些观点如何接受或拥护，他们的态度常常是变化的或者有所偏离，这是另一个次要话题，尽管也很重要，却不容易讲清楚。

首先是资产阶级共和的基本立场。康德本人和他的一些学生（弗里斯［Fries］、施陶德林［Stäudlin］）或拥护者（克鲁格［Krug］、雅各布［Jakob］）都持有这种立场。但也有一些具有独立思考精神的人，比如扎哈里埃（Zachariä）也持有同样的立场。在那个时代的文学代表人物中，维兰德、克洛普斯托克（Klopstock）、赫尔德和让·保尔（Jean Paul）肯定是持有上述立场，而利希滕贝格（Lichtenberg）和希佩尔（Hippel）则略有保留或对上述立场持保留意见。魏玛的歌德席勒一派，还有克内贝尔（Knebel）和洪堡（Wilhelm von Humboldt），他们并不完全持有上述立场，但是观点相近；无论如何，这一派在关于永久和平的讨论中表现得非常谨慎。

然后是保守教会的基本立场。持这种立场的人既有新教代表也有天主教代表，他们崇尚等级制的思维方式，不愿放弃君主制原则。他们认为，如果真有永久和平的话，他们只在下述条件下表示支持，那就是永久和平的实现能够使基督教普世教会以及高贵的君主联盟重新发挥作用。以这样的设想为前提条件，各类代表人物都参与到讨论中，比如像根茨这样的大人物以及安茨隆（Ancillon）这样的小人物。将近世纪之交时，保守教会的基本立场被诺瓦利斯（Novalis）带到一个相对进步的高潮阶段。之后，这一立场又重被提及并继续讨论（例如谢林或巴德尔［Franz von Baader］），不过，他们的观点已经倾向于以“神圣联盟”的风格退回到社会保守主义的秩序原则。

最后是雅各宾派民主的基本立场。持有这种立场的人发表了很多有趣的观点，值得人们尊敬，其中最值得一提的是亨宁斯（Hennings）的许多简短言论，另外还有为“下层以及受压迫阶级”发声的海尼希（Heynig），他也贡献了一番紧凑的、有说服力的原则性言论。年轻的戈尔雷斯（Görres）、年轻的弗里德里希·施莱格尔（Friedrich Schlegel）以及年轻的费希特（Fichte）都持有这一立场，有的是已经明确表态，也有的是正在考虑表态。荷尔德林是持这种立场的杰出诗人，索伊默（Seume）几乎是毫无保留地赞同雅各宾派民主的基本立场。许多匿名人士纷纷赞同这一立场。克尼格（Knigge）和舒茨（Schütz）两人虽然对上述立场的观点做了相当大的修改，但仍然可以在他们的言论中找到相关痕迹（与共济会的思想财富有相似之处，希望仅通过宣扬道德来建立一个没有革命的道德社会）。

关于永久和平的总辩论即将接近尾声，但是在不同的基本立场之间并没有达成调解，更不用说形成更深层次的共识。1802 年，围绕着康德 1795 年写的《永久和平论》，荷尔德林、黑格尔以及扎哈里埃都发表了最重要的陈述，他们三人组成了和谐优美的三和弦，并以此作为最后的和弦为总辩论画上了句号。在此之后所发生的与辩论相关的事情都是一种回响，是尾声，并且从 1803 年一直延续到 1807 年。在尾声阶段，讨论的内容越来越少，思想水平越来越低，明显缺乏论证能力和创新活力。

康德的学生弗里斯基本上是重复着已经说过的话，言辞中几乎没有任何新的想法。安茨隆（根茨的表兄弟，极其保守的政治家，后来成为梅特涅体系的反动追随者）甚至将康德的建议斥为本意不错却无实际用途的“水汽泡影”，并在这种错误判断之后用费解的言辞为战争进行了辩解。年轻的劳默（Friedrich von Raumer，后来以普鲁士历史学家的身份出名，称为“霍亨斯陶芬－劳默”）撰写了一篇关于战争罪孽与和平之爱的对话，却无法得出合乎逻辑的结论，最后只能将虚构的对话双方置于困惑中，这在很大程度上肯定是说他自己。根茨再一次就欧洲政治平衡的话题费尽心思，最终提出“对当今法国与其他国家之间的政治关系进行全面修正”，但是他并未说明是通过和平的还是战争的方式进行“修正”。

这场大讨论开始时充满希望、志向高远，最终却就这样毫无希望、令人沮丧地结束了。永久的和平作为理性的要求，易懂难行，从此姑且不再谈论。在短短的几年时间内，永久和平这个引起震惊、激动人心的哲学论断“消失”了，与之相关的新理念也一同“消失”。现在出现的论调听起来不那么悦耳了，更谈不上充满快乐。

听天由命的情绪四处弥漫，言谈中到处都充斥着失望、悲伤和绝望。席勒在世纪之交时写的诗《献给＊＊＊》中，呼吁回归内心深处，回到“心中神圣的安宁之处”，因为只能在梦之国里找到自由、在艺术中找到美。美和自由在生活中根本就不存在，在现实中也无处觅寻。索伊默在他的《伪经》（“Apokryphen”）中对和平充满怀疑，认为在当今的现有条件下战争跟和平一样可怕、一样让人难以忍受，希望能有一位斯巴达克斯作为“理性之师”；和平的概念令人感到绝望，和平其实就是“死前嗜睡症”。阿尔尼姆（Ludwig Achim von Arnim）在1807年创作了一首浪漫短诗《表面上的和平》。这首诗是一场盛大讨论的挽歌绝唱，用明快的大调起头：在荒凉空旷的世界里，这么多的压迫和威胁，只能“误以为”存在和平。

三

关于永久和平的广泛讨论如火如荼地展开，以至于从来就没有人会觉得这场讨论终会枯竭或沉寂。在讨论过程中，出现了两个显著的思想顶峰：其一是在 1796 年前后，由个人杰出成就所取得的结果；另一个顶峰是在 1800 年前后，由德意志艺术家和学者共同努力所取得的结果。这两个思想顶峰都具有极其重要的意义。

1796 年，康德的《永久和平论》第二版增补版发表。在这篇文章中，这位来自柯尼斯堡的老者（他已经 72 岁了）准备以法国为例，探讨那些自 1789 年以来在全世界都看得到的紧迫问题，也就是关于人类历史进步的那些新问题和新视角。康德只能在有限的范围内做到这一点，即在时代意识的一般范围内以及在康德哲学体系的特定范围内。他不是第一个将和平理念与启蒙思想相结合的人（经常有人这么毫无根据地声称），而且他提出的解决方案已经达到了历史上哲学可能达到的最前沿，但这并不是他的功劳（在这方面，他多次被参与讨论的雅各宾派代表“从左翼”超越）。

但是，康德为进一步的创造性思想奠定了一个至关重要的起点。他非常了解迄今为止关于和平讨论的所有决定性阶段，特别是以圣皮埃尔和卢梭为出发点，以便在思想上将他们建立在自愿原则下的国家联邦这一假设继续展开。基于这种思路，刚刚强势进入欧洲国家政治生活的共和政体就成了康德思考的关键支点。他认为，只有共和制国家才能将国内政策置于外交政策之上，才能建立起不再需要爆发战争的大型国家或人民共和国。然而，在严格的政治领域，康德仍然犹豫不决，甚至前后矛盾。当他谈到“共和政体”时，他想到的宪政目标很可能是君主立宪制而不是议会民主制。

正是弗里德里希·施莱格尔首先发现了康德的这个弱点，并立即将这一弱点作为争论的对象。他最重要的政治论文之一是《试论共和主义的概念》，副标题“缘于康德的文章《永久和平论》”表明了写作的动机。让施莱格尔反感的是，这位曾经把门德尔松称作“万能粉碎机”的人，竟然在他的国家理论中坚持“原罪”的思想（也就是说，人类“本性”所固有的“恶意”），严格限制了“共和主义宪法”，只给公民立法权，而将行政权完全交给君主。施莱格尔在辩论中提出了其他更深远的建议，拒绝可怕的原罪观念，要求资产阶级拥有立法权和行政权。最重要的是，施莱格尔赞同被压迫者有权使用革命暴力。他的这种观点接近雅各宾派对民主的理解。

对于康德来说，这样的结论远远超出了他的能力和意愿。因为按照他的想象，他认为所谓国家就是有的人是“君主”，有的人是“臣民”。另外，他试图借助（革命前）旧的那一套方法机制来应对（革命后）的新问题。康德想根据抽象唯心主义原则来对和平进行哲学思考，他称这一原则为“实践理性”。在批判哲学的整个体系中，康德认为“实践理性”表明了人类行为的全部规律和范畴。更准确地说，这里的“实践”包括三个辩证的步骤，首先是理性认识，然后根据理性认识进行范畴划分，最后将范畴理解为人类行为的界限。这一思想链中的三个环节都是独立的，但不可避免地会相辅相成，互为必要条件。如果在第一次反法同盟战争的具体历史条件下，将康德的“实践理性”应用到关于战争与和平的二律背反中，这种既连贯又抽象、略带感伤和博爱的原则只会带来利益与损失的矛盾纠缠。

“实践理性”不给听天由命或宿命论任何空间，因为所有真正的和平既不是自然状态，也不是上帝的神赐礼物。和平不会自己产生，也不会从天而降到任何人的怀抱。因此，消极被动地等待和平降临，是无用的愚蠢行为。和平只能靠人类创造，由人类带来，由人类实现，由人类建立。在这一过程中，关键是要求理性主体积极发挥能动作用。另一方面，这样的“实践理性”绝非自欺欺人和不切实际的乐观主义，人类几千年的实践经验不容忽视，历史进程的客观特性不容违背，不能一味强调理性万能。最终，无论是否有意为之，一切都归结为对“善良意志”近乎盲目的普遍信任，直接突兀地用“善良意志”来考虑整体和实际可能的情况。很显然，这些都是不切实际的幻想。

尽管康德的《永久和平论》并不成熟、不平衡、不稳定，充满内在矛盾，但是康德的这一“哲学计划”无疑给他的同时代人留下了深刻的印象。该论文一经发表就立即引发了广泛讨论，有人支持也有人拒绝，出现了各种不同的声音以及对此的批判反驳。《永久和平论》一定是知识界的日常话题。我们知道，第一、第二版的单行本图书被争相传阅，有的人迫不及待地借过来看或者转赠给他人。我们听说还有人口头讲述这本书，可惜不知道详细内容，更不清楚具体措辞。就连当时熟悉的私人信件中，也能找到一些谈论此书的痕迹，从字里行间就能窥见讨论的广度和深度。关于此次讨论流传下来的材料不多，我们估计，还有很多我们不知道的重要信息，因为都已丢失了。

职业评论家协会对康德的《永久和平论》也做出了极具特色的反应。协会只是像平常一样发了一篇基于读者信息的中立报告，这在当时的评论界也算普通（例如在 1796 年 3 月的《哥塔学人报》[Gothaische Gelehrte Zeitungen]）。几乎所有其他的评论都避免使用只做“广告”报道的风格，而是立即参与到快速发展的讨论中，进行各种评判、抨击、辱骂以及批判性发问或予以怀疑。另外，还有两篇国外的评论也是如此论调，一篇由法国的胡贝尔（Ludwig Ferdinand Huber）发表在《总汇通报》（*Moniteur Universel*，巴黎），另一篇由瑞典的霍伊耶尔（Benjamin H. Höijer）发表在《文学报》（*Litteratur - Tidning*，乌普萨拉）。两篇评论均发表于 1796 年第一季度。

同样，当时也有很多个人撰写的独立作品对康德的论点快速做出反应，也是分为支持和反对的立场。哲学家弗里斯和克鲁格、法学家胡戈（Hugo）和扎哈里埃等、诗人格莱姆（Gleim）和让·保尔等人明确支持康德的纲领方针并加以发挥。威利迪库斯-霍海姆（Veridicus-Hochheim）、格莱欣（Karl Heinrich von Gleichen）等鲜为人知的杂文作者在支持和反对之间摇摆不定。但是，没过多久就出现了第一批反对意见。1797年，姆尔哈尔特（Friedrich Murhard）作为哥廷根大学的讲师想要讲授康德的“和平计划”，但是大学生们高喊着：“不要和平！不要和平！要战争，要战争！”老师的讲课声被同学们的喊声所淹没，最终不得不中断讲课。面对这起丑闻，姆尔哈尔特奋笔疾书，与一位不知名的人在费舍尔（Gottlob Nathanael Fischer）的《德意志月刊》上展开了详细的论争，主要是围绕恩布瑟（Valentin Embser）的小册子所涉及的问题：永久和平的计划究竟是否可行？永久和平的计划“带有人性缺陷、包含邪恶倾向”，到底有没有可能实现？

马尔滕斯（Georg Friedrich von Martens）提出了实证主义的国际法理论，他在引言中指出：“伟大的欧洲国家的人民”可能永远也不会为了维持永久的和平而统一成为“一个普遍的君主制或共和制的政体”。这根本“就不可能实现，也不要对此有任何期待”。

但是这些还只是初期的小规模争辩以及拖延式的舌战。到了1797/1798年，雅各宾“左派”论争对手先后对康德的理论立场发起了真正的总攻。尽管这些对手在哲学思考方法以及政治纲领方面存在部分差异，但是海尼希、舒茨和戈尔雷斯等代表人物都一致认为，康德在1795/1796年提出的“永久和平计划”虽然还不错，但是前期准备工作很不充分，现在的关键在于要超越康德的进步思想，挖掘出康德本人从未真正涉及的问题核心：那些被贬低、被侮辱的人究竟如何才能够一下子消除战争及王侯，从而以这种方式实现和平？这些人的讽刺性文章并不总是能够达到康德的形而上学高度，但是他们对社会状况的准确理解和批评远远胜过康德。

大约在1800年左右，关于永久和平这个话题的讨论达到了第二次也是最后一次高潮。1799年11月7日，拿破仑发动雾月政变。在以此为标志的革命历史环境中，短时间内密集出现了大量评论文章。这些文章水平极高，备受关注，其中有五篇（两篇哲学文章，三篇文学文章）措辞具有很强的说服力。

和康德本人一样，费希特也曾多次参与讨论。他在1796年就已经撰文对康德的和平计划进行了言辞激烈的评论。从中可以看出，费希特比康德更加坚定地促使德意志转向资产阶级民主，比康德更加果断地考虑到人类社会客观发展中的社会机制问题。费希特就此设想了一种同质化、无冲突的最终存在状态，尽管人类离这种状态还很遥远，但是他认为康德（尤其是在第二篇权威文章中）宣扬的永久和平联邦只是一种过渡阶段，是人类通往最大目标所必经的阶段。几乎与此同时，费希特在讨论自然法的基本问题时，对进步的国际法提出了一些要求。这些要求远远领先于他所处的时代，实际上直到今天仍然具有强烈的现实意义（承认自由国家的领土完整，民族自决权，不干涉他国内政的原则）。

现在，到了1800年前后，费希特旧话重提，谈论的依然是此前提及的新主张。在“封闭的贸易国家”中，他主要关注的是发生战争的经济原因。康德虽然在个别地方顺带提到了这个视角，但总体上没有重点关注。在“人的决定”中，费希特将现在的封建国家与未来的“真实”国家相对照，通过建立和维护其内部和平，确保最终在所有“真实”的国家（即共和主义国家）之间实现普遍和平。不久之后，费希特正是基于这一观点发表了《对德意志民族的演讲》（1808年），提出以民众领袖的方式发动反对拿破仑外国统治的正义战争（尽管带有一些国家主义的夸大其词）。他的演讲令人信服、打动人心。

1800年，根茨提出了完全不同的主张。他的立场同样值得关注，有些甚至是极其聪明的论断。这位年轻的布雷斯劳尔人与费希特几乎同龄（两人分别出生于1762年和1764年），他的思想生活觉醒于柯尼斯堡，他既是康德的学生，又是康德哲学思想的信徒。根茨撰写了《世界公民意图下的通史理念》（1784年）这篇开创性的文章，康德据此发现了根茨的超常才能。于是，康德将根茨带到他传奇式的午餐桌旁，后来又让他一起参与《判断力批判》的审稿工作（1790年）。与此同时，根茨遇到了冯·洪堡，并且——当然主要是在康德教授的道德哲学格言的影响下——发表了第一篇热烈庆祝法国大革命爆发的政治文章。自1787年以来，根茨一直在普鲁士国家任公职。大约在1792年，他做出了决定性的改变，此后便义无反顾地投入其中。他有意识地、热心地拥护保守的君主主义信念，成为布尔克（Burke）立场的支持者，翻译和评论反革命理论家的作品（尤其是布尔克和杜庞［Mallet du Pan］两人的作品），为欧洲的反革命力量以及反进步势力服务，并迅速获得了声誉，成了一名聪明又无所顾忌的杂志创始人。最迟从1803年开始，根茨收到了来自英国的秘密捐款，成了一名反拿破仑政治的英国间谍。

《论永久的和平》是根茨于1800年12月发表在《历史杂志》上的一篇原则性的、内容全面的文章。《历史杂志》由普鲁士政府资助并控制，由根茨担任编辑。根茨在文章当中进行了毫不留情的历史总结：即使在对所有道德和哲学方面进行最仔细的考虑之后，“永久”和平的计划只是深陷幻想之中，它无非就是一种消极的，甚至是毁灭性的计划。根茨的这个论点看起来很激进，却是经过深思熟虑的：他虽然带有一种反动倾向，但绝不是一个头脑狭隘的蒙昧主义者或傻瓜。保守的根茨比任何人都更清楚地看到资产阶级“秩序”的矛盾性，认为资产阶级秩序没有任何能力建立真正的，甚至是永久的和平。最终，根茨费了很大努力，才设法提出一种近乎合理的让步式的祈愿。根茨的这篇文章论证有理有据，明显比其他文章更具优势，其原因恰恰在于：他比别人更清楚战争与和平之间存在着复杂的辩证关系，并对这种辩证关系予以无情地揭露；而当时参与讨论的其他人只是从政治和世界观方面展开了进一步的探讨。

当时，荷尔德林与克洛普斯托克之间也出现了像费希特与根茨之争这样的类似情况。显然，关于和平的讨论，已经出现了哲学 - 伦理和文学 - 诗意这两股并行的思考脉络。两者的相似之处还在于，讨论双方并不是直接冲突或矛盾对立，而只是间接地相辅相成。

荷尔德林借鉴了早期的诗歌《为祖国而战》（1796）、《战斗》（1797），最终写出了《为祖国而死》的颂歌。虽然这首诗与前两首相比措辞没有那么激烈，也就是说表达更加抽象，但毫无疑问，诗人想要给人民的祖国、给人民一个庄严的结局：《战斗》这首诗写的是必须要战斗，为了保卫祖国必须打赢这场战斗，任何牺牲都不算多。这首诗作为革命战争的隐喻，满怀着获胜的信心，宣告了战斗的公正性及缔造和平的作用。因此，这首诗的诗句“充满豪情壮志，韵律自由洒脱”，艺术上堪称“德意志的马赛曲”（评语出自皮格诺［Ludwig von Pigenot］）。

克洛普斯托克的诗歌则是另一种风格。他用和平主义的笔调写了一首毫不妥协的反战诗。他的后期作品与前期作品完全不同，在《碑文》这首颂歌（写于 1800 年 7 月）中，可以看出他的彻底背离。这首诗的开头如下：

> 在所有游戏中最失败的是
> 悲伤的掷骰子游戏，像战争一样：
> 因为不管怎么扔，最终
> 就连获胜者也会面临死亡和痛苦。

下面来看看《挣脱》这首颂歌（写于 1800 年 9 月）。诗中的

“我”告别了从前那种继续进步的世界观立场，试图从原则上以暴力的方式从“战争的想法”中“挣脱”出来。因此可以这么说，这首诗里的“战争”有别于“自由战争”和“征服战争”，对诗人的世界观具有长远的决定性意义。克洛普斯托克在1792年创作的两首同名颂歌也印证了诗人的立场。荷尔德林竭尽全力鼓励自己和他人坚持进步的基本观点，而克洛普斯托克则不加任何区分地谴责一切战争。为了歌颂自然与艺术之美，为了寻求真理和科学研究，为了“人民的和平”，唱一首赞美之歌，他需要收回一些之前的观点。

青年诺瓦利斯那篇精湛的文章《基督教或欧罗巴》（*Die Christenheit oder Europa*）读起来很舒缓，显然是为了有意表达一种中间的、调解的立场。这篇文章写于1799年秋天，也就是第二次反法同盟战争刚刚开始的时候。他在文章中勾勒出一幅宏大的、纯粹诗意的隐喻图景，描绘了和谐的、不受任何矛盾干扰的社会状况。在他看来，保皇主义和共和主义之间的国家理论共生似乎是可取的，也是可行的。文章的作者预感并体会到了上个世纪的世界观正在不可避免地走向崩溃。他孜孜不倦地在历史中寻找一个有前途的模式，扮演着一个向后看的先知，认为只有在中世纪才能找到一个巨大的、迄今为止无与伦比的和平王国的模式。在这一点上，诺瓦利斯犯了极其巨大、尖锐、悲惨的历史错误。客观地看，诺瓦利斯对和平王国的模式进行了诗意的理想化描写，最终是为了敦促大家被动地耐心等待（当然是基督教色彩的）永久和平的到来。遗憾的是，诺瓦利斯的一切努力只适合为世纪之交的反动复辟势力做赤裸裸的辩护。后来，在1826年，诺瓦利斯的这篇文章在他去世后又被印刷出版，结果同之前一样。在德意志这场伟大的和平讨论中，没有任何一篇其他的论争文章像《基督教或欧罗巴》这样不得不遭受如此可耻的命运，尽管这并非完全不应有的命运。

四

多么伟大而重要的论争啊！多么机敏、博学、善辩、生动的展示啊！多少共识与和谐，多少疑难与矛盾啊！多少投入与激情，多少严肃与尊严啊！就其统一性和完整性而言，这场大讨论具有宏伟的、令人敬畏的纪念意义，尤其是对后世而言。

这次大讨论的魅力光环不仅因为讨论的主题，也不只是因为讨论时的问题多么富有启发性和激动人心，主要是因为哲学家和诗人在这次讨论中以一种非常少有的方式相遇。

这是一次创造性的、相互依赖的相遇：哲学与普遍和抽象的公理相关，而文学则听从特殊和具体的规律，两者统一成一个相互的教与学的过程，一起讨论同一个问题，从理论和实践两个方面去寻求解决方案，关涉到全人类的福祸。在十八世纪的德意志历史上，还没有哪一场思想讨论达到了如此密切的合作依存状态。

从整体上看，哲学的参与程度明显超过了文学。哲学确定了讨论的出发点、发展方向和节奏。在交流论据和结论的过程中，参与讨论的诗人们通常不如训练有素的哲学家那样神思敏捷，也不如哲学家那样概念清晰。在提出严格的逻辑证据链或对可能的反对意见做出预辩反应时，诗人的能力也往往不如哲学家。如果碰到了哲学历史的关联，诗人更没法与哲学家相比。尽管如此，诗人们在这次大讨论中还是做出了一些独特的，甚至是不可或缺的贡献：他们在冒险进入（实际上是陌生的）哲学论文写作领域时，贡献最少；而当他们决定使用专门的诗歌手段和表现形式时，贡献最大。

德意志古典哲学的代表为了独创性地表达他们的思想，并未试图以诗歌的方式或任何其他非专业的手段，只有一次明显的例外。这次例外就是康德的《永久和平论》，直接将大讨论推进到总辩论环节。《永久和平论》在形式、语言和文体结构上，也是一部非常优雅而独具匠心的文学杰作，因而获得了极其成功的反响。

康德的这篇文章思维独到、引人入胜。不过，这并不是第一次有人论及永久和平。圣皮埃尔在八十年前就有了同样的想法，尽管他的措辞有些繁琐。康德的文章采用了国际外交领域的条约文本语言形式，借以表达哲学含义：文章开头是六个临时条款，主体部分是三个最终条款及两个附加条款，最后是两条基本的思考和观察。因此，这篇文章其实是一种戏仿表达，看起来似乎在玩法律术语的讽刺游戏（这些法律术语对康德来说应该并不陌生），实际上是极其严肃地表达了启蒙的意图。康德希望借助这种伪装成条约形式的文本，让读者注意到：迄今为止已知的所有“和约”通常是什么样子。同时，康德借此表明：真正能够保证永久和平的和约究竟应该是什么样的。康德的这种行文方式使得《永久和平论》直接成了治国之道的指导手册。

《永久和平论》内容与形式的对比体现在文章的细节深处，并且非常审慎地关注到了直接的现实意义。在文章主体部分的两个附加条款中，其中有一条描述了哲学家在建立理想的和平时应该发挥的作用，据说是“暗指”了一个事实——就在几个月前，法国和普鲁士针对莱茵河左岸地区的政治前景问题进行了谈判，秘密签订了一项附加条约。与康德的《永久和平论》相比，巴塞尔和约虽不是哲学文章，但却是秘密签订的。众所周知，巴塞尔和约的文字表述复杂晦涩，外交术语故意含混不清，满篇充斥着条约文本的生硬措辞及漫无边际的内容。康德的《永久和平论》就是要与巴塞尔和约的语言迷雾形成对照，他的行文完全不带个人主观色彩，表述力求简洁和客观，措辞冷静而准确。当然，文中也暗藏了一些玄机。康德相信读者应该能够感受到隐藏在文字背后炽热的火焰和急遽的紧迫感，虽然文章表面上都是满篇的条款内容、枯燥的文字表述以及冷静的逻辑条理。通过《永久和平论》，康德证明了位哲学家的思想优势，仅凭语言表达才能就彻底揭露了世界统治者的阴险狡诈。

当然，这些还不够，康德还具备很多其他的风格。他一贯坚持开阔的视野，思考纬度开放且极具吸引力。他喜欢在文章中大段使用讽刺和揶揄，以便大胆、直率地表达他所论及的主题以及相关的难点、背反及矛盾。最明显的例子应该是借助冷森墓地这个隐喻来表达死气沉沉、完全不可逆转的现实（一开头就提到这个隐喻，之后又反复提及）。文中究竟是怎么写的呢？正如细心的读者很快就会猜到的那样——如果冷森墓地象征着残酷现实中的“永久和平”，那么，在人类生活中，人们追求的所谓和平难道不是一种臆想、幻象、纯粹的肆意空想吗？作者先生是否打算教我们这些？康德故意尽可能长时间地拖延他对这些紧迫问题的回答，只是在文章的最后一段才提出这个问题，并且是用他那句著名的，显然是相当严肃的表达：永久和平“不是一个空洞的想法，而是一项任务”，虽然这项任务只能“一步一步”地逐渐完成。

在大讨论中，也有其他一些人和康德一样喜欢进行讽刺揶揄，他们是：利希滕贝格、索伊默、克斯特讷（Kästner）以及哈勒姆（Halem），但都算不上主流。让·保尔的风格则与众不同，经常刻意搞笑，讲话的语气就像布道者一样（刚开始是新世纪的“敬意布道”，后来在 1808 年继续“和平布道”），不时还讽刺性地眨眨眼。他试图采用幽默的方式讽刺小资产阶级对战争与和平话题的反应，可惜也是碰到了一些困难和不确定的时刻。在讨论永久和平这个话题时，如果想要有建设性地使用讽刺和幽默手段，很难做到在此过程中不损害、不冒犯崇高的尊严。

其他文学表现形式和体裁也有类似的情况。主题的抽象性、乌托邦主义倾向、内容含糊、表达笼统、含蓄暗示，这些特征都不利于文学这种较为具体的艺术表现形式。文学似乎应该在大讨论中发展出新颖的，甚至是实验性的表达方式。相比较而言，叙事抒情短诗更易于用来有针对性地突出话题的各个不同方面。比如，利希滕贝格和索伊默喜欢写格言诗；又比如，格莱姆几乎在大讨论的每个阶段都喜欢用警句和寓言来进行评论。用抒情诗的形式表达复杂主题，诗句大多都是限于普通名词，有时也会夹杂一些过分感伤或充满激情的字眼。还有一些平庸的作家写了大量的诗歌，措辞拙劣，粗俗不堪。有一个叫格拉斯（Carl Grass）的人，不假思索地乱用韵律，竟然将“问候”（Gruß）与“天才”（Genius）或“从他前面”（von ihm her）与“更人道的”（menschlicher）押韵。还有一群其他的诗人之流，例如措尔讷尔（Zöllner）、德林（Döring）、卡普夫（Kapf）、耶尼施（Jenisch）、诺勒尔（Nöller）以及艾伯哈尔特（Eberhard）等代表性人物，他们虽然一直都抱着善良的意志，却很少有艺术创造力，无法从各种牵强的押韵中写出哪怕一部令人信服的、有效的艺术作品。

鉴于这些客观存在的美学难题，只出现过少数几部幸运的成功作品，能够对永久和平这个主题进行艺术加工，从而产生了伟大的、具有划时代意义的诗歌。单是赫尔德的一篇寓言以及荷尔德林的一首颂歌就足以真正达到如此高的标准。这两人的作品光芒四射，是1800年前后德意志关于和平讨论的诗歌创作高峰。

在1795年创作的《菊苣》（*Terpsichore*）第二部分，赫尔德在开头用德语改写了巴尔德（Jakob Balde）的新拉丁语诗句。巴尔德是耶稣会的巴洛克诗人；在三十年战争进行到后半程的时候，人民都希望和平，于是，巴尔德基于他的反宗教改革立场，成了和平希望的狂热代言人。通过对照，赫尔德在巴尔德的诗作中发现了某些相似之处，认为他自己当下所处的时代也是充满战争，跟巴尔德当时所处的三十年战争时期类似。一年半之后，赫尔德在《促进人类进步的书信》中加入了所谓的传教士讲述北美印第安部落以及“伟大的和平女士”这两个故事。通过这种譬喻故事，赫尔德直接与康德展开了辩论（正如《永久和平论》这个题目所宣布的那样）。

赫尔德不愿与各种司法、宪法以及国际法的观点纠缠在一起。显然，他并不认为最重要的是通过条约式的外交手段来维护和平，条约式的外交手段甚至连担保都提供不了。他从思想品质的伦理层面上进行了论证，认为一共有七种不同的思想品质，可以推荐给大家作为行动指南：憎恶战争、不过分追求英雄名誉、憎恶虚假治国、澄清爱国主义、公正对待其他国家、蔑视商业骄横、说到做到。因此，柯尼斯堡的康德和魏玛的作家赫尔德一致认为：所有的人文主义思想都体现在国家和平共处中。但康德更倾向于国家之间的联邦形式，呼吁建立强大的政府；而赫尔德则倾向于道德教育，更愿意让人民采取民主行动。两人的目标相同（或大致相同），赫尔德主张采取另外的方法。因此，他提出了跟“实践理性”相反的另一种方案，比“实践理性”更实用、更有政治性、更与人民紧密相联。但是，赫尔德的策略并没有消除康德建议中的缺陷，最终只能将所有的行动意愿托付给善良的意志或友好的品质。

1801 年初，荷尔德林将他毕生以来的满腔希望都寄托在留尼维尔和平条约上。他在很多信件中表达了他的这一希望（给他的兄弟姐妹，给他的朋友兰道尔［Georg Christian Landauer］）。他尝试用一种独到而有力的语言来创作一首伟大的诗歌，就像老年品达或青年歌德那样使用自由韵律。荷尔德林的赞美诗《和平的节日》大胆使用了很多最有力的隐喻和象征手法，将和平塑造成“众神”的形象，展现了一幅大胆的长远发展画面。这种陈述方式是荷尔德林整个晚期作品的特征。

《和平的节日》这首诗描述了一个节日的准备阶段和庆祝过程，也就是庆祝和平这个节日。“傍晚时分”，各位亲爱的宾客宣布“节日王子”即将驾到，他们将在一种自然的真实环境中迎接这位“和平王子”。王子将带来的和平应该是普遍的、彻底的、永久的和平。这种和平是自然与历史的辩证统一，由众神从上天送回到大地，能够通过废除所有等级秩序来保证其在神界以及人间的社会影响。可以预见的是：一切不平等和一切暴力都将结束，这样才能让民主与和谐最终得以全面发展。这首诗的最后部分几乎是田园诗，赞美了非常简单的、理所当然的、温和宁静的和平。如此美好的、田园般的画面，荷尔德林在抒情诗以及评论信件中一律都用“纯朴”这个词来形容。《和平的节日》这首诗的诗句虽然也有矫揉造作的夸张和华丽的语调，却如同一股清风徐徐吹来，展示了一位哲学诗人的善良正直。从这首诗中，可以感受到诗人的孤独，可以体会到诗人渴望成为人民领袖、渴望他的信息能被听到。或许正是这种深深扎根于他们生活和工作中的渴望，让康德、赫尔德和荷尔德林这三个如此不同、在许多方面有分歧的思想家在更高的层次上相聚在一起、团结在一起。

关于和平这个严肃主题，在较广泛的大型文学体裁（史诗、长篇小说或戏剧）中尚未出现相关文学创作。这一时期的杰出诗人至少有五部主题全面的作品传递了类似信息，或多或少地围绕着正义的解放战争这个主题，认为解放战争的目的在于消除民族压迫的耻辱和苦难，也就是带来一种新的、持久的和平状态。这五部作品分别是：歌德的悲剧《埃格蒙特》（*Egmont*，1788）率先发出信号，接下来是荷尔德林的书信体小说《许佩里翁或希腊的隐士》（*Hyperion oder der Eremit in Griechenland*，1797/1799）、席勒的浪漫悲剧《奥尔良的新娘》（*Die Jungfrau von Orleans*，1801）以及他的戏剧《威廉·泰尔》（*William Tell*，1804），最后是克莱斯特（Heinrich von Kleist）的遗作剧集《赫尔曼战役》（*Die Hermannsschlacht*，写于1808年，直到1821年才印刷）。席勒对《华伦斯坦》三部曲（1798—1800）的部分构想也与德意志的和平讨论密切相关：强大的统帅为了在新秩序的标志下实现普遍和平，这一目标无可置疑；同样，诗人的意图也是为了在现在和未来实现新秩序下的普遍和平。哪一种和平？哪一种秩序？通往和平秩序有哪些途径？这些问题在席勒的巨幅历史长卷中仍然悬而未决，就像同一时期关于和平的总辩论没有答案一样。

但是，总辩论的这种（历史上可以解释的）悬而未决，是否能让我们从中看到最有建设性的基本要素呢？也就是说，悬而未决的事情是否可以被看作尚未完成且有待完成的任务呢？如果是这样的话，那就得承认：1800 年德意志关于和平的永恒讨论具有最深刻的意义，为后世留下了一项具有挑战性的任务。无论是在过去、现在还是未来，人类都要严肃地考虑和平这个问题，看看这次讨论能为我们带来哪些值得称道的收获，从中又能推断出哪些结论。即使这次讨论没有带来任何成效，对于当今的我们仍然提出了要求，借用古老的罗马格言“如果你想要和平，那就准备战争（Si vis pacem，para bellum）”，把这句话倒过来就是我们的原则：“如果你不想要战争，那就准备和平（Si non vis bellum，para pacem）。”

康德在《永久和平论》的第六条也就是最后一条临时条款中提到：为了和平，可以采取一些“不光彩的策略”，而这些策略阻碍了敌对国家之间建立任何形式的信任。各个国家之间，无论社会制度多么不同，都必须能够相安无事，才能继续生存。康德继续写道：“如果一场灭绝性的战争把双方同时摧毁，如果真是这样的话，最终只会让永久的和平发生在人类的大墓地里。结果又会如何呢？”他在结尾写道：“因此，这样的战争以及导致战争的各种手段，绝对不允许发生。”难道还有比这更具实际意义的祈愿吗？

（译者单位：北京第二外国语学院欧洲学院德语系）

永久和平方案中的国际组织模式

阿尔基布吉（Daniele Archibugi） 撰
万明子 译

有关“永久和平”的各种方案已然形成了一脉相承的知识传统，诸多争论的矛头均指向了这一被大大低估了的传统。对这些方案最常见的批评之一是，它们的作者常沉溺于乌托邦的空想。然而，这一传统事实上比人们普遍认识到的更具影响力：从国际联盟到联合国，再从欧洲议会到国际法院，当代诸多国际组织都基于这些永久和平方案的勾勒。即便仅是雏形，这种传统的影响力也可见一斑。然而，这些方案的作者却鲜见被视为国际主义理论的奠基者。

本文的目的之一即在认可这些思想家在为当今国际共同体的建构发挥的作用。另外，“永久和平”方案对于目前关于国际机构改革的讨论也具有持续的相关性。“有限主权”“干涉一国内政”和“违反国际人权协定”等概念，频繁出现在常见的有关外交政策的辩论当中。研究“永久和平”方案的学者已经对这些概念进行过思考。他们提出了三个关键性的问题：

第一，建立在承认成员国主权基础上的国际共同体是否会限制成员国政府的权力？

第二，国际组织的成立是会促进还是阻碍其成员国的民主发展？

第三，个人在民族共同体内的权利和个人作为地球居民的权利之间有什么关联？

笔者将着力阐述，尽管这些方案在许多方面有所不同，但它们都属于“和平主义思想”中的“司法和平”。① 因此，本文同大多数与之相关的文献②一样没有按时间顺序来分析这些方案，而是把它们划分在三类不同的国际组织模式之下。这些模式被定义为：金字塔模式、扩散模式和世界性模式。下文将用三个部分分别介绍这三种模式。最后一部分将解释这些模式对于理解当代国际关系的相关性。

金字塔模式

国际组织的金字塔模式形成于欧洲三十年战争期间，克鲁塞（Emeric Crucé）的《新大西洲》（*New Cyneas*）中首次明确提出这一

---

① Max Scheler, “The Idea of Peace and Pacifism”, *Journal of the British Society/or Phenomenology*, 7 (1976), pp. 154 – 166, and 8 (1977), pp. 36 – 50, and Norberto Bobbio, *Il problema della guerra e le vie della pace* (Bologna, 1984). 文中对和平主义进行了分类，即终极和平主义、工具和平主义和司法和平主义。永久和平显然属于最后一类。

② 有关和平方案的具体分析和描述详见 J. Meulen, *Der Gedanke der Internationalen Organisation in seiner Entwicklung*, 3 vols. (The Hague, 1912, 1929, 1940); C. Lange and A. Schou, *Histoire de l'internationalisme*, 3 vols. (Oslo, 1919, 1944, 1954); S. J. Hemleben, *Plans for World Peace through Six Centuries* (Chicago, 1943); K. von Raumer (ed.), *Ewiger Friede. Friedensrufe und Friedenspläne seit der Renaissance* (Munich, 1953); F. H. Hinsley, *Power and the Pursuit of Peace* (Cambridge, 1963); D. Archibugi and F. Voltaggio (eds.), *Filosofi per la pace* (Rome, 1991)。

模式。包括苏利（Duc de Sully）、圣皮埃尔（abbé de Saint – Pierre）、莱德（William Ladd）和杰伊（William Jay）在内的许多其他思想家都研究过这个问题，后来为联合国组织及其前身国际联盟等国际机构提供了灵感。

模式的基本特征

1. 君主间的争端由国际联盟通过仲裁解决；
2. 国际联盟成员构成是君主，而不是臣民；
3. 联盟的选举准则是“一国一票”；
4. 君主有权决定其国家内部的宪法关系；
5. 联盟若有联合部队可供调动，则可用以镇压成员国内部的叛乱；
6. 代表人物——“加强”版：克鲁塞、圣皮埃尔；“削弱”版：莱德、杰伊；
7. 历史案例——“加强”版：神圣同盟；“削弱”版：国际联盟、联合国大会。

这一模式的显著特征（如图1所示）在于，将战争的起源追溯到一个超国家权力机构的缺位。成员国可以仰赖这一超国家的权力机构。因此，消除战争需要在国际层面上再现国家形成时的情形，即建立一个由各国君主组成的联盟，并授予它使用武力的权利。金字塔模式的支持者希望，通过各国自愿参与的形式而非战争来建立这个联盟，战争正是他们想要消除的。

这一联盟的建立并不能自动确保国家间的摩擦消失，但它可以作为拥有仲裁权力的超国家的执行机构去应对、管理冲突。正如金字塔模式的支持者指出的那样，若某一机构在国家内政治理方面行之有效，那该机构理应在国家集团甚至全球范围内同样有效。

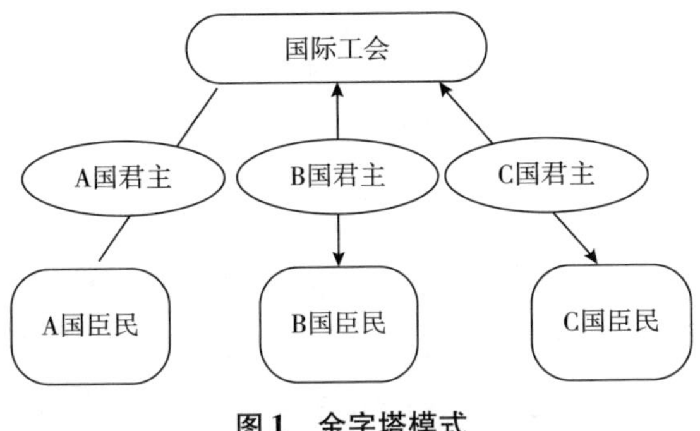

图1　金字塔模式

此类联盟建立的共性在于其潜在成员国需接受一些必要的先决条件。首先也最重要的一点是，正式接受建立联盟的现状，这样，各成员国不得不放弃针对其他成员国的政治主张、领土要求和商业诉求。第二，各成员国要把自身在国际关系中的主权委托给联盟，并遵守联盟的决定。用圣皮埃尔的话说：

> 联盟成员国宣布他们和他们的继任者已经放弃，并将永远放弃用武力来解决成员国间从今往后的分歧，并同意今后采取调解的方法在联盟大会上解决与其他成员国间出现的问题，如果这种调解不成功，他们同意遵守由其他联盟成员国全权代表们做出的判决。①

在由克鲁塞和圣皮埃尔等思想家提出的"加强"版金字塔模式中，由各成员国部队组成的国际军队为联盟提供强制权力。这种权力将会阻止成员国的违抗行为。再次引用圣皮埃尔：

> 任一成员国若拒绝执行判决或拒绝结盟，商谈有违联盟的

① C. -I. Castel abbé de Saint – Pierre, *Abrégé du Projet de Paix Perpételle en Europe*,（1729, English translation: London, 1927）, 3°fundamental article.

> 其他条约，［或］有备战行为，则联盟将以武力强制其执行上述判决或规则；成员国若因其敌对行为造成损失，则联盟会提供保障予以弥补，并根据联盟专员的估算来偿还战争费用。①

莱德和杰伊等学者主张的“削弱”版金字塔模式更接近联邦。国际联盟及其接替者联合国即从中获得了灵感。这里的联盟缺乏强制力而其作用仅限于指导或谴责其成员的行动。② 它的职权仅限于呼吁公众舆论以求支持——拉德乐观地称其为“世界女王”。

金字塔模式有两个互补的特征：

1. 带着对一国主权如何避免被国际共同体削弱的谨慎态度，国家之间以何种方式建立关系备受关注。

2. 一国政府在其主权国内可以完全自主地行使权力。

让我们依次考虑这几点。

国家之间的关系建立在各成员国都具有相同的法律地位之上，而不考虑成员国在军事、经济实力、地理面积或人口数量上的差异。该联盟的国际大会实际上是基于“一国一票”的原则。

举一个例子，克鲁塞在十七世纪初提出的方案因否认欧洲国家具有特权地位而大大超越了他那个时代的宗教和文化偏见。他主张成立一个由各国使节组建的大会，让所有信奉或不信奉基督教的国家都因其享有的唯一投票权而处于平等地位。因此，克鲁塞在思想史上第一次肯定了所有国家作为国际共同体的成员均享有平等尊严这一原则。在圣皮埃尔的方案中，国家之间的关系也几乎以相同的方式进行规约。和克鲁塞的不同之处在于，圣皮埃尔的联盟仅限于欧洲大陆，也仅面向基督教国家。

---

① Ibid. 4°fundamental article.

② William Ladd, *An Essay on a Congress of Nations* (London, 1840); William Jay, *War and Peace* (New York, 1842).

“一国一票”的原则几乎被逐字纳入《联合国宪章》。正如宪章第二条所述：“本组织系基于各会员国主权平等之原则。”虽然有些国家作为安全理事会常任理事国“比其他国家更显平等”，但所有国家至少在形式上被承认拥有同样的权利。然而，《联合国宪章》实际上是把同等的尊严赋予了国际共同体成员国的代表们。事实上，在金字塔模式中，各国内部主权的建立和管理方式几乎被完全忽略了。统治者有权在他们认为合适的情况下在其统治区域内行使他们的权力，且他们的行为并不需要符合国际标准。金字塔模式的支持者经常依靠的是将他们的联盟和家族首脑会议进行对比，二者皆可在自己的统治区域内自由行使自己的权力，但没有首脑会议本身的同意，他们不能对其他家族采取敌对行动。

通过指出建立联盟可以加强统治者对自己臣民的权力，这种模式的倡导者试图说服统治者相信建立这种联盟的可取性。正如克鲁塞所言：

> 统治者乾纲独断、取予随心，乃至臣民之生死，邦国之废立皆决于一人之手，无可追责。还有什么比这更能彰显主权的呢？①

他还认为：

> 这意味着和平一般是建立在诸国之间的，因此，仅需维系和平，尤其是维系各君主政体内部的和平：为此，君主各自统治一方，而要让他们各自的臣民服从统治、接受控制也非难事。②

---

① Emeric Crucé, *The New Cyneas* (1623; English translation: Philadelphia 1909), p. 110.

② Ibid. p. 122. 圣皮埃尔同样坚持认为，君主的权力将保持不变：“联盟的大多数成员是绝对的国王或王子，他们完全致力于保持对其臣民的绝对和完全独立的影响。”详见 *Projet pour rendre la paix perpételle en Europe*, (1713—1717; reprinted: Paris, 1986), p. 234。

这种联盟还将为彼此提供担保以防国内叛乱。克鲁塞断言：

> 限制君主去容忍臣民的约束力源于君主惧怕臣民与外人结盟，或者惧怕后者会从臣民和君主之间的分裂和争吵中获利。建立联盟后，这种惧怕就荡然无存了，因为通过和平，每个人都会安于自己的统治，除了如何治理自己的臣民外，不作他想。好人崇拜他，坏人惧怕他。他不需要害怕叛乱和起义，因为他会借助其他君主的力量平定叛乱。他们会及时借兵驰援，因为惩罚叛乱者是他们的共同利益所在。①

圣皮埃尔没有改变克鲁塞观点的基本内容，他接受了克鲁塞的观点并阐释道：

> 在任一成员国的摄政期、幼嫩期或统治虚弱期间，联盟将竭尽所能采取一切措施保护该国君主，使其人身及权利免受其臣民或外国人的伤害：在发生暴动、叛乱、阴谋、疑似中毒或其他针对君主或王室的暴力事件时，联盟作为其导师和天生的保护者，会遣专员了解情况并向联盟通报事实。同时，联盟会派遣军队以法律赋予的全部效力去惩罚罪犯。②

在对该模式进一步思考后，我们认为在这样一个国际组织中，改善国家内部政治关系的唯一途径是要等待君主单方面作出让步。此外，个人除了作为其主权的主体之外，不构成国际共同体的一部分。因此，如果个人不是其主权的代表或者不认为自己是其主权的代表，那么个人就会被国际共同体排除在外。

鉴于提出金字塔模式的人对公民社会，特别是新兴的资产阶级

---

① Crucé, *The New Cyneas*, p. 124.

② Saint – Pierre, *Projet pour rendre la paix perpételle en Europe*, p. 166.

和重商阶级的主张高度敏感，以上金字塔模式的特征就更加明显了。例如，克鲁塞和圣皮埃尔指出公民社会将从武装冲突的废止中获利。霍布斯认为公民社会进步的前提是国家内部的和平，而对克鲁塞和圣皮埃尔来说，公民社会进步的前提是国家之间的和平。然而，在国际共同体中，君主才是公民社会合法代表的唯一途径。

认识该模式中进步和保守两方面的因素也是有必要的。像克鲁塞和圣皮埃尔这样的学者并不反对国家内部的改革，但又认为冲突的爆发常常阻碍进步。国际和平条约则使持续的改革成为可能。圣皮埃尔的全部政治著作都在说明这一论点。他为后来的永久和平方案拟写了诸多草案，还写了许多改革方案。圣皮埃尔认为这些改革方案当时受到了国家间长期紧张状态的阻碍。

虽然金字塔模式的支持者否认任何国家联盟规定之外武装行动的合法性，但他们远远没有接受国家间多元化的需要。他们提议以牺牲民主为代价来实现和平。

金字塔模式的均势概念

克鲁塞的著作出版几年后，亨利四世的前部长苏利公爵实现了和平国际组织的组建。在 1638 年出版的回忆录中，苏利称亨利四世为了在欧洲各国之间建立持久和平，制定了一个秘密的“伟大计划”。①

在苏利提出的方案里，欧洲完全依照地缘政治进行重组，整个

---

① 尽管萨伦伯格将“大毁灭”完全归因于亨利四世，但还不确定国王实际上在多大程度上想到了这一点，以及这在多大程度上应该仅仅归因于萨伦伯格的想象，参见 André Puharré，*Les Projets d'organisation européenne d'aprés le Grand Dessin de Henri IV et de Sully*（Paris，1954）。

欧洲被分为十五个主权国家，其中包括三个共和国、三个民选君主制国家和九个世袭君主制国家。苏利认为这一重组将创建一组实力相当的国家，或至少是倾向于形成联盟的一组国家，从而在不同国家之间建立均势。如此一来，“伟大计划”的实施将使国际冲突因违背每个国家的切身利益而变得不可取。那么，苏利认为要用什么样的方式去实施“伟大计划”？还是通过战争来实现，而战争本身恰恰又是应当被废止的。

显然，这一计划与永久和平方案传统有着非常不同的根源，因为这一计划里的和平乃是战争的结果。相比之下，对于司法和平主义者来说，新的冲突并不会带来均势。正如康德所言：

> 通过所谓的欧洲力量均势来实现永久的普遍和平纯粹是一种幻觉，就像斯威夫特描写的那样，越是严格遵循均势法则建造出来的完美和谐的房屋，越是不堪一击，一只麻雀的落脚都能导致房屋的倾塌。①

因此，当国际和平的两个概念之间存在如此明显的分歧时，人们可能会产生疑惑，为什么以圣皮埃尔为代表的司法和平主义思想家会去引用苏利的“伟大设计”和亨利四世的权威来支持他们的方案。原因不难看出。金字塔模式将实现太平洋国际共同体的任务委托给了主权国家，因此，主权国家对该方案的认可并认为它有效可行，最能提高该方案的可信度。

---

① Immanuel Kant, *On the Common Saying*: “*This May be True in Theory, but it does not Apply in Practice*”（1793）, in Hans Reiss（ed.）, *Kant's Political Writings*（Cambridge, 1970）, p. 92.

对金字塔模式的批评

启蒙运动的审视

金字塔模式在启蒙运动期间引起了广泛的争论，这在很大程度上要归功于圣皮埃尔为普及自己的著作所做的不懈努力。① 永久和平的思想触动了广大受众，包括像莱布尼茨和达朗贝尔这样的思想家。然而，对圣皮埃尔方案最重要的批评来自法国启蒙运动的两位最伟大的倡导者——伏尔泰和卢梭。

伏尔泰对战争的频繁抨击众所周知。他的论战尤针对有权势的人，他认为这些人发动战争和喜好打猎在本质上是一样的，人民是否会遭受苦难完全不在他们的考虑范围内。伏尔泰必然会讽刺像圣皮埃尔这样的方案。这种方案把废除战争的任务交给了君主，而战争正是由他们这些人造成的。他认为创建一个太平洋国际组织不切实际：

> 圣皮埃尔神父，这位法国人构想出的和平是一种幻想，各国之间不可能存在这样的和平，就好比大象和犀牛之间，或者狼和狗之间是不可能存在这样的和平的。②

圣皮埃尔只考虑欧洲和基督教的君主，这也有违伏尔泰的宽容

---

① Cf. E. V. Souleyman, *The Vision of World Peace in Seventeenth and Eighteenth – Century France* (New York, 1941).

② Voltaire, *De la paix perpétuelle*, *par le Docteur Goodheart* (London, 1769). §1. On Saint – Pierre and Voltaire, see M. L. Perkins, "Voltaire and the Abbéde Saint – Pierre on World Peace", *Studies on Voltaire and the Eighteenth Century*, 18 (1961), pp. 9 – 34.

意识。伏尔泰认为实现和平唯一可行的选择是彻底实施启蒙运动自己的文化和政治方案。圣皮埃尔的方案受到拒斥，不仅因为它不切实际，而且因为它没有谴责权力的滥用。对伏尔泰来说，脱离了宽容，和平就没有什么意义。他强调和平需要和民主相结合，不过他忽略了为实现具体的和平提供所需的适用工具。

卢梭对圣皮埃尔著作的分析经过深思熟虑。与伏尔泰不同，卢梭更倾向于组建欧洲国家联盟。然而，他对圣皮埃尔最初的方案做了一些修改。首先，他指出，之所以要建立一个完全由欧洲国家组成的联邦，仅仅是因为旧大陆各国有着共同的历史传统，且从基督教那里继承了博爱与和谐等共同的文化和宗教价值观，而不是因为对其他国家或地区存在敌意。

尽管政治和文化上的相似性为欧洲联盟的建立提供了可能性和可取性，但欧洲共和国的形成不能仅仅通过各个国家的叠加来实现。它要求每个国家的内部政治组织发生深刻变革。这种变革旨在让个人和人民的权利得到充分的尊重，旨在追求共同利益。因此，和平和安全的政策成为各个国家内部组织的结果，而不是前提。

正是因为这些前提，卢梭对圣皮埃尔最初的方案提出了激进的批评。建立一个旨在确保和平的欧洲组织正如金字塔模式支持者天真承诺的那样，不仅会限制主权国家在国际关系中的权力，而且必然会导致各国内部体制的变化。拥有高度发达政治体制的国家不可避免地会影响那些政治体制较为落后的国家：

> 欧洲议会就好像是国界线那般，使得每个国家的政府受到约束。①

① Jean – Jacques Rousseau, "Jugement sur le projet de paix perpétuelle" (1758), translated in *The Political Writings of Jean – Jacques Rousseau* (Oxford, 1962), p. 389.

但这恰恰是卢梭对这个项目的可行性持怀疑态度的原因：

> ［圣皮埃尔的］体系不是因为它不好而没有被采纳，反而是因为它太好了而不能被采纳。因为沉溺在邪恶和滥用权力中的人多是咎由自取；而想要惠及公众则必须诉诸武力，因为公共利益总是会与私利相敌对。［……］除了革命，人们永远不会看到联邦联盟的建立：参照上述定律，我们当中又有谁敢确认这个欧洲联盟究竟是可取还是可惧?①

在这个新的欧洲，主权国家将会失去有效控制臣民的一项重要手段，即外部敌人。这一外部敌人可以是真实的，也可以是假想出来的。卢梭和前人伊拉斯谟的观点一致，都对冲突产生的原因之一，即让臣民处于臣服状态的必要性提出了明确的质疑：

> 我不认为世界上会有这样的君主，在他的主权因他最珍视的和平方案而受到限制时，还会心甘情愿、毫无义愤地抱有如下纯粹观念，即继续不得不对外国人，甚至对他自己的臣民行正义。（同上，页389）

作为《社会契约论》的作者，卢梭当然不希望欧洲联盟被视为镇压叛乱和反对民主的工具。正如他明确指出的那样：

> 要保证君主免受臣民的反叛，就必须同时保证臣民免受君主的暴政；否则，这种机制将无法久远。（同上）

正是卢梭使金字塔模式克服了和平与民主发展之间的矛盾。然

---

① Jean - Jacques Rousseau, “Jugement sur le projet de paix perpétuelle” (1758), translated in *The Political Writings of Jean - Jacques Rousseau* (Oxford, 1962), p. 396.

而，他也没能构想出一个建立在充分尊重个人和民族权利这样体制基础上的国际组织。这种理论上的缺失很快就反映在了法国大革命的相关政治观点中。

大革命时期

以卢梭哲学为主导的法国大革命使启蒙运动中和平主义者的观点独树一帜。它的宪法中有一条明确禁止干涉其他国家国内管辖之事件。一个半世纪后的《联合国宪章》几乎照搬了上述国际法准则的原话。同样相关的是该宪法对作为压迫和征服工具的战争的批判。用1791年宪法的话来说：

> 法兰西民族放弃任何以征服为目的的战争，且永远不会用武力限制任何民族的自由。①

这一条例似乎在政治实践中实现了卢梭停留在理论层面上的对和平和民主二者不同命运的调和。

然而随后几年，在对革命理论和实践有了更深入的研究后，人们对上述条例产生了不同的评价。有相当多的雅各宾派（他们在大革命后拥有欧洲最强大的军队）打算利用这一情况在国际上以共和和民主之名开疆拓土。这一学派最重要的代表人物是著名的德国思想家克洛茨（Anacharsis Cloots），他自豪地称自己为“普鲁士的男爵和法兰西共和国的公民”。他定居巴黎，甚至还曾当选为法国国民大会代表。圣皮埃尔提出的联邦方案受到了轻蔑批评，被称为“一个奇怪而可笑的国会”，而克洛茨提出建立一个普世的共和国。这一共和国将通过欧洲各族人民的起义来实现，但如果有必要，也可以

---

① *French Revolution Documents*（Oxford，1966）.

通过法国军队的推进来实现。

法国实现的民主如果局限在自己的边界之内，将仅是一个小小的胜利。有必要通过战争在地缘上尽可能地扩大它：

> 永久的和平将是普遍法则的代价，人们仅得到如此苍白的解释……战争有时是必要的，就像人的身体需要流血，人类本身也需要流血。①

克洛茨对法国宪法作了如下阐释，即法国无意利用战争来限制其他民族的自由，而是通过战争赋予这些民族在法国已然实现的自由。随着法国军队逐渐“解放”邻国人民，他们将被并入“单一民族”，该民族的公民将被称为“同胞”，因为所有人都是兄弟。要建立普世共和国，任何手段途径都是合法的。因此，在自由与和平产生冲突时，克洛茨甚至不惜牺牲后者来支持前者。

当然，没有必要用更明确的理论来证明法国军队越过莱茵河的合理性。的确，在法国也不乏对克洛茨的反对之声。尤其是罗伯斯庇尔，他对克洛茨混乱的普世主义持悲观态度。他担心这将导致法兰西共和国罔顾具体的国家理性，并以常识对“违背他国意愿来让他国自由和幸福的狂热”提出警告。事实上，克洛茨在他的对手罗伯斯庇尔之前就被送上了绞刑架。

尽管克洛茨结局不幸，但启发法国后来外交政策的是克洛茨的想法，而不是罗伯斯庇尔的想法。到目前为止，试图在欧洲大陆建立法国霸权的基础已经奠定，部分基于自由和民主的崇高理念，部分基于旧波旁帝国主义的重生。民主与法国军队并肩前进，这点对于启蒙运动最后一代人来说无伤大雅。道德戒律必须被践踏才能获

---

① A. Cloots, *La République universelle ou Adresse aux tyrannicides* (Paris, 1793), reprinted in *Œuvres*, (Paris, 1980), p. 9.

得至善。至此，隐含在最早的永久和平方案中的和平与民主的分歧终于公开了，可以借民主之名，拒斥和平，鼓吹战争。

扩散模式

扩散模式之所以不同于金字塔模式，是因为超国家组织不再被认为是主权国家统治者的联盟，而是由不同国家个体组成的机构。[①]这种差异也反映在国际大会的组建中。国际大会不由君主指派的使节组成，而是由以某种方式代表公民的代表团组成。扩散模式的基本特征如图2所示。

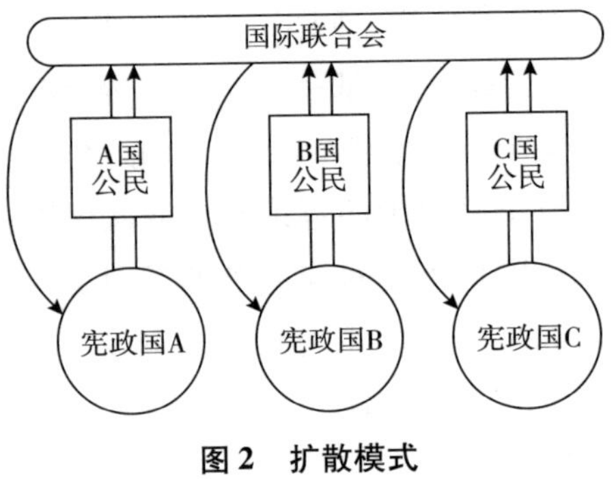

图2　扩散模式

模式的基本特征

1. 国家间的争端在考虑公民意愿的同时，由国际联合会通过仲裁解决。

---

① 就这一点而言，扩散模型最终成为联邦主义的另一个版本。然而，笔者将试图阐明，成为联邦主义的另一个版本仅是意想不到结果而非扩散型学者的本意。

2. 联合会成员是公民，而非各国政府。

3. 联合会内部的选举标准是“一人一票”。

4. 成员国的宪法形式受到最先进宪法国家的宪法形式的影响。

5. 代表人物：佩恩、贝勒斯、圣西门和边沁。

6. 历史案例——“加强”版：美国等联邦制国家，荷兰联盟和瑞士联邦。“削弱”版：欧洲共同体。

这一模式的学者，如佩恩（William Penn）、贝勒斯（John Bellers）和圣西门（Claude - Henri Saint - Simon）等提出了组成国际联合会的各类替代标准，但他们一致反对“一国一票”的概念，而这正是评判金字塔模式的关键指标。

佩　恩

扩散模式可追溯到贵格会的佩恩，他提出创建一个“普遍议会”，该议会的职能与克鲁塞和圣皮埃尔笔下联盟的职能类似，即通过仲裁解决国家之间的争端。佩恩的议会成员也由君主任命，但与金字塔模式显著的不同在于，每个君主任命的代表人数与他的国家的大小成比例：

> 如果有可能估计出几个主权国家的年产值……那么确定每个主权国家的人数或选票数将是可行的。①

佩恩提出，正是因为代表们代表的是他们的国家，而不是他们的君主，各国代表人数不应该取决于“君主的收入”，而应该取决于“领土的价值”（这一标准让人想起现代国内生产总值的概念）。他

① W. Penn, *An Essay Towards the Present and Future Peace of Europe*（1693, reprinted: London, 1950）, § VII.

建议大会按以下假想出的比例组建：

> 我假定德意志会派出十二位代表；法国十位，西班牙十位，意大利八位，接近法国；英格兰六位，葡萄牙三位，瑞典（Sweedland）四位，丹麦三位，波兰四位，威尼斯三位，尼德兰联邦共和国四位，十三个州和小邻国计两位，荷斯坦公国和库兰公国一位，如果把土耳其人和莫斯科人也算进来，这似乎既合适又公正，他们会分别派十位。总计九十位。当他们代表第四世界时，他们是一个伟大的存在。①

这段话会让现代读者联想到当前欧洲议会的结构。相较于佩恩所能预期的严格按照比例划分的代表数，欧洲议会的特点正是让小国能获得比例上更多的代表数。虽然这种议会对小国来说不如“一国一票”的金字塔模式有利，但通过比例调整，也能保障小国的权益。不过，佩恩与金字塔模式的倡导者最大的区别在于，在他的方案中，代表们不受任命他们的君主意志支配。佩恩甚至建议成立由来自不同国家代表组成的小组：

> 如果整个代表数以十为单位，每组选择一名主持人，他们也可以轮流主持。（同上，第八节）

顺理成章，佩恩认为代表的投票权必然不应受到君主和国家利益、政策的限制。代表必须完全按照自己的信念行事，无记名投票即为了保障这一点：

> 这个我认为应该按照威尼斯人审慎和值得赞扬的方法进行

---

① W. Penn, *An Essay Towards the Present and Future Peace of Europe*（1693, reprinted: London, 1950）, § VII.

> 投票。① 这在很大程度上能防止腐败带来不良影响，因为如果显赫的联邦会议中任何一个代表卑鄙、虚伪、无耻，受到金钱诱惑，他就有机会敛财，并且可以按照雇主的利益和自己的喜好来暗箱操作，正如那些真正了解投票系统的人所知道的那样。②

因此，来自同一个国家、由同一个君主任命的代表团在具体问题上可能会投下不同的票。

贝勒斯

贝勒斯同样来自贵格会，他在数年后重提建立欧洲联合的想法。他与佩恩在代表委派标准上有着明显的不同。他的建议是将欧洲划分为不同的行政区或省份（他的建议是 100 个），每个行政区或省在欧洲议会中均有代表："参议院的成员应该与他们所代表的国家的实力成正比。"③

贝勒斯含蓄地认为出席国际大会的代表将不对他们的君主负责，而是对他们所代表的省份负责。但是，创建省份的标准又应该是什么样的呢？对于贝勒斯的提议，有两种不同的解读。在第一种解读中，这些省份仅仅是民族国家的分支。这样，较小的国家将被算作

---

① 威尼斯人的投票系统旨在杜绝腐败，由一系列涉及抽签和彩球的投票组成。参 George B. McClellan, *The Oligarchy of Venice* (Boston, 1904), pp. 159 - 160。

② W. Penn, *An Essay Towards the Present and Future Peace of Europe* (1693, reprinted: London, 1950), § Ⅷ.

③ J. Bellers, "Some Reasons for An European State" (1710), reprinted in G. Clarke (ed.), John Bellers, *His Life Times and Writings* (London, 1987), p. 141.

一个省，并有权获得一名代表，而较大的国家则将被细分为若干个省，并拥有相应数量的代表。按照这种解读，贝勒斯和佩恩没有什么不同。第二种解读则更激进，欧洲省份的细分不一定是由单一民族国家创建的。一些小国可以组成一个选区，某些选区可以由属于一个以上国家的领土和主体组成。换句话说，个人在国际社会中所代表的选区不一定要和他的国籍相一致。因此，超国家机构的建立导致了对国家结构的重新审视。

圣西门

有关扩散模式的第三个也是最重要的表述见于圣西门和他的学生蒂埃里（A. Thierry）合撰的一篇论文。这篇文章发表于1814年，这一年份本身就很大程度上解释了它的内容。拿破仑的失败最终结束了克洛茨在欧洲大陆建立普遍共和国的梦想，而借维也纳会议之际，旧欧洲君主们在圣西门发表方案后首次聚首。金字塔模式能够并且真正成为政治现实。正因如此，圣西门将自己与圣皮埃尔的方案进行区分时显得小心谨慎。

> 按圣皮埃尔方案建制（假设这是可能的），第一个结果是将欧洲定格在建立之时的现状上。从那时起，封建残余势力将变得坚不可摧。此外，这将鼓励权力的滥用，君主权力更能对人民施加威胁，而人民反对暴政的资源却会被剥夺。简而言之，这个虚假的组织不过是君主维护他们专断权力的保证。①

① C. -H. Saint - Simon, "The Reorganization of the European Community" (1814), translated in F. Markam (ed.), *Social Organization, the Science of Man and Other Writings of Henri de Saint - Simon* (New York and Evanston, 1964), p. 38.

因此，圣西门承继了民主思想，尤其是秉持了卢梭对金字塔模式中隐含的专制主义的批评。不过，他并没有放弃具有替代特征的超国家组织。他提议的欧洲议会基于这样一种想法，即每个国家都应该采用当时最先进的政治体制。

在他看来，这种立宪制最早出现在英国。拿破仑战败后，法国也采用了君主立宪制。他认为能在至少两个不同的国家产生这样的政治体制，那么建立超国家议会和政府也应该是可能的，而这正是走向更广泛的欧洲统一的第一步：

> 法国采用了英国的立宪制。所有欧洲人在能够认识到立宪制的优越性后，都将逐渐采用这一体制。①

美国经验让圣西门相信国际一体化的主要障碍，甚至唯一的障碍，在于各国不同的宪法结构。但是，一体化进程绝不会妨碍政治进步。相反，它为民主的发展提供了动力。因此，作为扩散模式最为彻底的构想，圣西门解决了金字塔模式中隐含的问题：国际组织不再被视为民主发展的障碍，而是助力。

在对国际联盟进行理论分析时，圣西门首次提出了“一人一票”的选举原则。那么，欧洲议会又有哪些权力呢？圣西门认为，欧洲议会作为一个权力集中的机构，它的权力甚至大到足以破坏民族国家的存在。它甚至可以决定其成员国的领土完整：

> 如果某一政府统治之下的某一欧洲民族希望重新组成一个独立的国家，或者重新隶属于另一个政府，那么欧洲议会将有

① C. -H. Saint - Simon, “The Reorganization of the European Community” (1814), translated in F. Markam (ed.), *Social Organization, the Science of Man and Other Writings of Henri de Saint - Simon* (New York and Evanston, 1964), p. 50.

权决议此事。想要长久作为欧洲联盟最好的组织形式存在，欧洲议会将为了人民的利益而不是政府的利益作出决议。（同上，页48）

圣西门似乎没有设想过建立邦联，而是建立联邦。所谓联邦，就是要像美洲大陆建立的美利坚合众国一样，在欧洲建立这样一个独立的联邦制国家。他忽略了建立一个联邦制国家和建立一个邦联组织之间的区别，正如康德所指出的那样：

议会只是各国自愿参加的集会，任何时候均可解散，而不像美国，各州政府建立在统一政治宪法基础之上，形成了一个不可分割的联合体。①

因此，圣西门认为仅将一国议会政治制度扩展开来就足以实现这一联盟确实令人愕然：“既然现在所有欧洲人民都由国家议会治理，那眼下要去建立一个国家间的共同议会毋庸置疑是恰逢其时且不费吹灰之力的。”② 他所提议的政治联盟，将从根本上否定民族国家形成的根本原因，即领土防卫，并将成功地导致单个国家的解体，还以一个独立的联邦国家的形式取而代之。因此，各国似乎不太可能会仅凭劝说就欣然同意加入这样的联盟。

边　沁

边沁也致力于提供一个普遍和永久和平的方案，尽管尚未完成，

---

① Kant, *The Metaphysics of Morals* (1797), in Reiss, *Kant's Political Writings*, p. 171.

② Saint - Simon, “The Reorganization of the European Community”, p. 50.

但它所包含的明显迹象表明它将完全符合扩散模式。他没有解决超国家机构的问题，而是分析了外交政策和一国公民之间的关系。他把各个国家能从永久和平中获得的利益作为他的出发点。边沁断言，英国或任何其他国家都无意发动战争，但这并不意味着战争不会带来任何好处，比如领土扩张或财富，而是战争不符合组成国家共同体的个人的利益。如果我们认为外交政策和国内政策一样都是服务于公民的，那么那些负责人的行为必须受到规范和约束。简而言之，我们应当摒弃一国政府可以不考虑民意即单独决定与其他国家建立何种关系的想法。

但是边沁期望如何在国际政治领域对个人利益予以肯定呢？通过一条简单的规范：要求公布外交部长采取的行动。

> [外交部] 是所有部门中最需要严格审查的部门。然而，由于所有部门的保密规则，外交部反而成了唯一一个完全不受审查的部门。这结论就不证自明了。内阁外交部的秘密行事是极其有害的，它会破坏开诚布公方能实现的一切。①

因此，英国功利主义的主要倡导者寻求个人作为一国公民而非选举人在国际社会中的参与，这是个人利益的表达，也是民主的体现。

扩散模式的遗留问题

扩散模式提议建立一个国际组织，弥合金字塔模式中存在的和平与民主之间的鸿沟。因此，该模式成功地将民主思想，特别是卢

① Jeremy Bentham, *Plan for an Universal and Perpetual Peace* (1786 - 1789; reprinted London, 1927), p. 35.

梭的观点纳入了国际组织的构建方案中。然而，重新将和平与民主二者统一起来是要以牺牲民族国家的特殊性为代价的，即以一个世界性的联邦制国家取代一个个不同的国家。

扩散模式和我们更为熟悉的联邦制模式，譬如在《联邦论》中论述的联邦制有什么区别吗？尽管二者在司法立宪法方面得出了相同的结论，但也存在很大的不同。后者提议建立一个超级国家，以便实现更高程度的中央集权，并赞成重整军备，前者则利用联邦去实现国际和平与军备裁减。

扩散模式得出的结论让我们思考以下两个问题：

1. 这种理论上的进步在多大程度上意味着该模式付诸实践的可能性降低？它还是否具有可行性？

2. 尽管这一世界超级国家的建立是基于全世界“最先进宪法”之上的，但它在多大程度上能够满足不同社群的需求？它还是否具有可取性？

关于第一点，已经有不止一个现代国家是根据扩散模式建立起来的。事实证明，在各种民族国家联合起来成为一个联邦国家的情况下，它是有效的。佩恩讨论过的荷兰联合省和圣西门研究过的美国的历史例子都属于扩散模式的实际应用。然而，这些联邦国家建立的主要原因不是为了避免成员国之间的内部冲突，而是为了保护其免受其他民族国家的威胁。如果没有法国和英国发动的战争，荷兰国就不会建立，就像没有独立战争，美利坚合众国就不会产生一样。这些联邦国家的建立更像是霍布斯讨论的情况，而不是佩恩、贝勒斯和圣西门所设想的协商一致的联盟：这种联盟的建立是为了通过集中力量和手段，形成能够以一己之力对抗现有民族国家的垄断力量。

当然，现在也有像欧洲共同体这样的历史例外，它实际上是一个超国家机构，在特征相似但宪法不同的国家之间进行调解。扩散模式的倡导者完全有权被视为今天欧洲共同体的先驱，但我们绝不能忘记这一机构与联合国在本质上共有的局限性，即二者均缺乏自治的武装力量。

从历史经验来看，扩散模式的可行性不能完全被否定。然而，其拥护者心中有着更远大的目标：吸纳新成员，乃至囊括整个世界。扩散模式逐渐扩展的过程足见其比最初预见的要复杂得多。相比之下，金字塔模式（至少在缺乏强制力的“弱”版本中）更宜扩展。当今世界，几乎所有国家都是联合国的会员国，但它们不可能都成为欧洲共同体的成员，更不可能成为美利坚合众国的成员。不难看出，扩散模式为何比金字塔模式更难扩展：前者要求政治和经济制度的一致性，这必然会阻碍新成员的加入。

这就引出了一个问题：扩散模式在多大程度上可以确保和平？毫无疑问，这一模式下，同一联邦内成员国之间很难，甚至往往不可能发生冲突，正如民族国家的建立使得同一国家内不同省份之间不可能发生冲突一样。但只要地球上存在不止一个联邦，战争的风险就无法消除。相反，正如冷战的历史所表明的那样，两个对立的超级联邦的建立只会使冲突变得更加危险。圣西门描述了一些与雅尔塔协定后发生的事情非常相似的事情：

> 《威斯特伐利亚和约》通过“均势”这一政治手段建立起新的秩序。欧洲被分成两个联盟，二者被人为地保持均势，以此方式引发战争并使之合法化；因为两个实力相当的联盟必然互相竞争，没有战争，竞争就无法持久。①

---

① Saint-Simon, “The Reorganization of the European Community”, pp. 30-31.

世界主义模式

康德与世界主义模式的诞生

世界主义模式和扩散模式间有很多共同点。虽然前者在法律上并未实现，但我们或许可以认为它在尝试将金字塔模式和扩散模式中存在的元素结合起来，与此同时假定了一个截然不同的政治和法律概念，并将其作为统一的标准。金字塔模式和扩散模式是许多学者的成果，而世界性模式则溯源到康德。康德对国际关系理论的主要贡献包括他的一篇短文《永久和平论：一部哲学规划》。它被认为是康德在司法和平主义上最著名且最重要的工作。不过，该文所述思想并不孤立，康德在他其他著作中也对同样的问题进行过思考。①

康德在该方案的第一部分采用了圣皮埃尔的方法，即借由假设的国际条约中的实际条款来表达他的思想。条款分为两部分，第一部分的条款是初步条款，第二部分的条款是终极条款。前者，至少其中有一部分与现有的永久和平方案有关，并以法律的形式禁止国家的某些行为：

> 1. 任何密谋未来战争的和平条款都应被视为无效。
>
> 2. 任何独立国，无论大小，都不得由另一个国家通过继承、交换、购买或赠与获得。
>
> 3. 常备军将逐渐被完全废除。
>
> 4. 不得将国家债务与国家对外事务挂钩。

---

① 近期对康德国际关系相关论述的分析，参见 A. Hurrell，“Kant and the Kantian Paradigm in International Relations”，*Review of International Studies*，16（1990），pp. 183 –205。

5. 任何国家都不得强行干涉他国宪法和政体。

6. 任何国家在与他国交战时，都不应施行会招致未来和平时期无法建立相互信任的敌对行为。①

这一方案的第一部分类似金字塔模式，因为它设想仅在国际行为上对一国施行约束，而对各国内政不予干涉。上述第二条款却明确批评了欧洲君主制及将领土视为君主财产的观点。

第五条很容易让人想起几年前法国宪法规定的条款。康德似乎是要提醒法国革命者，尤其是那些与克洛茨观点相同的人们，记得他们的承诺，即视每个国家都具有平等权利。当法国宣称对整个欧洲大陆拥有政治、文化和军事霸权时，这位德国哲学家指出了革命者的进步原则和他们对权力的追求间的矛盾。

在第三条中，康德指出职业军队的存在本身就是战争发生的原因之一。我们绝不能理所当然地接受这样的态度。例如，在美国，联邦主义学者为建立一支常备军而努力，而这则与具有强烈和平主义色彩的各州宪法的相关规定背道而驰，譬如宾夕法尼亚州和北卡罗来纳州这两个州的宪法都规定："和平时期的常备军对自由构成威胁，因此不应保留。"②康德提出用公民自愿参与在本质上没有进攻性的领土自卫来取代常备军。

虽然这些初级条款并没有从根本上打破以前的传统，但它们似乎既批评了君主制更为不公正的做法，又对本世纪两次最重要革命，即美国革命和法国革命二者真实的价值观提出呼吁。下面三条终极条款构成了康德设想的国际秩序的建议，也是康德提出的与前人截然不同的国际组织模式的基础：

---

① Kant, "Perpetual Peace. A Philosophical Project", in Reiss (ed.), *Kant's Political Writings*, pp. 93 – 97.

② Cited in Alexander Hamilton, John Jay, James Madison, *The Federalist* (1788, reprinted: Chicago, 1952), p. 87.

1. 各国宪法都应是共和的。

2. 万国公法应以自由国家的联邦为基础。

3. 世界性法律应符合普遍好客条款。①

第一条听起来像是悬于传统永久和平方案五角星符之上的全音符。它首次指出国际和平要实现“永久”就必然意味着各个国家的政治宪法具有同质性，而只有共和政体才能实现这种同质性。② 与圣西门一样，康德认为，一个常设的国际组织若不能保障其成员国内部对个人的尊重，那这个国际组织就不可能存在，也不可取。共和政体下，公民直接参与公共事务的管理，它必然是和平的：

> 如果在本宪法下还是出现了不可避免的情况，宣战与否将基于公民的意愿，而他们在施行如此危险的事情前自然会十分犹豫，因为这将意味着他们自己要对战争的所有痛苦负责。（康德，《永久和平论》，页100）

我们就这样和康德一起达成了和平主义与民主的完全统一吗？不幸的是，并非如此。在采取这种激进的立场后，康德通过区分主权形式和政府形式来限定他这一主张的后果。在他看来，共和国宪法是一种政府形式，甚至能够与基于君主制的主权形式共存，只要后者是在宪法基础上行使的。康德甚至小心翼翼地将共和宪法与民

---

① Kant, *Perpetual Peace*, pp. 98 – 105.

② ［译按］原文：The first article sounds a whole note above the pentagram of the perpetual peace projects tradition. 此处对原文比喻作了直译处理。传统和平方案往往最终诉诸武力实现，而五角星恰象征武力、军事；全音符则既在音乐上象征完满和谐，又在形式上和句号相似，此处借以暗示康德方案因关注各国内部的共和，从而避免了民主和和平的矛盾，也避免一国因自身政体诱发战争的可能性。康德方案用一种同质的共和政体为之前不可调和的矛盾、不安画上了句点。

主宪法进行对比，并果断地选择了前者。事实上，正是在他的《永久和平论》中，民主宪法被指称为一种专制形式。因此，康德似乎否认了美国革命和法国革命的历史经验，即共和政体和民主政体的同时诞生。

事实上，康德的目的是要区分如今被定义为代议制民主和直接民主的两种政府形式。他对前者的坚定偏好似乎源于他极端怀疑主权是人民的直接体现这一观点。基于这种怀疑，康德在这部作品否认了他弟子们所采取的立场——即人民具有的革命权利和对主权的直接行使权。康德在这里和其他地方都表达了他对雅各宾派革命结果的批判，也似乎表达出他对更温和的政策的偏好，譬如吉伦丁派的政策，或类似英国的君主立宪制。虽然康德的著作大大缩小了和平与民主之间的鸿沟，但这二者仍然未能真正结合。①

第二条似乎再次回答了克洛茨的问题，因为它着重强调了国家间的联盟和由所有国家组成的单一国家之间的区别。普遍的联邦本身作为一种积极的理想并没有什么错，但是诉诸国际法之外的手段，即战争，来追求这一理想则无疑是错误的。康德因此选择“永久和平联盟”这一消极的替代品来避免冲突的爆发。康德与扩散模式的区别在于他支持自治国家和各国自愿组合的联盟这二者同时存在。

然而，最后一条是最有意义的，在该条款中，康德果断地拓宽了司法和平主义的理论视角。虽然他的方案中第一条与宪法有关，第二条与国际法有关，但第三条则旨在建立一个新的分支：世界法。

---

① 参 J. G. Fichte，“Zum ewigen Frieden. Ein philosophischer Entwurf von Immanuel Kant”（1796），reprinted in Fichte，*Gesamtausgabe*，vol. 3（Stuttgart，1962）和 Galvano della Volpe，*Rousseau and Marx*（London，1974），两段文字对康德和平主义思想的民主批判就强调了这一点。

地球上的所有公民都被认为具有远远超出他们作为一个特定国家的臣民和公民这一正式地位之上的权利和义务。①

康德世界法概念的意义长期以来一直存在争议。② 鉴于永久和平方案的传统，世界法似乎是一种司法创新，它允许解决困扰永久和平方案的矛盾。国家继续享有充分的主权，并被邀请自愿加入一个国际联盟，正如金字塔模式所预期的那样。然而，正如扩散模式所述，它们必须尊重关于其内部构成的精确规则。其他国家没有“控制”的任务，因为这将导致各国的主权要求和接受其他国家“监护”之间的矛盾。因此，“监护人”在国际关系和国家内部事务中的职能将由世界法来履行。地球上的每个居民都被提升到国际“裁判官”的位置。毫不虚伪地说，哲学家，即今天被我们称为知识分子的人，被赋予监督和指导政府行动的特权角色。作为理性观念的保存者，他们将成为世界法的特权裁判官。③

康德和其他和平主义学者一样，更多关注国际组织应当追求的目标，对建立这样一个组织的具体方式则语焉不详。

---

① 根据对康德的阐释，世界法应被理解为“一个国家与另一个国家民众的关系”。见 N. Bobbio，*Diritto e Stato in Emanuele Kant*（Turin，1969）。事实上，在世界法的理念中，康德把公民对他国友善的权利和反对殖民主义的权利纳入其中。此外，他还增加了一些更为有趣和更具成效的内容，以期改变国际关系，即把国家的法律与个人作为世界公民的法律分开。

② 对康德观点进行负面解读，认为他是中央集权论者或是世界主义者的内容，见 Hinsley，*Power and the Pursuit of Peace*，and Martin Wight，“An Anatomy of International Thought”，*Review of International Studies*，13（1987），pp. 221－227。

③ 有关康德的国际关系理论，及其与万民法传统、法国公民权利宣言和美国革命的关系，详见 D. Archibugi，“Immanuel Kant e il diritto cosmopolitico”，见于作者即将出版的 *Giano. Ricerche per la pace*。

模式的基本特征

1. 国家间的议会基于“一国一票”的准则，世界议会基于“一个公民一票”的标准；

2. 国际共同体的成员既有个人也有国家；

3. 国家间的争端在国家间议会上解决，世界议会就裁军和国际关系发表意见；

4. 代表人物：康德；

5. 历史案例：欧洲议会、联合国机构。

和之前的边沁一样，康德提议国际法应和公共法一样公开透明，废除其中的隐秘。这将使政府的政治行为符合道德成为可能，因为政府想要实现其目的必须依赖向公众宣传，而这就要求政府行为必须“符合人民的总体目标”。

因此，康德观点的价值在于其创立了一种独立于各个国家内部的法律关系和一国与另一国之间法律关系之外的新型法律。正如他勇敢地指出的那样：

> 因此，世界法的构想并不荒诞，也不过度紧张；它是对不成文的政治和国际权利准则的必要补充，并将它转变为人类的一项普遍权利。只有在这种情况下，我们才能自信地认为我们在不断地向“永久和平”前行。（康德，《永久和平论》，页 108）

然而，康德没有指出实施世界法的具体方法。①

① 康德世界法思想的应用，见 Charles Beitz，*Political Theory and International Relations*（Princeton，1979）；经济权见 Andrew Linklater，*Men and Citizens in the Theory of International Relations*（London，1982）；个人义务见 R. J.

当今的世界主义模式

康德的建议使我们能够提出第三种国际关系模式，如图3所示。这一模式结合了金字塔模式中每个国家具有平等代表权的准则并谴责暴力干涉另一个国家的内政。然而，一国内政也不能理所当然地维持现状。相反，国际共同体的任务就是要通过和平手段促进国家内部政治关系的发展，譬如像扩散模式所设想的那样建立民主制。

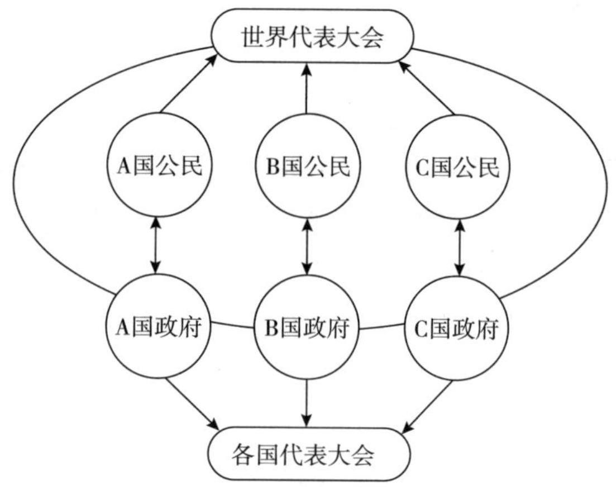

图3　世界主义模式

这种模式对国际社会有什么影响？今天，我们拥有像联合国这样的国际机构，尽管它们的强制手段非常有限，但至少能够谴责国家在国际关系中的不当行为。然而，目前还没有公认的国际组织负

Vincent，*Human Rights and International Relations*（Cambridge，1986），其中也涉及一些人权问题的普遍性；亦可见 D. Held，"Democracy，the Nation－State and the Global System"，in Held（ed.），*Political Theory Today*（Cambridge，1991），其中也涉及对国内民主的影响。

责管控和汇报国家内部政治关系的处理方式。《世界人权宣言》《公民权利和政治权利国际公约》和《赫尔辛基最后文件》的批准是国际法首次大规模“侵入”公法领域。然而，仅有这些举措是不够的，何况它们在某种程度上自相矛盾。

首先，对各国内政和政治实践的谴责主要来自大赦国际等非政府组织，而不是一个能够代表全球居民的超国家组织。虽然这种谴责本身的目的只是将政府不当行为公之于众。

第二，这些组织对人权问题的关注和对各国现行宪法的关注之间有很大差距。原因可能是：现在要从法律上谴责侵犯人格尊严的行为是相当容易的，而确立一部“理想的”的宪法则要困难得多。事实上，对侵犯人格尊严的罪行（如酷刑）负有责任的国家通常否认犯有这样的罪行，而那些拒绝承认自由选举、新闻自由或工作权利等政治原则的国家坚持认为这些原则并不普遍有效。

第三，国际共同体缺乏适当的渠道来“干涉”各国内政，这往往导致一国政府干涉他国政府的行为。这样的后果是，这类问题会被视为边缘问题，甚至被用作国家间关系的托词。

这意味着，在国际关系领域中，公民社会中的个体成员对和平与民主的渴望遇到了其结构中隐含的障碍。虽然可能存在建立国际关系世界模式的巨大压力（联合国机构的相关活动就足够证明这种压力），但这不能证明世界模式已然建立。

事实上，已经有人提出了一些大胆的改革国际组织的建议。[①] 在我们仔细研究永久和平方案之后，这些建议似乎没有人们普遍认为的那么有远见。全面建立世界模式需要在国际共同体中建立一个机构以代表作为世界公民的各国人民。实际上，这将意味着一个与

---

① 对当前国际组织改革方案的综述见 Frank Barnaby（ed.），*Building a More Democratic United Nations*，London，1991。

联合国平行和互补的组织。联合国主要是一个政府间的组织，而这个世界模式下的组织则将是个体的直接发声。这些来自各个国家的公民在大会中的代表身份独立于其原籍国。尽管同样没有强制力，该组织的任务将是建立和维护世界法。

诸如联合国二次国际网络大会、世界公民大会，以及为争取更多民主而召开的联合国相关会议所提出的建议，都与康德设立的国际关系模式有关。对永久和平方案传统的仔细研究对它们大有裨益。更具体地说，这些提议受益于康德指出的国际法和世界法之间的明显区隔。

对这种提议的第一个反对意见是，个人在国际共同体中的代表身份具有双重性，譬如在联邦和分散模式中：第一种模式下，他们由其政府代表；第二种模式下，他们由各国代表代表。虽然这种代表身份的双重性在公民不认同所在国家政府的情形下或仍具有有效性，但对于民主制国家的公民来说这种双重性显得毫无意义。因此，问题的症结所在实际上是要在专制国家实现民主。这些反对意见确实触及了问题的根源，但却基于这样一个假设，即一个国家的政府可以同时代表该国和地球上每个人的利益。不幸的是，这一假设并不成立。在独立于国家的公民社会之间缺乏联系的情况下，所有国家，包括民主国家，完全有理由根据国家理性行事。

因此，个人作为一个国家的公民和地球上的居民这种身份的双重性就变得必要了。譬如欧洲共同体的历史经验或可视为世界主义模式的部分实现。虽然它的一些机构，如部长理事会和欧洲理事会是由成员国和拥有武装力量的政府的部长构成的，作为各国居民意愿直接表达的欧洲议会是不具备武装力量的。欧洲共同体当然是一个特殊的例子，因为它由政治和经济关系密切的国家组成。然而，至少在概念上，欧洲共同体的经验表明，在一个由国家组成，另一个由个人组成的两个平行组织基础上建立一个自愿联盟是可能的。

在这种超国家机构中引入独立于国籍公民身份的、作为个人代表身份的准则也就有了一定的意义。贝勒斯曾提倡这一观点，在当今世界的语境下，它可能意味着这个假设的世界性大会的代表可以由韩国、朝鲜居民或以色列、约旦河西岸地区居民共同选举产生。

此处无需描述这个机构应该履行的职能，只需指出，它将用于协调目前在自愿基础上开展的许多零星的活动，譬如对有关军械、人权和国家内部现行政治组织形式的披露。创建一个真正的世界性组织来体现世界法，也许不是一个无法实现的乌托邦空想。尽管目前它仍然只是一个为国际社会提供司法和政治凝聚力的构想，但我们不能忽视它为规避当下全球威胁方面提供的潜在帮助。

结　语

这篇论文梳理了永久和平方案的传统。笔者试图阐明，虽然这些方案都属于司法和平主义的范畴，但它们内部的差异却如此之大，故有必要将它们区分为金字塔模式，扩散模式和世界性模式这三大类。笔者进一步尝试证明，金字塔模式搁浅的根本原因是它与民主的发展不相容。与之相反，扩散模式与民主并不冲突，但它旨在创建一个世界性的超级大国，这个目标很难在没有新冲突的情况下实现，甚至可能根本不可取。

最后，笔者指出了第三种模式的存在，这种模式由康德提出，它至少在某种程度上能够解决之前方案中发现的种种矛盾。无论从理论上还是实践上，这个模式都还远远没有完成。然而，它相当于为国际组织的改革提供了一些当下的建议。该模式的目的是建立一个国际共同体，在承认国家完全主权的同时，也允许个人通过其直接代表参与其中，从而避免不可取的权力集中。用这种方式建立起的国际共同体似乎既能促进世界和平又能推动民主发展。

在我们对世界各国永久和平方案的梳理之下，有一个不可避免的问题有待回答，即这些方案是否可能只是乌托邦式的空想。在笔者看来，这些项目肯定不是乌托邦式的空想。它们提出的制度在当时可能并不存在，但在几个世纪内就变成了现实。然而，这些学者相信通过建立这样的机构就足以解决战争问题则显得有些不切实际。尽管联合国或欧洲议会等机构在宪法上的完善远远超出了十七和十八世纪空想主义者的愿景，但地球上的战争问题仍然没有解决，今天的国际组织无疑是保障和平的必要条件，但肯定不是充分条件。从这个角度来看甚至可以说，和平项目的作者不够乌托邦，为了实现和平，可能有必要设想一些更大胆的东西。

二十世纪的历史告诉我们，创建国际组织比过去的思想家想象的要容易得多。然而，我们也不能掉以轻心：当今大多数国际组织仍然缺乏独立的武装力量。因此，国际共同体的真正问题不是缺少法律，而是缺少执行法律的强制力。不幸的是，这一领域的进展缓慢得不能以人类的时间尺度来衡量，而需用地质时间去衡量。司法和平主义无法许诺战争的消亡，而只能想方设法降低战争的可能性。

司法和平主义者对其国际组织的目标的关注远远超过他们对实现这些目标具体手段的关注，这并非巧合。更多的注意力集中在实现和平的方式上，而不是去寻找战争产生的原因。他们不能不被打上政治幼稚的烙印。伊拉斯谟与马基雅维利、克鲁塞与霍布斯、圣皮埃尔与伏尔泰、康德与黑格尔的比较清楚地表明，现实主义哲学家为战争的起因描绘了一个更为深刻而精辟的图像；这样的洞见让他们认为，在战争面前我们无能为力。然而，当代国际共同体表明，现实主义使我们走进了死胡同。因此，在解决我们星球最重要的问题，即生存问题时，有必要寻求其他有意为之的更为天真的方法。

（译者单位：北京第二外国语学院高级翻译学院）

古典作品研究

基尔克果与假名问题

江思图（Jon Stewart） 撰
田王晋健 译

总有一些有趣的名字吸引初次读基尔克果（Søren Kierkegaard，1813—1855）的读者，比如埃雷米塔（Victor Eremita）、康士坦提乌斯（Constantin Constantius）、沉默的约翰尼斯（Johannes de silentio）、克利马科斯（Johannes Climacus）、豪夫尼西斯（Vigilius Haufniensis）、诺塔贝尼（Nicolaus Notabene）、书籍装订者（Hilarius Bogbinder）、幕间（Inter et Inter）或者反克利马科斯（Anti - Climacus）。对于现代人来说，基尔克果使用这些奇怪的笔名（*noms de plume*）既有趣，又令人困惑。读者孜孜不倦地试图弄清这些奇怪名字的含义，以及它们与表面上由它们创作的作品之间的关系。这就引出了一些令人困惑的问题：哥本哈根的守夜人（the Watchman of Copenhagen）与原罪和焦虑的学说有什么关系？六世纪基督教僧侣天梯约翰（John of the Ladder）与悖论或者无限的上帝变成有限的教义有什么关系？讲授基尔克果的老师们在上课的前五分钟尽职尽责地思考这些问题，结果却放弃了这些问题，匆忙进入文本本身。他们常常觉得有责任使基尔克果这方面的著作引起听众的注意，但是他们很少能在这方面做出实质性的贡献。

一般来说，对基尔克果使用假名的解释，有两种极端观点。一种观点认为，这些假名与正确理解他的作品完全无关，并且很乏味。另一种观点认为，对这些假名进行细致考察，是正确解释基尔克果思想的最关键的部分，任何将基尔克果只和他某个假名关联在一起的人，都完全没有抓住他作品的重点。我想说的是，正确的方法论倾向于位于这两个极端之间。虽然一个人当然应该注意他对假名的使用，但是没有任何文献学证据表明，他仔细地将这些假名发展成了完全独立自主的实体。然而，这确实提出了一个更为困难的问题，即我们能对这些假名做出怎样的正面评价？第一种倾向表现在基尔克果研究的早期，在那段时期，基尔克果对假名的使用被认为是一个有趣的古怪行为，但是最终它并没有被哲学家和神学家认真对待。人们通常认为，这是基尔克果的轻浮或者自我放纵，最终只会妨碍人们正确理解他的作品。早期的评论家因此向他们的读者保证，基尔克果作为作者的身份可以被安全地忽略。例如，早期的美国翻译家劳里（Walter Lowrie，1868—1959）在他翻译的《惊惧的概念》（*The Concept of Dread*）的导言中写道：

> 因此，我们不必将基尔克果强调的警告应用于他的这本书，即不要将任何他以自己假名说的话归因于他。这是他第一本完全严肃的书，我们在书中找到的一切都可以被视为他自己的思考方式。①

劳里对假名维吉利乌斯·豪夫尼西斯轻描淡写的总结，是这一

① Kierkegaard，*The Concept of Dread*，trans. by Walter Lowrie，Princeton：Princeton University Press，1944，p. x.

时期基尔克果研究的典型。

一　近年来基尔克果研究中假名的重要性

与以前相比，可以说假名问题在当今研究基尔克果的国际学界中占有相当重要的地位。确实，假名问题是当前学界针对其作品的文学影响讨论的主要问题之一。在这一点上，基尔克果研究受到了近年来文学理论趋势的影响。这一研究领域的倡导者看到了基尔克果与后现代主义重要理论家之间的家族相似性。[①] 他们将他使用假名作为“作者已死”这个现代概念的十九世纪版本。这样的观点似乎也很符合基尔克果拒绝代表任何权威，符合他对那些声称以教会或基督教名义说话之人的不断批评。这些解释者抓住了基尔克果早期作品的某些方面，它们似乎暗示了一种主观主义、相对主义甚至虚无主义的形式。例如，他的反讽理论似乎否定了任何固定不变的真理概念。同样，他关于宗教信仰不可言传之本质的概念指向了一种主观的、非话语的寻求真理的轨迹。他的间接沟通、幽默和许多其他概念可以用于同一种解释。

在这种研究范式的背景下，学者热衷于强调基尔克果对假名的使用。具体来说，他们声称这是正确理解基尔克果作品和思想的关键。根据这一观点，基尔克果对假名的使用有一个精心构思的计划，因此，作为读者应认真对待这一点，尊重他的各种真实目标和意图——后文将会讨论，这里的作者拥有解释特权的理念，其实与后现代“作者已死”的理念相冲突。这种解释的指导思想是，基尔克果打着假名的幌子写的任何东西都不能被恰当地归因于他这个作者。

---

① 例如 Martin J. Matustík and Merold Westphal（eds.），*Kierkegaard and Post/Modernity*，Bloomington and Indianapolis：Indiana University Press，1995。

他构思了一张由不同的假名立场组成的、精心设计的网络，这是他为读者设下的诡计和谜团。每一个假名都代表着一些独特的、与众不同的东西。

这一观点的主要倡导者之一是普尔（Roger Poole，1939—2003），他的著作《基尔克果：间接沟通》（*Kierkegaard*：*The Indirect Communication*）导致人们在许多方面对这些假名产生新的敏感性。① 然而，可以肯定，普尔的观点绝非孤立，而是代表了一整个研究体系，比如克莱尔（André Clair）②、霍尔姆高（Jan Holmgaard）③、伯吉尔德（Jacob Bøggild）④、阿加辛斯基（Sylviane Agacinski）⑤、麦基（Louis Mackey）⑥

① Roger Poole，*Kierkegaard*：*The Indirect Communication*，Charlottesville and London：University Press of Virginia，1993.

② 克莱尔的著作《假名和悖论——基尔克果的辩证思维》（*Pseudonymie et paradoxe. La pensée dialectique de Kierkegaard*，Paris：J. Vrin，1976）可以在许多方面被视为普尔之作品的先驱。克莱尔坚持认为，在所有的假名著作里有某种形式的统一，但是每一部作品有它自己特殊的需要被尊重的个体性（例如，页 22 - 23）。当他将假名著作描述成他著述的一半时，这似乎在一些方面与基尔克果在《观点》中所说的更一致。这似乎暗示了关于方法论的一种统一。

③ Jan Holmgaard，《反讽的历史》（*En ironisk historia*），Stockholm：Aiolos Förlag，2003。

④ 比如 Jacob Bøggild，《反讽的思考：思想的反讽、基尔克果阅读修辞》（*Ironiens Tænker*：*Tænkningens Ironi. Kierkegaard læst retorisk*），Copenhagen：Museum Tusculanum，2002。

⑤ Sylviane Agacinski，《基尔克果的概念与死亡》（*Aparte*：*conceptions et morts de Soren Kierkegaard*），Paris：Aubier，1977；英译本 *Aparte*：*Conceptions and Deaths of Soren Kierkegaard*，trans. by Kevin Newmark，Gainesville：University Presses of Florida，1988。

⑥ Louis Mackey，*Kierkegaard*：*A Kind of Poet*，Philadelphia：University of Pennsylvania Press，1971。

和贝杰霍尔姆（*Lars Bejerholm*）等学者。[①] 为方便起见，我简单地将普尔的作品看作这种普遍研究范式的代表。普尔认为，每一个假名作者必须各自独立，并且与基尔克果本人分开。普尔在论证时将他的对手称为“直率的读者”，他们将基尔克果本人与一部假名作品中的某些观点关联在一起。[②] 根据普尔的说法，这些读者犯了一个错误，他们在基尔克果的著作中寻找一些他们渴望归因于他的最终真理，从而迅速撇开假名，将其作为一种不相关的或者混淆视听的误导。这些人属于“追求单一意义的糟糕的旧传统”。[③] 普尔认为，这种基要主义的、实证主义的追求，只是头脑简单的读者和幼稚的读者之消遣。这样的读者将永远无法理解基尔克果，他的写作似乎是为了嘲弄和取笑他们以及他们被误导的努力。

普尔将德里达（Jacques Derrida）的“延异”概念作为他的出发点。[④] 他解释说：

> 基尔克果接受过浪漫派反讽的训练，是一个善于置换和“延展”意义的人。确实，基尔克果比德里达早一个世纪证明了一个意义可以被延展得如此之远，以至于最终要去寻求意义是

---

① Lars Bejerholm，《研究基尔克果的语言沟通与假名的理论》（*Meddelelsens dialektik. Studier i Sören Kierkegaards teorier om språk kommunikation och pseudonymitet*），Copenhagen：Munksgaard，1962，pp. 211－242。

② See Roger Poole，“Towards a Theory of Responsible Reading：How to Read and Why”，*Kierkegaard Studies Yearbook*，2002，pp. 413ff. Roger Poole，“The Unknown Kierkegaard：Twentieth－Century Receptions”，in *The Cambridge Companion to Kierkegaard*，ed. by Alastair Hannay and Gordon D. Marino，Cambridge：Cambridge University Press，1998，pp. 58－66.

③ Roger Poole，*Kierkegaard*：*The Indirect Communication*，Charlottesville and London：University Press of Virginia，1993，p. 7.

④ 同上，页 6；另参 Roger Poole，“Towards a Theory of Responsible Reading：How to Read and Why”，*Kierkegaard Studies Yearbook*，2002，pp. 396f.。

纯粹幼稚的行为。①

他认为，基尔克果使用了这种概念的一种形式，以证明“文本不可判定”。② 基尔克果的目标并不是提出一些研究文献不厌其烦试图发现的单一的、明确的真理或意义，而是设计他的文本以破坏这一企图，即挫败一切试图固定任何确定意义的努力。普尔声称：

> 审美文本［假名作品］的目的不是指导、告知或澄清，而是相反，转移、颠覆和破坏清晰的生平背景式的可理解性。③

这里顺便指出，延展意义或回避任何固定真理的问题是一个与假名问题无关的问题。虽然假名的使用可能是其中的一部分，但并不一定如此，而且作者不必使用假名来创建一个意义无法判定的文本。确实，普尔自己也提到了一些非假名作品的例子，比如亨利·詹姆斯（Henry James）的《螺丝在拧紧》（*The Turn of the Screw*）也体现了这一特点。④ 普尔解释道：

> 我的论点是，假名文本极端的文学复杂性的目的是使一种……显而易见的、固定的、能够被所有人认同的阅读变得不可能。基尔克果要求的阅读必须是一种个人阅读，而文学的复杂性是为了确保这是唯一一种可以提供的阅读方式。（同上，页397）

普尔接着展示了基尔克果如何以这种方式创作《恐惧与颤栗》，

---

① Roger Poole, *Kierkegaard: The Indirect Communication*, p. 2.

② Roger Poole, "Towards a Theory of Responsible Reading: How to Read and Why", *Kierkegaard Studies Yearbook*, 2002, p. 397.

③ Roger Poole, *Kierkegaard: The Indirect Communication*, p. 9.

④ Roger Poole, "Towards a Theory of Responsible Reading: How to Read and Why", pp. 398f.

以破坏任何清晰而明确的意义，或者破坏任何解释的一致性。

根据这种观点，具有讽刺意味的是，基尔克果在他的作品中确立不同的观点，只是为了削弱这些观点。他引诱读者接受某些论点，但随后他让这些论点自行破灭，让读者感到困惑或者绝望。因此，对普尔来说，整个六百页的《最后的非科学性附言》（*Concluding Unscientific Postscript*）只是针对读者精心设计的一个大笑话。基尔克果没有建立一个他想要辩护的观点，而是用他的假名提出了一些观点，他想通过一种宏大的反证法策略来秘密地驳斥这些观点。

这种接近基尔克果文本的方式对一些读者很有吸引力，尤其是那些对他的宗教信息感到不舒服的人。长期以来，基尔克果学界一直采用这样一种策略，就是简单地将基尔克果文本中发现的任何似乎与人们希望赋予它们的解释相悖的东西斥为“反讽的”。这是避开任何可能的基于文本之异议的一个便捷方法。从某种意义上来说，普尔将这种观点推向极端，因为他认为一切都只是对实证主义读者或者基要主义读者的讽刺或者笑话。但如果这是真的，那么它就导致了一个问题，为什么基尔克果需要几个不同的假名，或者，事实上需要这么多种作品和这么长的篇幅来表达同样的观点呢？从这个意义上来说，普尔的观点似乎有点言过其实。如果一切都具有讽刺意味，那么就永远不会有不带反讽的严肃。但这似乎破坏了反讽的概念，因为反讽的概念依赖于这样一个事实，即在某些情况下，有些事情是需要被认真对待的。只有在这种情况下，某些反讽的事情才会出人意料地出现，并在读者或对话者的直觉中留下古怪的印象。

普尔正确地指出，基尔克果在《论反讽概念》（*The Concept of Irony*）一书中详细讨论了浪漫派反讽的概念，这一概念与后现代主义者使用反讽的方式具有家族相似性。① 基尔克果在探索苏格拉底的反讽之后，对不同版本的浪漫派反讽进行了研究，他认为这是反讽概念的第二个重要的历史表现。然而，普尔没有意识到，基尔克果对浪漫派反讽的态度并不是赞美，而是批评。基尔克果没有向他的读者推荐弗·施莱格尔（Friedrich Schlegel，1772—1829）、蒂克（Tieck，1773—1853）或索尔格（Solger，1780—1819）的反讽，而是批评了他们。追诉基尔克果对这种形式之反讽的处理方式令人困惑，因为反讽的概念归因于基尔克果，而他自己却明确拒绝了这种概念。

此外，普尔的方法似乎与后现代主义理论中的一个关键观点冲突，即否认任何形式的作者意图，以及否认作者对自己的作品具有解释特权。确实，普尔的整个理论基于这样一种观点，他认为这种观点最坚定地符合基尔克果自己的作者意图，这主要是在“最初和最后的解释”中陈述的。② 因此，当提到其他评论者的解释时，他以一种他自己称之为幼稚的方式，给予基尔克果自己的观点特权。虽然普尔的目标是通过不断地延展意义来逃避到一种解释性的相对主义中，但普尔最终还是陷入了一种老式的教条主义，他坚持基尔克果自己关于使用假名之说法的绝对真理。当普尔无情地批评其他人试图在基尔克果的文本中找到一些稳定的、单义的意义或真理时，他却沾沾自喜地认为自己在“最初和最后的解释”中发现了这样一个真理。

① See Ernst Behler “Kierkegaard's *The Concept of Irony* with Constant Reference to Romanticism”, in *Kierkegaard Revisited*, ed. by Niels Jørgen Cappelørn and Jon Stewart, (*Kierkegaard Studies Monograph Series*, vol. 1), Berlin, New York: Walter de Gruyter, 1997, pp. 13 – 33.

② Roger Poole, “The Unknown Kierkegaard: Twentieth – Century Receptions”, pp. 62f.

普尔声称，基要主义读者寻求的是一个绝对的、统一的、不容置疑的真理。然而，这是一个稻草人。没有一个严肃的解释者声称发现了关于基尔克果的最终真相，这将终止研究文献中的所有进一步讨论，或者使其变得多余。对任何思想家或哲学家的观点总是存在分歧，即使那些不以假名写作的人也是如此。因此，普尔认为，他的对手是一个没有人真正持有的理想立场，然后他尽职尽责地继续反驳它。但这似乎忽略了一点，因为研究文献的整个风格都试图解释主要的文本，并争取尽可能进行最好的解释。虽然一个人试图使自己的解释成为对读者来说可信的，但这绝不意味着作者认为这种解释是最终的、明确的解释，已经成为解释的基石，并且永远不会受到质疑。反讽的是，普尔断言，基尔克果的文本通过有意识的设计，破坏看似是基要主义者所声称的所有意义、连续性和真实性，他以这种基要主义主张为自己的对手。其他解释者试图在基尔克果的文本中寻找意义被视作幼稚之举，普尔本人当然坚持认为，作为真理的真实性和意义在这些文本中不断受到破坏。

基尔克果自己的文本构建方式也比简单使用假名更复杂。他在不同的文本中嵌入了不同的作者，如《或此或彼》（*Either/Or*）或者《人生道路诸阶段》（*Stages on Life's Way*），它们不能被视为同一个作者的作品。如果一个人想走得更远，基尔克果在写作中经常使用不同的声音，经常想象对手或者好奇而困惑的读者之反应，从而创造简短的交流甚至对话。① 也可以说，如果要将基尔克果和他作品中的观点分开，就应该考虑到这些不同声音的地位。因此，当以这种方式看待这个问题时，停留在假名本身的层面并声称这是至高无

① 詹森（Helle Møller Jensen）已经说明了基于基尔克果的文本有多么容易去构建对话，参氏著，“Freeze! Hold It Right There”, in *Kierkegaard Studies Yearbook*, 2000, pp. 223－239。

上的解释层面似乎过于武断。

二　使用假名作为基尔克果时代的一种文学实践

要公正地评估目前人们对基尔克果假名的兴趣，就意味着要回顾和了解十九世纪上半叶的欧洲特别是丹麦的假名普遍使用情况。有些人惊讶地发现，使用假名对基尔克果来说并不是什么特别新鲜的事情。确实，使用假名和匿名是丹麦黄金时代的标准做法，那个时期大多数主要作家都在某个时候使用过假名。事实上，在十八世纪和十九世纪出版的所有作品中，有很大一部分都使用了假名。

看看埃伦克罗纳－米勒（H. Ehrencron – Müller）的《匿名与假名词典，丹麦、岛屿直到1920年与挪威直到1814年》（*Anonym – og pseudonym – lexikon*，*for Danmark og Island til* 1920 *og Norge til* 1814），或者甚至看看安德烈亚森（Uffe Andreasen）在他复刻的海伯格（Johan Ludvig Heiberg）的《哥本哈根飞邮报》（*Kjøbenhavns flyvende Post*）① 上有用的“假名”，人们会惊讶地发现假名在丹麦黄金时代的使用之普遍，也会更惊讶地看到使用假名的多样性和创造性。

有的作家简单地使用他们名字首字母或者名字里的字母，比如D. G. M. 代表政治家和主教蒙拉德（Ditlev Gothard Monrad，1811—1887），P. -M. 代表牧师帕鲁丹－米勒（Jens Paludan – Müller，1813—1899）。主教明斯特（Jakob Peter Mynster，1775—1854）在这方面使用了一个聪明的变体，他为人所知的假名是Kts，取自前、

---

① H. Ehrencron – Müller，*Anonym – og pseudonym – lexikon*，*for Danmark og Island til* 1920 *og Norge til* 1814，Copenhagen：H. Hagerup，1940. Uffe Andreasen，《假名列表》（“Pseudonymliste”），收于《哥本哈根飞邮报》（*Kjøbenhavns flyvende Post*），vols. 1 – 4，ed. by Uffe Andreasen，Copenhagen：C. A. Reitzels Boghandel A/S 1980 – 84，vol. 4，pp. 600 – 601。

中、后名字的中间字母。一些假名是简单的、独特的字母，似乎并不直接拥有更多的意义，比如 Y. Z. 代表评论家戴维（Nathan David，1793—1874）。在早期的文章《为女人的崇高能力再辩护》（Another Defense of Woman's Great Abilities）① 里，年轻的基尔克果使用一个简单的字母 A 作为他的假名，使用 B 作为反对《哥本哈根飞邮报》的两篇评论文章的假名。② 这方面的变体有希腊字母，比如一个大写的 D 代表约翰·卢兹维·海伯格，或者 y 代表文学学者和评论家约尔特（Peder Hjort，1793—1871）。类似地，作者也使用神秘的数字作为假名，比如 219 代表居伦堡夫人（Fru Gyllembourg，1773—1856），或者 2123 代表佩德·约尔特。更有想象力的当然是虚构的名字，比如特拉纳（Christen Trane）、瑟莫费罗思（Thermophilos）、斯尼库拉（Simplex Sinecura）［都是约翰·卢兹维·海伯格］，或者瑟勒斯提努斯（Celestinus）、克拉拉（Clara）、约塔（Jota）、拉埃特斯（Laertes）、波罗涅斯（Polonius）［都是居伦堡夫人］。

还应当注意，对假名的使用超越了简单的文学文本，从而包括多种不同的写作形式。例如，明斯特的许多神学文章以他常见的假

---

① 基尔克果，《为女人的崇高能力再辩护》（“Ogsaa et Forsvar for Qvindens høie Anlæg”），出版于《哥本哈根飞邮报·夹页纸》（*Kjøbenhavns flyvende Post, Interimsblad*），no. 34，December 17，1834，［pp. 142 – 143］；英译“Another Defense of Woman's Great Abilities”，in *Early Polemical Writings*，trans. by Julia Watkin，Princeton：Princeton University Press，1990，pp. 3 – 5.

② 基尔克果，《哥本哈根飞邮报晨思第 43 号》（“Kjøbenhavnspostens Morgenbetragtninger i Nr. 43”），出版于《哥本哈根飞邮报·夹页纸》，no. 66，February 18，1836，［pp. 309 – 311］；英译“The Morning Observations in Kjøbenhavnsposten no. 43”，in *Early Polemical Writings*，pp. 6 – 11。《关于国土争议》（“Om Fædrelandets Polemik”），出版于《哥本哈根飞邮报·夹页纸》，Ⅰ，no. 82，March 12，1836，［pp. 333 – 336］；Ⅱ，no. 83，March 15，1836，［pp. 337 – 338］；英译“On the Polemic of Fædrelandet”，in *Early Polemical Writings*，pp. 12 – 23。

名发表；当时许多政治方面的批评作品以假名发表。于是，设想假名由于一些复杂的美学理论而专门在文学文本中被使用，是一个错误。

出于许多不同的理由——而且其实大多是相当平常的理由，作者们发现，假名对于隐藏他们的身份或者假装隐藏身份有用而便捷。一个原因大概是一个不得不面对的事实，即当时的哥本哈根绝不是一个大城市，不能与伦敦、柏林或者巴黎相提并论。相反，它仍然保持着外省市场的特征，几乎从不以国际化自命。① 这个特征实在明显，以至于海伯格公开抱怨，而他培育同胞计划的一部分内容就是针对这种外省特征，将他们提高到巴黎人和柏林人的文化和教养水平。② 在此背景下，海伯格评论这个小城镇在世界文学里的影响。这使得争论更加复杂，因为事实是，私下里大家都互相认识。在这个小城镇里，假名不过是一个有用的工具，可以避免一些赤裸裸的文学攻击。因此，在这个背景下，使用假名在那个时期高度论战化的文学氛围里有一席之地。对于不愉快的和尖刻的争论，作者的真实身份可以小心地隐藏在假名或匿名发表的作品后面。尽管有时众所周知的是，著名的作者有其特定的假名，可批评家不得不维持局面，向假名传递他们的争论，而非向实际的作者。

---

① See George Pattison, "*Poor Paris!*", *Kierkegaard's Critique of the Spectacular City*, (*Kierkegaard Studies Monograph Series*, vol. 2), Berlin, New York: Walter de Gruyter, 1999.

② Johan Ludvig Heiberg,《关于它在公共事务中的普遍基调》("Om den i det offentlige Liv herskende Tone")，出版于《哥本哈根飞邮报》，1828，no. 86，article Ⅱ；重印于海伯格的《散文作品集》(*Prosaiske Skrifter*)，vols. 1 – 11，Copenhagen：C. A. Reitzel 1861 – 62，vol. 8，p. 452："众所周知，在特别多的方面，我们优秀的哥本哈根贫乏地回应一个人口众多的首都大城的概念。每一天，我们都是外国人中间的笑柄，他们惊奇地看到我们这里都是羽毛雷同的鸟儿，每一个人都认识别人，以至于称某人很不认识的人为陌生人甚至是时尚，男士和女士都一样，直呼其名即可。"

另一个大肆使用假名的原因，是不得不面对审查制度与出版自由之间的持续斗争。丹麦王室深切关注法国革命在欧陆其他地区蔓延的各种事件。于是，丹麦引入新的审查制度，以禁止煽动性的政治观点的散播。这些新的制度引起了一场持续的关于言论自由的讨论，讨论持续了几十年，直到 1848 年。新闻记者、编辑和报纸业主在政府的迫害面前尤其易受伤害，因为明令禁止印刷任何对政府的评论。[①] 因此人们发明了一些创造性的方法，以便与自己已经出版的东西保持距离；这包括匿名发表文章，或者雇佣个人成为报纸的代理业主，以使那些实际上负责的人不能被处罚或监禁。在此背景下，对假名的使用可以避免作者因为写了一些东西而受罚，后者被视为对权威的冒犯和批评。在这个时期，这是使用假名的相当标准的理由，十八世纪的作家在处理敏感的诸如宗教或政治议题时，自然会想到频繁地使用假名。

女性作家呈现了使用假名的特殊情形，这种做法也有一系列特殊的原因。在更广阔的欧洲背景里，有简·奥斯丁（Jane Austin，1775—1817）这样的作家，她的《理智与情感》（*Sense and Sensibility*，1811）落款只是“一位女士”。她的下一部作品《傲慢与

---

① 具体的描述，可参 Christian Kirchhoff – Larsen，《丹麦出版社历史》（*Den danske presses historie*），vols. 1 – 3，Copenhagen：Berlingske Forlag 1942 – 1962；Jette D. Søllinge and Niels Thomsen，《1634 年—1989 年的丹麦报纸》（*De danske aviser 1634—1989*），vols. 1 – 3，Odense：Odense Universitetsforlag 1988 – 1991；Harald Jørgensen，《在丹麦的出版自由问题 1799—1848 年——弗雷德里克六世和基督教八世时代的丹麦专制制度贡献的特征》（*Trykkefrihedsspørgsmaalet i Danmark* 1799 – 1848. *Et Bidrag til en Karakteristik af den danske Enevælde i Frederik* Ⅵ*'s og Christian* Ⅷ*'s Tid*），Copenhagen：Munksgaard，1944；Andrea Scaramuccia，“Jens Finsteen Giødwad：An Amiable Friend and a Despicable Journalist”，in *Kierkegaard and his Danish Contemporaries*，Tome Ⅰ，*Philosophy*，*Politics and Social Theory*，ed. by Jon Stewart，Aldershot：Ashgate，2009（*Kierkegaard Research*：*Sources*，*Reception and Resources*，vol. 7），pp. 13 – 34. Julie K. Allen，“Orla Lehmann：Kierkegaard's Political Alter – Ego”，ibid.，pp. 85 – 100.

偏见》（*Pride and Prejudice*，1813）落款是“《理智与情感》的作者”。而接着在那本书之后，《曼斯菲尔德庄园》（*Mansfield Park*，1814），落款是“《理智与情感》和《傲慢与偏见》的作者”。读者认识到只有一个作者为这些作品负责，却不知道那是谁。丹麦的托马斯妮·居伦堡因循了这一做法。① 她的《来自每日生活的故事》（*Story from Everyday Life*）取得了意外的成功，后来她作品的落款就是“《来自每日生活的故事》的作者”。女性在这个时期使用假名的原因或许是，对女性而言，作家职业在当时并没有受到普遍的接受。于是，女性作家急欲避免她们自己吸引注意，试图隐藏她们的身份。另一个原因大概是，她们感觉到她们的女性身份将摧毁她们的作品，因为一些读者不愿严肃地对待女性作家的作品。对此，一种解决之道是，一些女性作家使用虚构的男性名字作为她们的假名，例如夏洛蒂·勃朗特（Charlotte Bronte，1816—1855）［化名柯里尔·贝尔，Currier Bell］、埃文斯（Mary Anne Evans，1819—1880）［化名乔治·艾略特，George Eliot］，斯堪的纳维亚的本笛茨森（Victoria Bendictsson，1850—1888）［化名恩斯特·阿尔格伦，Ernst Ahlgren］或者后来时代的布利克森（Karin Blixen）［化名伊萨克·丹尼森，Isak Denison］。

因此，我们结合历史背景里看假名问题时，粗浅地说，也许基尔克果使用他的假名作者时，远未做出任何革新的甚至创造性的事情。相反，他只是遵循了当时颇具规模的文学实践。然而，回顾这些情形时，难免会认为基尔克果使用假名与所列的例子并不相同。他使用假名不是由避免政治或宗教迫害的渴求激发；事实上，他的作品在这种

---

① 基尔克果时代丹麦女作家的假名列表也颇有帮助，参 Lise Busk - Jensen，《浪漫主义作家执笔者内幕》（*Romantikkens Forfatterinder*），vols. 1 - 3，Copenhagen：Gyldendal 2009，vol. 3，pp. 1484 - 1488。

方式里无可争议，他可能已经受到它的影响。在基尔克果使用假名作者时，有一些更为微妙之处，要理解这一点，人们必须在他如此熟识的德国浪漫主义广阔运动的作者群中寻找他的先驱者。

三 德国浪漫派文学中假名的使用及其评论者

在当时的德国文学中，许多作家使用假名，并对作者的概念提出质疑，这启发了基尔克果对假名的使用。《拍卖目录》（*Auction Catalogue*）证明基尔克果拥有这些作者的许多作品，而他的作品，比如《论反讽概念》，清楚地表明他怀着极大的兴趣阅读过那些作品。他广泛引用了阿尼姆（Achim von Arnim，1781—1831）、艾兴多夫（Eichendorff，1788—1857）、霍夫曼（E. T. A. Hoffmann，1776—1822）、诺瓦利斯（Novalis，1772—1801）、让·保尔（Jean Paul，1763—1825）、弗·施勒格尔和蒂克等人。此外，他还熟悉当时美学和文学理论方面主要作者的理论著作，如海涅（Heine，1797—1856）、霍托（Hotho，1802—1873）和索尔格（Solger，1780—1819）。

对当时的德国作家（包括许多其他作家，如康德的《判断力批判》［*Critique of Judgment*］）产生重要影响的是鲍姆加登（Alexander Gottlieb Baumgarten，1714—1762）在《关于诗歌的反思》（*Reflections on Poetry*）中关于作者的概念，这部作品经常被誉为美学领域的奠基之作。① 鲍姆加登认为，关键在于作者与其创作之间的距离（68节）。

他将神圣的创作实践与艺术家的创作实践进行了类比：上帝创

① Alexander Gottlieb Baumgarten，《对诗歌有一些关注的哲学思考》（*Meditationes philosophicae de nonnullis ad poema pertinentibus*），Halle：Grunert 1735；英译 *Reflections on Poetry*，trans. by Karl Aschenbrenner and William B. Holther，Los Angeles and Berkeley：University of California Press，1954。

造了一个世界，作家在小说或诗歌中创造了一个虚构的世界。因此，在创造者和被创造者之间有一段距离。在作者和艺术作品之间也有一段适当的、必须加以观察的距离。正是这个距离问题成为浪漫派作家讨论的中心问题。使自己与作品保持距离的一种方法是使用假名，但是浪漫派作家也尝试过其他各种策略——比如，将故事嵌套入故事中，或者将表面上的作者委派为编辑者的角色，然后将作品归因于另一位作者，或者让故事中的各个角色代替作者的角色，等等。

丹麦黄金时代的主要理论家也参与了这些关于作者相对于其写作主题的适当角色的讨论。① 他们认为距离是关键，因为距离是作者控制人物的互动和碰撞以及情节发展所必需的。人们认为，与所描绘的人物或事件过于接近是一种极大的罪过。这构成了丹麦浪漫派诗人欧伦施勒格尔（Adam Oehlenschläger，1779—1850）与他的批评者海伯格之间具有里程碑意义的文化争端之核心因素。②

根据海伯格的说法，欧伦施勒格尔是一位“直接”的诗人，他与自己所写的作品之间没有真正的距离，因此，他的作品往往以冗长和感伤告终。相比之下，根据海伯格的说法，欧伦施勒格尔的劲敌巴格森（Jens Baggesen，1764—1826）已经达到了他作品内容所需的距离。年轻的基尔克果怀着狂热的兴趣关注这些讨论，他用这些

---

① See K. Brian Soderquist, *The Isolated Self: Truth and Untruth in Søren Kierkegaard's "On the Concept of Irony"*, Copenhagen: C. A. Reitzel, 2007 (*Danish Golden Age Studies*, vol. 1), pp. 177 – 184.

② See Tonny Aagaard Olesen, "Heiberg's Initial Approach: The Prelude to his Critical Breakthrough", in *Johan Ludvig Heiberg: Philosopher, Littérateur, Dramaturge, and Political Thinker*, ed. by Jon Stewart, Copenhagen: Museum Tusculanum Press, 2008 (*Danish Golden Age Studies*, vol. 5), pp. 211 – 245. See also his "Heiberg's Critical Breakthrough in 1828: A Historical Introduction", ibid., pp. 247 – 307.

基本范畴来评价其他作家也不足为奇。

例如，在《来自一个一息尚存者的文件》（*From the Papers of One Still Living*）中，基尔克果批评安徒生（Hans Christian Andersen，1805—1875）没有保持足够的距离，只是将自己放在主角的角色中来描写自己。这里安徒生被评论的作品是《只是一个小提琴手》（*Only a Fiddler*），安徒生用自己的中间名“克里斯蒂安”作为主角的名字，讲述了自己从省里来到大城市，努力在大城市里出名的艰难经历。基尔克果是海伯格的追随者，他认为作家和作品之间没有任何距离，是艺术的巨大弱点。用来描述这种距离的关键术语之一是“反讽”，这些讨论显然构成了基尔克果对这一概念感兴趣的背景，这成为他硕士论文的主题。①

诚然，在当时的德国文学中，使用假名和其他疏远作者的策略是一个非常复杂的问题，因为有太多不同的人物都在努力发展自己的创新实践和技术。当然，并不是所有这些都与基尔克果有关。例如，哈登伯格（Friedrich Freiherr von Hardenberg）使用的假名“诺瓦利斯”与基尔克果完全不同。在更为平淡的解释中，他是从自己祖先的姓氏“德·诺瓦里”（De Novali）中取了这个名字，然而更有趣的是，他取的这个假名意思是“更清晰的新大陆”，指的是他提出的一个更为普遍的文化计划，即精神化的欧洲。同样，里希特（Johann Paul Friedrich Richter）使用“让·保尔”这个假名，与基尔克果的做法也大相径庭。里希特的笔名是想把他和他的偶像卢梭（Jean－Jacques Rousseau）联系起来。②

---

① See K. Brian Soderquist, *The Isolated Self*, pp. 177－181.

② See Markus Kleinert, “Jean Paul: Apparent and Hidden Relation between Kierkegaard and Jean Paul”, in *Kierkegaard and his German Contemporaries*, Tome Ⅲ, *Literature and Aesthetics*, ed. by Jon Stewart, Aldershot: Ashgate, 2008 (*Kierkegaard Research: Sources, Reception and Resources*, vol. 6), pp. 155－170.

因此，里希特没有像基尔克果那样选择一个对读者几乎没有预定意义的名字，而是选择了一个已经有很多人熟知的能引起联想的名字。基尔克果的假名是暗示性的，但最终有些难以理解，而假名“让·保尔”的意思是确定的。此外，“诺瓦利斯”和“让·保尔”这两个名字是许多不同作品的作者，而基尔克果创造了一个由许多不同的假名组成的世界，每个假名都有自己的文本和声音。

尽管有许多不同之处，但是一些德国浪漫派作家显然为基尔克果铺平了道路，他们利用不同的策略和面具，使作为作者的自己与作品保持距离。其中一个很好的例子是霍夫曼从 1819 年开始写的《雄猫穆尔的生活观》（*The Life and Opinions of Tomcat Murr*）。①

在这本书的前言中，霍夫曼称自己不是作者，而仅仅是编辑。他解释道，一个朋友请他帮助一位伟大的年轻作家出书，在同意之后，霍夫曼发现作者是一只名叫穆尔的猫，尽管如此，他还是设法说服出版商印刷了这本书，但随后出现了一个更复杂的问题。那只猫将另一本书撕破的书页当作自己写作的纸，而这本书是借自主人的图书馆。但是，印刷者没有意识到这个问题，也印刷了其中的部分内容，于是一本关于克莱斯勒（Johannes Kreisler）的传记被穿插在穆尔的故事中。因此，作为编辑的霍夫曼使自己与作品拉开了距离，将它表现为两个表面作者之作品，那只猫和克莱斯勒传记的作

---

① 关于霍夫曼与基尔克果之间的关联，参 Judit Bartha，“E. T. A. Hoffmann：A Source for Kierkegaard's Conceptions of Authorship，Poetic – Artistic Existence，Irony and Humor”，in *Kierkegaard and his German Contemporaries*，Tome Ⅲ，*Literature and Aesthetics*，ed. by Jon Stewart，Aldershot：Ashgate，2008（*Kierkegaard Research*：*Sources*，*Reception and Resources*，vol. 6），pp. 115 – 135。See also Stefan Egenberger，“The Poetic Representation of the Religious in Kierkegaard's *Postscript*：Climacus's Humoristic Style against the Backdrop of E. T. A. Hoffmann's Understanding of Humor”，*Kierkegaard Studies Yearbook*，2005，pp. 113 – 136.

者。更多的距离（和混淆）是由于一些印刷错误的侵入造成的，霍夫曼在前言中也指出了这一点。这些印刷错误通常是非常奇怪的，并扭曲了原意。当阅读霍夫曼的前言时，我们很难不想到维克多·埃雷米塔，他声称出版了他偶然得到的其他作者的作品。

这种策略的另一个例子是布伦塔诺（Clemens Brentano，1778—1842）的小说《哥德维或者母亲的石像》（*Godwi oder Das steinerne Bild der Mutter*）。① 这部作品以“玛利亚”这个假名创作，但事情远非如此简单，因为这个人物在小说的创作过程中死去了，由另一个人物继续叙述这个故事。后来，又有一个虚构的人物写信给布伦塔诺，通过这种方式，故事得以进一步传讲。在这里，人们可以看到作者有意识地以一种非常复杂的方式玩弄不同层次的文本和不同的角色，这使我们想起了基尔克果用来与文本内容保持距离的各种策略，或是通过假名，或是通过其他修辞手段。

四　基尔克果并列的作者身份

基尔克果没有像他同时代的人那样养成随便使用假名的习惯。他显然经过了深思熟虑。在一定程度上，他深思熟虑之后才使用假名；但问题仍然是在多大程度上呢？有观点认为，假名对于解释基尔克果来说必不可少，他对假名的使用经过了深思熟虑。基于这个观点，在他完成硕士论文《反讽的概念》后的某个时刻，他为自己的写作构思了一个总体策略。这就是他后来所说的“整个作品的全

---

① Clemens Brentano，*Godwi oder Das steinerne Bild der Mutter. Ein verwilderter Roman*），vols. 1－2，Bremen：Friedrich Wilmans，1800－1801.

面计划”。① (也许这个想法是在完成学位并考虑自己的未来后，于1841—1842年在柏林计划好的。那时他正在写自己的第一本以假名写的书《或此或彼》。)

但是，当基尔克果后来在他的《作为作者对我的作品的观点》(*The Point of View for My Work as an Author*) 和《作为作者论我的作品》(*On My Work as an Author*) 中反思这一点时，他显然不想为这个计划负责。相反，他把责任归咎于神圣的“统治”(Governance)，它按照他自己没有意识到的计划，以一种特殊的方式指导他的作品。基尔克果解释说，神圣的计划并不是创建一类单一的作者身份，而是创建两类相互平行的不同的作者身份。其中一条线是宗教作者，由建造性的话语组成，并以他自己的名义出版；另一条线是以一系列假名出版更多的审美或哲学著作。宗教著作的目的是接触广大的读者群，避免大的阅读困难。相比之下，假名作者的身份要复杂得多，而且有时看起来更具学术性。在宗教著作中，基尔克果与他的读者进行直接的交流，而在假名著作中，他使用了他所谓的“间接沟通”。在内容上，两类作者根据不同的类型和风格，以不同的方式处理了许多相同的问题。因此，在理想情况下，对于每一部建造性的作品，都应该有一部相应的假名作品同时出现，并且处理同一系列的问题。据基尔克果的描述，直到1846年他的作品中的并行性还可以用这种话语解释：

---

① *JP*6，6346/*SKS* 21，276，NB10：38。这里的缩写是：*JP* 即《基尔克果日记与论文》(*Søren Kierkegaard's Journals and Papers*)，vols. 1 – 6，Howard V. Hong and Edna H. Hong 编译，Bloomington and London：Indiana University Press，1967 – 1978，按卷数和条目引用；*SKS*，即《丹麦语基尔克果全集》(*Søren Kierkegaards Skrifter*)，vols. 1 – 28，K1 – 28，ed. by Jette Knudsen，Johnny Kondrup et al.，Copenhagen：Gad Publishers，1997ff.，相应的丹麦文出处也按卷数和条目引用。

> 《两个建造性的演讲》（*Two Edifying Discourses*，1843）实际上与《或此或彼》并行。为了保证这种直接宗教的同时性，每一部作品都伴随着一小部分“建造性的话语”，直到《最后的非科学性附言》出现。①

基尔克果在1848年写下这句话时，很明显，他并不认为自己在一开始，也就是1842年或者1843年就仔细制定了这个计划。不如说，这个计划是随着时间的推移而逐渐浮现出来，他只是在评论过去时才意识到这一点。

在这个方案中，基尔克果认为《最后的非科学性附言》占据了一个特殊的位置，他明确地将《附言》称为自己作品的“转折点”。② 他的早期作品《来自一个一息尚存者的文件》和《论反讽概念》并没有出现在他的叙述中。相反，他声称，他的真正的作者身份始于他的第一本用假名写的书《或此或彼》的出版。在这部著名的作品之后，出现了一些假名文本：《重复》（*Repetition*）、《恐惧与颤栗》、《哲学片断》（*Philosophical Fragments*）、《焦虑的概念》、《序言》（*Prefaces*）和《人生道路诸阶段》。这些作品最终在1846年的《最后的非科学性附言》中得到总结。

《附言》的特殊作用显然是，它将作者身份的两条线索联系起来。基尔克果的研究者通常会注意到，《附言》包含了许多早期作品的元素。这是一个在课堂上使用的吸引人的文本，它似乎以一种紧

① *PV*，8/*SKS*，13，14.，译文略有修正。*PV* 即《观点》（*The Point of View*），Howard V. Hong and Edna H. Hong 英译，Princeton：Princeton University Press，1998。

② *PV*，55/*SV1*，XIII，542. *PV*，31/*SV1*，XIII，523. See also *SKS* 21，278，NB10：40. *SV1* = 即《基尔克果全集》第一版（*Samlede Værker*），vols. 1 – 14，ed. by A. B. Drachmann，J. L. Heiberg，and H. O. Lange，Copenhagen：Gyldendal，1901 – 1906.

凑的方式综合了很多以前长篇大论讲过的内容。但是，当基尔克果提到这本书的特殊作用时，他似乎不仅仅是这个意思。他写道：

> 这些著作的第一种是审美写作，最后一种完全是宗教写作——这两者则以《最后的非科学性附言》为转折点。（*PV*，31/*SV*1，XIII，523）

重要的是，《附言》中有一些元素显然似乎将其归入了假名作品的范畴，但另一些元素似乎揭开了假名的面纱。

人们在一定程度上猜测基尔克果在生平背景方面的动机，这一动机可能会导致基尔克果对自己作者身份的这种理解。也许最令人信服的是他对自己于 1846 年满 33 岁之后即将去世这一想法的痴迷。① 因为他确信自己会死，他将《附言》设想成他向全世界发表的最终的、总结性的书面声明。为此，他用它来总结他直到那时为止的全部著作。这是“最后的”，不仅仅是因为它是《哲学片断》的续集，而且从更广泛的意义上说，这是他对作为一个整体的作者身份的总结。必死的信念大概就是使他揭示自己以前写的各种假名作品之作者身份的原因。他在作品的结尾以戏剧化的方式进行了总结，但在正文中，他通过自己的假名约翰尼斯·克利马科斯在“对

---

① “奇怪的是，我已经 34 岁了。这完全是深不可测的。我非常确信，我将在那个生日前或当天死去，我真的被诱惑去设想，我的生日已经被记错了。”（*SKS* 20，122f.，NB：210）另参 Hans Brøchner 对基尔克果的回忆：“K（基尔克果）曾经告诉我——对我提到了年龄——作为一个年轻人，他已经多年坚信，他将在达到 33 岁的年龄时死去（是不是耶稣的年龄，也就是对耶稣的效仿者的标准呢？）当他确实达到这个年龄段时这种信念在他身上是如此根深蒂固，他甚至核查教区的记录，看它是不是真实的；他要相信这一点是多么困难。”（*Encounters with Kierkegaard*：*A Life as Seen By His Contemporaries*，trans. and ed. by Bruce H. Kirmmse，Princeton：Princeton University Press 1996，p. 240.）

当代丹麦文学作品的一瞥”一节中评论了自己的其他假名作品，已经精心地打下了基础。

这个计划清楚地表明，基尔克果认为，“统治”正引导他的手制定一个非常精细的出版战略，其中涉及一系列假名写作，远远超出了用一个假名出版个别文本的旧习惯。只有当他确信自己将要去世时，他才决定以作者的身份对各种假名作品负责。

五　基尔克果的“最初与最后的解释”

在讨论基尔克果自己对他使用假名的理解时，学者经常提到“最初和最后的解释”这个文本，这是一个简短的陈述，是基尔克果在《最后的非科学性附言》结尾处附加的一些无编号的页面。① 他在这里透露，索伦·基尔克果本人是各种假名作品背后的作者，这是令人惊讶的，因为在此之前他一直小心翼翼地不披露这一事实。如前所述，基尔克果在自己的作品中保持着假名的外观，因为他要让其假名作者审阅并评论自己以前的假名作品。基尔克果在“最初和最后的解释”（A First and Last Explanation）中宣称：

> 为着形式和顺序的缘故，我据此承认，真的简直不能让任何人有兴趣去知道的一些事情，即我，就如以下所说，是哥本哈根 1843 年 2 月的《或此或彼》（维克多·埃雷米塔）的作者，1843 年《恐惧与颤栗》（沉默的约翰尼斯）的作者，1843 年《重复》（康斯坦丁·康斯坦提乌斯）的作者，1844 年《焦虑的概念》（维吉利乌斯·豪富尼恩西斯）的作者，1844 年《序言》

① See Finn Gredal Jensen and Kim Ravn, “The Genesis of ‘A First and Last Explanation’”, *Kierkegaard Studies Yearbook*, 2003, pp. 419 – 452.

（尼古劳斯·诺塔贝尼）的作者，1844 年《哲学片断》的作者（约翰尼斯·克利马科斯），1845 年《人生道路诸阶段》（书籍装订者希拉里乌斯——**威廉姆·阿福哈姆［William Afham］，法官［the Judge］，弗拉特·塔茨特努斯［Frater Taciturnus］**）的作者，1846 年《最后的非科学性附言》（约翰尼斯·克利马科斯）的作者，1843 年《祖国》（*Fædrelandet*）上的一篇文章的作者（维克多·埃雷米塔），1846 年《祖国》上两篇文章的作者（弗拉特·塔茨特努斯）。①

虽然他公开承认自己是这些作品的作者，大多数人可能自然而然都知道这些作品，但他继续以一种有趣的方式与它们保持距离。他声称："我的假名或者多名并不是我个人偶然的基础……而是作品本身的一个本质的基础……"（*CUP*1，625；*SKS* 7，569）因此，他清楚地表明，他之使用假名，不仅仅是自己因某种机缘巧合的一时冲动而临时发明。更确切地说，这是他作者身份的更庞大计划的一部分。假名在这些文学作品中可以发挥一些实质性的作用。

> 然后他坚持认为，个别的假名作者应该被视为自主的，与作为作者的自己没有关联。因此，所写的都是我的，但前提是我通过可以听见的不同声音，将创造的人生观和真实个体诗意地放进他的嘴里……也就是说，我客观地或以第三人称的个人身份，作为一个提词者以诗意的方式生产了这些作者，他们的序言就是他们的作品，他们的名字也是如此。因此，以假名写的书中没有一个词语是我写的。（*CUP*1，625f.；*SKS* 7，569f.）

---

① *CUP*1，625；*SKS* 7，569；*CUP*1 即《最后的非科学性附言》（*Concluding Unscientific Postscript*），vols. 1 – 2，trans. by Howard V. Hong and Edna H. Hong，Princeton：Princeton University Press 1992，vol. 1.

这似乎意味着，基尔克果只是在利用不同的假名作者来建立特定的世界观，这些世界观在各方面都很有启发性。然而有趣的是，他否认与他们有任何关联，并且声称自己的观点根本没有出现在那里。这是一个相当违反直觉的暗示，大多数学者很难接受。但是，基尔克果的这一主张完全符合上述当时的文学理论，即作者必须与自己的作品保持距离。在这里，基尔克果通过假名声称遵循了这个教条，甚至在这些著作中找不到他自己的任何东西。

作为著名的“作者已死”理论的预兆，他声称，作为作者的自己对这些作品的了解，并不比其他任何人多。他对它们的态度和任何其他读者完全一样：

> 我对它们没有意见，除了作为第三方，我不知道它们的意思，除了作为一个读者，我和它们没有丝毫的私人关系……（*CUP*1，626；*SKS* 7，570）

作为作者，他在自己的文本面前没有特权地位。他的观点只是无穷无尽的多种解释之一。

有鉴于此，他嘱咐他的读者将他们在这些作品中发现的任何观点归于这些假名，而不是归于他自己：

> 因此，如果有人想要引用书中的某一段话，我的愿望、我的祈祷，就是他能好心地引用各自假名作者的名字，而不是我的名字……（*CUP*1，627；*SKS* 7，571）

虽然在研究文献中花了很长时间才做到这一点，但可以说，今天的学者在讨论基尔克果的作品时，一般都会注意基尔克果的要求，提到他的个人假名。在基尔克果会议和研讨会上，人们经常会听到约翰尼斯·克利马科斯或者沉默的约翰尼斯的名字，就像索伦·基尔克果的名字一样平常。从这个意义上说，普尔和提倡假名重要性的人似乎赢得了胜利。

六 哲学化的基尔克果学术

应该注意，基尔克果实际上非常注意保持假名作者的呈现。例如，当海伯格在他的杂志《智力》（*Intelligensblade*）上发表的一篇评论文章中以批评的方式提到《或此或彼》时，① 基尔克果以文章"向海伯格教授致谢"（A Word of Thanks to Professor Heiberg）作为回应，② 但他没有署自己的名字，而是以他的假名编辑维克多·埃雷米塔的名字回应。同样，在与《海盗报》（*The Corsair*）的论战中，当《人生道路诸阶段》受批评时，基尔克果以该作品的编辑"弗拉特·塔西图努斯"署名的几篇文章作为回应。③

现代基尔克果学术研究深深受惠于普尔和后现代的阐释。他们使学者和普通读者对基尔克果的假名比以往任何时候都更加敏感。然而，有人可能会说，这种情况被夸大了。问题在于，他们认为基尔克果比实际情况更精心地计划，而且更有意地使用了假名。而更

① Johan Ludvig Heiberg，《文学的冬天种子》（"Litterær Vintersæd"），*Intelligensblade*，vol. 2，no. 24，March 1，1843，pp. 285 – 292.

② *COR*，17 – 21；*SKS* 14，55 – 57.《祖国》（*Fædrelandet*），no. 1168，March 5，1843；*COR* 即《海盗报事件》（*The Corsair Affair*；*Articles Related to the Writings*），Howard V. Hong and Edna H. Hong 英译，Princeton：Princeton University Press，1982。

③ 参"一个旅行中的审美主义者的活动以及他如何仍然凑巧地支付了晚餐钱"（"The Activity of a Travelling Esthetician and How He Still Happened to Pay for the Dinner"），*COR*，38 – 46；*SKS* 14，79 – 84。"一次文学审查行动的辩证结果"（"The Dialectical Result of a Literary Police Action"），*COR*，47 – 50；*SKS* 14，87 – 89。

仔细审视文本的实际组成和出版便会发现，很明显，这并不遵循任何精心计划的策略。更确切地说，实际的情形远比人们可能认为的要更具临时的特征和偶然性。在许多文本中，这是显而易见的情形。

《焦虑的概念》是一个很好的例子。① 这个文本表面上由维吉利乌斯·豪夫尼西斯撰写，根据普尔和其他人提出的观点，这意味着它是基尔克果精心构思的计划之一部分。那么整个文本应该代表了一种单一的世界观或观点，它属于维吉利乌斯·豪夫尼西斯，与基尔克果这个人没有任何关系。但是，对这件事的进一步研究表明，事情要复杂得多。事实上，基尔克果写这部作品的想法是，它将是一个署名文本，直到最后一刻他才改变主意，添加了这个假名作者。在现存文本的各种草稿中，基尔克果自己的名字作为作者出现在扉页上。只有在最终版本中，即所谓的“终稿”中，基尔克果才做了这样的改动，他将“由”一词之下的页面底部剪掉了，从而去掉了他自己的名字。然后他在页面的右侧添加了他的新假名，维吉利乌斯·豪夫尼西斯。

这是在他将终稿交给印刷商之前最后一刻发生的事情。大概在同一时间，他对文章扉页后面的格言也做了类似的改动，将自己的首字母划掉，换成了维吉利乌斯·豪夫尼西斯这个名字。这些迅速的改动显然出自匆忙的最后时刻。但是鉴于此，基尔克果不可能回头按照新的想法修订整部作品，即它应该归于一个假名作者，而不是他自己。很自然，文本中有一些内容称他自己是作者，因为这是一直以来的构思，但当他决定将作者身份改为假名时，他显然忘记了这一点。在其中一段话中，他提到自己参加了谢林于 1841—1842

---

① Søren Bruun，《〈焦虑的概念〉之文本接受》（“Tekstredegørelse” to *Begrebet Angest*），in *SKS*，vol. K4，pp. 307 – 339；Søren Bruun，“The Genesis of *The Concept of Anxiety*”，*Kierkegaard Studies Yearbook*，2001，pp. 1 – 14。

年在柏林举办的著名讲座。① 这显然是一种自我指涉，只有这样才有意义，但是如果将它归于一位假名作者，就显得有些奇怪了，尤其是如果这位作者根本不应与基尔克果本人有任何关系的话。

同样混乱的另一个例子是，出现在前面提到的格言之后的作品献词。基尔克果将作品献给“已故的穆勒（Poul Martin Møller）教授”，他于1838年去世（*CA*，5；*SKS* 4，311）。这不是一句简单的、中立的单行献词，而是一份深刻的个人声明，表明他与这个被他一度视为某种导师的人有着更加亲密的关系。这篇献词只有基尔克果作为个人表达友谊时才有意义，但它给人的印象却是出自一个假名作者的笔下，这也相当奇怪。当人们考虑到基尔克果很少将他的作品献给任何人时，这一点就甚至更加清楚了，当他这样做的时候，献词是献给那些与他有亲密关系或曾经与他建立亲密关系之人。

从这些例子中，我们可以清楚地看到，基尔克果的假名写作策略在《焦虑的概念》的情况里究竟有什么意义。由于他原本打算署名，而不是用假名，但是他在最后一刻改变了主意，留下了原始构思的种种痕迹，这似乎暗示着基尔克果和他的假名作者之间的界限实际上非常细微，确实如此。这些例子应该让我们对那些认为基尔克果的作者身份计划是仔细制定的观点提出批评。这证明了，他的计划并不像人们可能认为的那样一成不变并且持续地推进。相反，在他关于如何构建单个文本的决定中，存在着很大程度的流动性和自发性。

人们可能会说，《焦虑的概念》不过呈现了一个反常的情况，而这不足以抹杀基尔克果作品和意图中明显的普遍倾向。但这个论点

---

① *CA*，59fn.；*SKS* 4，364fn. See also *CA*，21fn.；*SKS* 4，328fn.；*CA* 即《焦虑的概念》（*The Concept of Anxiety*），Reidar Thomte and Albert B. Anderson 英译，Princeton：Princeton University Press，1980。

也有问题，因为《焦虑的概念》缘起的故事在基尔克果的作者身份中绝非特例，也并不反常。相反，关于《哲学片断》也可以讲出类似的故事。① 像《焦虑的概念》一样，写作《哲学片断》时最初的想法是，它将是一个署名文本，而不是假名文本。在现存的《哲学片断》终稿的扉页上，基尔克果的名字正是作者的名字。显然是在最后一刻，他再一次决定做出改动。这一次他添加了约翰尼斯·克利马科斯这个名字作为假名作者，同时他将自己的名字从作者改成了这部作品的编辑。基尔克果作为编辑的地位引出了另一个与假名有关的令人困惑的问题，但这一问题尚未引起研究文献的重视。无论如何，很明显，在这种情况下，基尔克果并没有从一开始就细致地将作品设计成假名作品，一切都暗示了这一点。这似乎表明，不应该将假名看得太重要，因为这部作品明显是原始构思的，并且确实沿着完全不同的路线发展。

另一个文本《序言》的缘起也提出了与假名相关的一些问题。② 这本书以假名尼古劳斯·诺塔贝尼出版，按照普尔和他观点的拥护者所说，这意味着这部作品要代表反映该虚构人物观点的一个整体。乍看之下，这似乎有一定的合理性，因为文本的大部分内容都致力于与海伯格进行幽默的论战，这似乎给了作品一种统一感和使命感。然而，对这一文本的创作史进行更仔细的研究后，很快就会发现这种观点是站不住脚的。事实证明，这个文本本身从来就不是一个有机的整体；更确切地说，它是基尔克果多年来所写的一系列短文的

---

① Jette Knudsen and Johnny Kondrup，《〈哲学片断〉的文本接受》（"Tekstredegørelse" to *Philosophiske Smuler*），in *SKS*，vol. K4，pp. 171 – 196，尤参页 192 – 193。

② 参 Johnny Kondrup and Kim Ravn，《〈序言〉的文本接受》（"Tekstredegørelse" to *Forord*）in *SKS*，vol. K4，Section 3，《缘起的故事》（"Tilblivelseshistorie"，）pp. 542 – 564。

集合，这些短文由于各种原因从未发表过。但是这些文本在不同的时间、出于不同的目的而写成，它们之间没有真正的联系。只是在很晚的阶段，基尔克果才想到利用这些不同的文本，将它们放在《序言》中。为了解释这本临时的文本汇编相当特别的性质，他突然想到了尼古劳斯·诺塔贝尼的故事，他的妻子禁止他写书，于是他只给不同的书写序言。这个幽默的故事使基尔克果将原本互不相关的文本汇集在一起。

但这种情境提出了一些令人困惑的问题，特别是关于各个假名和尼古劳斯·诺塔贝尼的问题。最终成为《序言》第二篇的这个文本，是基尔克果为温瑟的《四部小说》（*Four Novels*）写的书评。①像他早期的书评《来自一个一息尚存者的文件》和他后期的《对〈两个时代〉的文学评论》（*A Literary Review of Two Ages*）一样，这也被认为是署名文本。但是，当这篇文章被写下来并搁置了一段时间之后，基尔克果决定将它放进《序言》。这里引人注目的是，基尔克果这一举动可以很简单，在新的语境中使用署名文本，而无需进一步修改，它在那里看起来像是一个假名文本。这似乎再次表明，假名并不是精心制作的人物，而是一个特别的构造，他有自己的风格、立场和世界观。这也再次表明，在这种情况下，基尔克果和他的假名之间的距离不是很遥远。

《序言》第七篇为理解各个假名的作用和性质提出了另一个复杂的问题。基尔克果本来以这一篇作为《焦虑的概念》的序言。经过一番深思熟虑，他决定删除，并写了一个全新的版本，最终成为那

---

① 比如，Christian Winther，《四部小说》（*Fire Noveller*），Copenhagen：C. A. Reitzel，1843；参 *Pap.* V B 81；*Pap.* 即《基尔克果的文件》（*Søren Kierkegaards Papirer*），vols. 1 – 16，ed. by P. A. Heiberg，V. Kuhr and E. Torsting，Copenhagen：Gyldendal，1909 – 1948；supplemented by Niels Thulstrup，Copenhagen：Gyldendal，1968 – 1978.

部作品中出版的最终版本。然后，基尔克果手里拿着这篇没用过的序言，突然想写一本由序言组成的幽默的书。如上所述，《焦虑的概念》最初被认为是一个署名文本，因此《序言》的草稿也不打算成为假名文本。在这里，我们遇到一种情况，署名作品没有被进一步麻烦地转移到不同的文本里，并设想出一个假名的地位。同一文本的作者从基尔克果变成了尼古劳斯·诺塔贝尼，而文本本身的内容没有任何实质性的改变。这似乎提出了这样一个问题：为什么将序言归于尼古劳斯·诺塔比尼而非基尔克果本人是绝对相等重要的？基尔克果自由使用来自不同语境的材料，这似乎表明，他并没有像一些评论者所相信的那样，对每个假名的概念都进行过深入的研究。

另一个有问题的案例来自《序言》第八篇，基尔克果表面上让尼古劳斯·诺塔贝尼写道：

> 任何年轻人只要想到有幸给海伯格教授的杂志投稿而带来的文学声望，就会感到受宠若惊。没有哪个年轻人比我更了解这一点，我仍然时常想起，自己年轻的头脑曾经多么陶醉于敢于相信投稿不会被拒绝。①

这明显是一个自传式的指涉。如上所述，学生时代的基尔克果在海伯格的《哥本哈根飞邮报》上发表过四篇文章。②

---

① *P*，47/*SKS* 4，508f.；*P* 即《序言》（*Prefaces*），trans. by Todd W. Nichol，Princeton：Princeton University Press 1998。

② 基尔克果，《对女人崇高能力的再辩护》，（“Another Defense of Woman's Great Abilities”），出版于《特立独行杂志》（*Interimsblad*），no. 34，December 17，1834；收于《早期辩论著作集》（*Early Polemical Writings*，pp. 3 – 5/*SKS* 18，9 – 10）；《对〈哥本哈根飞邮报〉第43期的晨间观察》，（“The Morning Observations in *Kjøbenhavnsposten* no. 43”，in *Interimsblad*，no. 76，February 18，1836，收于《早期辩论著作集》，pp. 6 – 11/*SKS* 18，13 – 16）；《论〈祖国〉的

此外，他还将自己对安徒生的小说《只有一个提琴手》的书评提交给了海伯格的《珀修斯》（*Perseus*）杂志，当书评被拒时，基尔克果将其作为一部独立的专著出版了，名为《来自一个一息尚存者的文件》。因此，上面引用段落中的“我”明显是指基尔克果本人和他自己作为一个“年轻人”的经历，对海伯格杂志的力量和影响感到敬畏。这个自传式的指涉用于假名尼古劳斯·诺塔贝尼，几乎没有意义。

这不是《序言》第八篇中唯一的问题。在上面引用的段落后面不远，尼古劳斯·诺塔贝尼反思起当海伯格的哲学杂志失败时，他自己的哲学杂志获得成功的可能性。其中一句话写道：

> 那么，前景并不是最好的；我的处境绝对没有优势，我不是海伯格教授。事实上，我不是海伯格教授，我甚至比他更渺小，我只是无名之辈（N. N.）。①

基尔克果在这里开了个玩笑，因为名字的首字母 N. N. 表面上代表了这部作品的假名尼古劳斯·诺塔贝尼。但是，这些相同的首字母在当时是拉丁语惯用语 *nomen nescio* 或者“我不知道名字”的常见缩写，它经常用于不同的场合，例如，一部作品是以假名创作的。虽然这只是在上一段引用之明显的自传性段落后面不远处才出现，但是基尔克果似乎想在这里用文字游戏指出并且强调这个假名。所以在这里，基尔克果和尼古劳斯·诺特贝尼之间的关系在一定程度

争论》（“On the Polemic of *Fædrelandet*”），1－2 in *Interimsblad*，nos. 82－83，March 12－15，1836，收于《早期辩论著作集》，pp. 12－23/*SKS* 18，19－26）。《致莱曼》（“To Mr. Orla Lehmann”），in *Interimsblad*，no. 87，April 10，1836，收于《早期辩论著作集》，pp. 24－34/*SKS* 18，29－35。

① *P*，48/*SKS* 4，509，译文略有修正。Nichol 在他翻译的这一段将 N. N. 译为 John Doe。

上是混乱的。当人们得知，基尔克果在手稿的终稿中写的不是 N. N.，而是他自己的名字“基尔克果硕士”（*P*, Supplement, p. 120；*Pap.* V B 96. 18.）时，这件事就完全混乱了，他只是在最后一刻才改动。

另一个混淆署名文本和假名文本的例子可以见于《论阿德勒的书》（*The Book on Adler*）。这是基尔克果在相当长的一段时间里不断返回和修改的文本，却从未发表。这本书是对丹麦牧师阿德勒的四本书所做的一篇长篇书评。在基尔克果写作草稿时，他反复考虑这应该是一本署名的书还是一本假名的书。在 1847 年初的第一个版本中，基尔克果自己的名字作为作者出现在扉页上。这个版本的标题就是我们今天知道的这部作品：《论阿德勒的书》。不久之后，他改变了主意，将原定的作品标题改为《以阿德勒硕士为例阐明现时代的宗教混乱，一部模仿的专著》（*The Religious Confusion of the Present Age Illustrated by Mag. Adler as a Phenomenon, a Mimic Monograph*），但这一次，他将这部作品归因于约翰尼斯·克利马科斯，这是《哲学片断》和《附言》中的著名假名，并将自己降格为编辑。① 然而，基尔克果在 1848 年决定再次改动标题——这一次，改名为《伦理－宗教散文的循环》（*A Cycle of Ethical-Religious Essays*）——并再次使它成为一个署名作品，从而恢复以他自己的名字作为作者。在其他草稿中，人们可以看到基尔克果不断地使用可能的假名来创作这部作品：小佩特鲁斯（Petrus Minor）、小托马斯（Thomas Minor）、小文森修斯（Vincentius Minor）、小阿塔拉修斯（Ataraxius Minor）

---

① *A*, Supplement, p. 223；*Pap.* Ⅷ－2 B 21. *A* 即《论阿德勒的书》（*The Book on Adler*），trans. by Howard V. Hong and Edna H. Hong, Princeton：Princeton University Press, 1998。

(*Pap.* Ⅷ－2 B 26)，此外还有人们更熟悉的约翰尼斯·克利马科斯。[①] 基尔克果在这个文本是否应该是假名作品的问题上摇摆不定，这一事实再次提出了这样一个问题，即应该有多认真地去对待这一点，以及预期的假名作者实际上在多大程度上与他自己的观点不同。

使事情变得更加复杂的事实是，基尔克果确实最终出版了《论阿德勒的书》的一部分，即标题为“关于天才和使徒之间的区别”的那一节，从1849年起用假名H. H. 以《两篇伦理的－宗教的散文》(*Two Ethical－Religious Essays*) 为名出版。

这里我们还有另一个案例，基尔克果从特定的语境中提取了一个文本，并用不同的假名出版了一个相当不同的文本。有鉴于此，《两篇伦理的－宗教的散文》表面上是由H. H. 所写，我们却很难知道这一事实有多大意义。也可以说，在内容方面，严格区分假名是有一定问题的。那些想为个体假名之身份和完整性辩护的人有一个基本前提，就是他们各自代表不同的声音、论点和立场。根据这种观点，基尔克果的目标是创造一种震耳欲聋的复调声音，以破坏所有可能的关于最终真相或立场的确定性。但是，对作者身份的进一步研究表明，事实并非如此。相反，在不同的假名作品中有许多重复和重叠之处。确实，几个不同的假名重复了相同的批评和表述。

这方面的一个著名案例是他一再指责黑格尔的自命不凡的体系，它虽然宣称完备，事实上却缺乏伦理规范。根据假名拥护者的说法，我们应该预料到这种指控会出现在特别哲学化的假名之一的作品中，并在其中得到发展。但是事实并非如此。相反，在几种不同的假名

① *A*, Supplement, p. 224; *Pap.* Ⅷ－2, B 24. *A*, Supplement, p. 223; *Pap.* Ⅷ－2, B 21.

作品中都可以找到相同的指控，这些假名出现在《恐惧与颤栗》[①]《人生道路诸阶段》[②]《最后的非科学性附言》[③] 以及杂志和论文中[④]。如果作者这个宏伟计划的重点是，作为读者的我们应该非常小心地区分每个假名，并且坚持将它们彼此分开，那么为什么基尔克果会让他们提出同样的批评，并且通常是几乎完全相同的表述？这清楚地反驳了假名是完全独立的实体。这种倾向的另一个例证是，基尔克果经常引用黑格尔的《法哲学原理》（*Philosophy of Right*）中的“善与良心”一节。他最开始在 1841 年的硕士论文《论反讽概念》中以自己的名义引用了这一文本。[⑤] 两年后，在《恐惧与颤栗》第一篇《问题》（Problema）的开头，他以沉默的约翰尼斯之名义再

---

① 因此，这种审视必须不断进入伦理学的范畴，而为了产生结果，它必须以审美的热情和自觉来抓住问题。如今，道德很少涉及这样的问题。原因必定是体系没有空间容纳它。（*FT*，83；*SKS* 4，173；*FT* 即《恐惧与颤栗》［*Fear and Trembling*］，trans. by Howard V. Hong and Edna H. Hong，Princeton：Princeton University Press，1983.）

② 基本上，这是很容易的，除非一个人曾帮助体系增添其私掠财富，并因此成为乞丐群落中的一员，只有当一个人如此谨慎地想要构建一个不包含伦理的体系时，它才会起作用；然后，一个人得到一个体系，在这个体系中，他拥有一切，所有其他一切只是省略了一件不可少的东西。（*SL*，231；*SKS* 6，215；*SL* 即《人生道路诸阶段》［*Stages on Life's Way*］，trans. by Howard V. Hong and Edna H. Hong，Princeton：Princeton University Press，1988.）

③ *CUP*1，119；*SKS* 7，115. *CUP*1，121；*SKS* 7，116. *CUP*1，133f.；*SKS* 7，125f. *CUP*1，296fn.；*SKS* 7，270fn. *CUP*1，307fn.；*SKS* 7，279fn.

④ See *PF*，Supplement，p. 207；*Pap.* V B 41，p. 96. *JP* 2，1611；*SKS* 20，44，NB：42. *Pap.* Ⅶ－2 B 253，p. 162，p. 214f. *JP* 1，654；*Pap.* Ⅷ－2 B 86，p. 171f.

⑤ *CI*，227－228；*SKS* 1，270；*CI* 即《论反讽概念》（*The Concept of Irony*），trans. by Howard V. Hong and Edna H. Hong，Princeton：Princeton University Press，1989。

次提及。[①] 1847 年，他在《日记·编号 NB2》（*Journal NB2*）[②] 中，虽然没有明确提到黑格尔的这个文本，但提到了同样的观点。最后，在 1850 年，他又在《基督教的实践》（*Practice in Christianity*）[③] 中以反克利马科斯之名提到了它。虽然他在使用黑格尔的这个文本时有一些不同，但是也有一些实质的连续性贯穿于这些不同的文本中，其中一些带有基尔克果本人的名字，另一些则声称是假名作者的作品。事实上，尽管在假名和时间段上存在差异，但是他想借这一引用提出的观点大体上相同。通过假名作品可以找到许多此类重复的例证，而我只是从自己的研究领域中顺便摘取了一些案例。

这些案例在一定程度上显示了立场的一致性和风格的连续性，使读者不由自主地将它们归于基尔克果本人。鉴于它们出现在不同假名的作品中，将它们归于某个特定的假名似乎有些武断。这些段落的一致性似乎表明，假名在某种程度上是人为的发明，但是这不一定真正反映出内容上的任何实质性差异。这似乎意味着，坚持个体假名的自主性和明确性在某种程度上是误入歧途，或者说，这种方法至少有严重的局限性，不能被视为一把终极的钥匙，用来解释基尔克果之作为一个整体的复杂作者身份。尽管普尔极力反对人们使用一个文本中的段落来阐明另一个文本，坚持认为每个文本都是独立的原子单位，但在许多情况下，这种比较可能具有启发性，因为基尔克果实际上提出了同样的观点，或者以稍微不同的方式阐述了这种观点。在这种情况下，坚持各个个体假名的离散性似乎会适

---

① *FT*, 54; *SKS* 4, 148 – 149. See also *FT*, 68; *SKS* 4, 160 – 161. *FT*, 82; *SKS* 4. 172.

② *JP*2, 1613; *SKS* 20, 207, NB2: 166.

③ *PC*, 87; *SV*1 Ⅻ, p. 83.; *PC* 即《基督教中的实践》（*Practice in Christianity*）, trans. by Howard V. Hong and Edna H. Hong, Princeton: Princeton University Press, 1991。

得其反。

很难知道最终应该对基尔克果使用假名得出什么结论，但有一件事似乎很清楚：这两种极端观点似乎遗漏了一些东西。一方面，简单地完全忽略基尔克果对各个假名的使用，并且将所有的东西都与他自己的观点和看法混为一谈当然有问题，这正是早期研究倾向中的问题，因为基尔克果明显有自己的想法，明显受到德国浪漫派作家和他们发展出的与自己的写作保持距离之策略的启发。另一方面，将一份精心设计的作者计划归功于基尔克果也很幼稚，因为文字学证据所呈现的有计划的观点远不如普尔和其他解释者所希望传达的那样细致。鉴于基尔克果只是在最后一刻才决定让一些作品以假名出现，很难理解它们怎么能被认为完全代表了虚构作者的观点。此外，鉴于基尔克果可以如此容易地、简单地将自己的名字替换为假名，似乎表明假名的观点与他自己的观点之间的距离最终并不是很遥远。因此，虽然当然应该考虑到，某一部既定的作品使用了一个假名，但是这不能被看作打开基尔克果作品所有秘密的一把钥匙——就像许多其他的作品一样，它只是一个非常复杂的作者身份的一个方面。

最后，对假名重要性的真正考验，似乎在于解释者能设法从假名中得到什么。换言之，如果通过使假名保持独立，解释者可以对文本进行特别有洞见和有趣的解读，揭示出以前的解释所忽略的方面，那么这将是人们最有可能证明假名重要性的一种情况。但是，如果坚持使假名保持独立的解释所产生的唯一观点是一种扁平的、老式的相对主义，使各个文本变得更少而不是更有趣，那么采取这种解释方法是否真的能获得任何实质性的东西，就不清楚了。如果说，基尔克果最终使用假名唯一的真正意义仅仅是为了取笑初读他的读者，那么很难说这种解释是对他作者身份之丰富性、创造性和深度的公正评价。

思想史发微

美杜莎形象演变的神话逻辑

颜荻 撰

引　言

如果要问在诸多古希腊神话中谁最为人津津乐道，美杜莎（Medusa）必定是其中之一。美杜莎是三头兽怪物戈耳工（Gorgon）中的一头，也是唯一会死的一头。她最出名的就是那双眼睛，它能使与其对视之人瞬间石化而亡。关于美杜莎的故事几乎人尽皆知：在古希腊神话多数主流版本中，美杜莎是被珀尔修斯（Perseus）割下头颅死去的。这位英雄在前往怪兽驻地时获得了雅典娜的帮助，他使用女神赠送的镜子避免了直视美杜莎的石化之眼，因而成功杀死了她。尽管头颅被割下，还滴着鲜血，美杜莎的力量却并未因此消减。在她死后，这位怪兽石化的魔力仍然留存于世，因此她的头颅不仅作为武器在珀尔修斯神话中为这位返程的英雄杀敌万千，而且还最终被女战神雅典娜接受，镶嵌在了她的盾牌中央。从荷马开始，美杜莎就已经出现在建筑与钱币上，一直到罗马时期，美杜莎仍然是诸种古希腊罗马艺术所偏爱的神话人物。贯穿几个世纪，在古希腊罗马的各个角落几乎都出现了美杜莎如魔咒一般的身影，因此美杜莎可谓伴随了整个古希腊罗马文化的兴衰。

从古希腊的古风时期到罗马时期，在长达千年的岁月里，美杜莎的形象变化之大，塑造之饱满，大约是其他任何神话人物都无法相比的。从绘画与雕刻来看，美杜莎不仅从面目狰狞的怪物（图1、图2）[①] 变成了貌美纯洁的少女（图7、图8），而且她的性别也由近乎男性变为了纯女性。因此，尽管统摄美杜莎在内的三头怪物戈耳工的名字 *Γοργώ* 在希腊语中源自 *γοργός*［恐怖的、可怕的］——这就从词源学上勾勒了美杜莎的丑恶面相——这位神话人物的形象在艺术史上却比这个术语所暗示的意涵要丰富得多。

十九世纪末著名的德国古典学家罗彻斯特（Wilhelm Heinrich Roscher）为美杜莎形象的转变研究作出了奠基性的工作。[②] 他将戈耳工/美杜莎的形象变化划分为早、中、晚期三个阶段。[③] 根据罗彻

---

① 全文所涉图片见本文文末。

② 参 Wilhelm Heinrich Roscher，《戈耳工及其相关问题：比较视野下希腊神话学说解的预备性工作》（*Die Gorgonen und verwandtes*：*Eine Vorarbeit zu einem Handbuch der griechischen Mythologie vom vergleichenden Standpunkt*），Teubner，1897。

③ 关于美杜莎与戈耳工的关系，学界围绕“戈耳工是否可以等同于美杜莎”有所争论。本文基本同意罗彻斯特等西方古典学主流研究的主张，认为尽管戈耳工（复数）由三位女神（斯特诺［Stheno］、欧律阿勒［Euryale］、美杜莎）组成，但由于美杜莎是整个戈耳工神话系统的主角，经常被单独作为戈耳工来呈现，而其他两位女神几乎没有浓墨重彩的神话记载，因此对戈耳工的讨论基本可以等同于美杜莎。朱毅璋在《论美杜莎形象的历史演变》一文中尝试将美杜莎的来源与戈耳工作出明确的分割，认为美杜莎是后来加入戈耳工的队伍的，其原本美貌的形象最终影响了戈耳工恐怖形象的转变。参朱毅璋，《论美杜莎形象的历史演变》，载于《文艺研究》，2018年第3期，页47–56。尽管笔者赞同朱文所言美杜莎绝不等同于蛇发女妖而是经历了诸多形象变化，但对上述主要

斯特，早期戈耳工（“古风戈耳工”）指在公元前八世纪到公元前四世纪之间的神话形象。此时的戈耳工呈现的面容以恐怖为主，眼睛硕大，青面獠牙，男性特征突出——如果不是一个男人，也至少是男女同体——常伴有胡须的装饰（图1、图2、图3）。中期戈耳工（“过渡时期的戈耳工”）在公元前六到公元前二世纪之间，一面与早期戈耳工衔接，另一面与晚期戈耳工衔接。该时期的美杜莎形象延续了早期诸多的恐怖元素，但明显的是，其野蛮形象被大大削弱了：胡子消失，女性特征开始加强，头发明显出现龙蛇的意相（图2、图3、图4、图5）。晚期戈耳工（“美丽的戈耳工”）指公元前四世纪以后的戈耳工，在这个时期美杜莎的形象进一步丰富，甚至充满张力。一方面，从早期开始就被突出为主要特征的恐怖形象继续得到了保留，而另一方面，美杜莎的女性形象得到了前所未有的强化，在诸多艺术塑造中，这位怪物被呈现为美丽动人的青春少女，甚至柔弱而没有攻击力（图7、图8）。

罗彻斯特的分期至今为大多数主流学者所采用，关于美杜莎的经典研究也大都基于这一基本认识展开。然而，尽管学者对美杜莎形象的变迁早有共识，但关于美杜莎形象转变的内在原因，艺术与考古学界却一直没有找到一个逻辑贯通的解释。对美杜莎形

论点，笔者不敢完全苟同。其关键论据之一所言《神谱》中美杜莎是貌美女神而并非戈耳工（页48－49）就已与作者本人提到的《神谱》中有包括美杜莎在内的三个戈耳工（页47）这一论点自相矛盾。另外，《神谱》并非如朱文所言没有对美杜莎的外貌进行描述，相反，赫西俄德特别对美杜莎作了的定义：λυγρὰ，“邪恶的”“有害的”“引起灾祸的”（行276）。因此美杜莎在早期文本中不可能是朱文所称的漂亮女神，而从来就是有着可怕形象的会死的怪物。由此，朱文提出的“在文学中，美杜莎被戈耳工同化（由美变丑）；在艺术中，美杜莎则改变了戈耳工的传统形象（由丑变美）”（页50）很难成立。相反，笔者将在本文中展示，文学与艺术同步，两者同时对美杜莎/戈耳工的形象变迁作出了相同的反应，两者是相互支持、互通有无的神话叙事。

象理解的一个难题是：尽管在古希腊艺术史中，从古风时代到罗马时期，的确存在一个艺术风格总体变化的潮流，在此潮流中，许多神话人物的形象，典型的例如狄奥尼索斯，都在某种程度上经历了一个美化和年轻化的过程（参见图9、图10），但为何单单美杜莎的变化会如此剧烈——她不仅在艺术风格的意义上变年轻、变美丽，而且其性别的呈现（由男到女）、主要形象特征的表现（从强势的怪兽到弱势的女孩）都经历了堪称天翻地覆的变形？美杜莎形象的变化显然已经大大超出了传统图像学可以解释的范畴，单单从绘画技艺、艺术风格等角度无法为美杜莎之谜提供完满的线索。

由此，我们需要将目光投向别处。由于美杜莎本是神话人物，她不仅出现在艺术创作中，而且也大量出现在各种叙事文本中，因此，关于美杜莎的神话叙事或许能为我们考察美杜莎艺术形象的转变提供一个可供参考的逻辑视角。在接下来的篇幅中，本文将尝试从美杜莎神话的叙事出发，通过文本与图像互参的方式，为美杜莎形象变化的内在逻辑提供一种可能的解释。

一　早期到中期：无序与失控的美杜莎

上文提到，美杜莎令人望而生畏的意象与她致命的石化之眼密切相关。这一特征构成了美杜莎所有神话形象的基础。在荷马的描述中，美杜莎的狰狞与其眼睛的关系就已经被明确地凸显出来。例如在第八卷，希腊与特洛亚两军厮杀得最为惨烈时，赫克托尔的眼睛就被比喻为“戈耳工之眼”。荷马十分生动地描绘了赫克托尔令人恐怖的疯狂杀戮：

> 赫克托尔就这样驾着他的骏马前进，而他的双眼就像是戈

> 耳工或者战神阿瑞斯的眼睛，凡人死亡之源。①（《伊利亚特》8.347–348）

美杜莎的恐怖也频繁出现在荷马的其他文段，这里再举两例，它们刻画的是戈耳工在盾牌上的形象：

> 在这里面是恐怖的戈耳工的头颅，恐怖而且可怕，它是宙斯盾牌的标志。（《伊利亚特》5.741–742）
>
> 在这上面，镶嵌了戈耳工，他②残酷，看上去就很恐怖，在他周围围绕的是恐怖女神和暴力女神。（《伊利亚特》11.36）

在第二、三阶段，美杜莎的恐怖将持续不断地得到强化，她的可怕与石化之眼的关联也将始终存在。那么，神话与图像中都十分突出的美杜莎的恐怖及其石化之眼意味着什么？要回答这个问题，本文的探讨需要从美杜莎自过渡阶段早期就开始逐渐突出的另外两个重要特征说起。它们一个是美杜莎头上生出的龙蛇，另一个是她逐渐明显的女性身份。笔者强调这两个特征，正是因为这两者有一个共同的特点：它们都指向了美杜莎某种恐怖的本质，这将为本文理解美杜莎的石化之眼指明方向。读者将会看到，无论是美杜莎头上生出的龙蛇还是她逐渐明显的女性身份，都显示出这位怪物“无序与失控”的本质。这恰恰在美杜莎形象的塑造与改变上起了最为关键的作用。

在古希腊神话传统中，龙蛇是一个十分复杂的意象，它通常被

---

① 以下译文均由笔者从希腊或拉丁原文翻译。

② 文本在此“残酷”所用形容词为δεινὸν。从语法上讲，该词既可以为阳性，也可为中性的宾格，但由于戈耳工是拟人化形象的人物，因此，依据希腊常规用法，该词应为阳性。这也从语言本身表明，在早期戈耳工可被视为男性，而非女性。

认为具有黑暗而神秘的力量。如果龙蛇甘愿受到保护对象的驱使，那么这种强大的力量就会保护它所要保护的人；否则，就会引发动乱、战争乃至失控，因为它的力量并非人为可约束。① 赫西俄德《神谱》（*Theogony*）中与奥林波斯神作战的泰丰神（Typhon）就被描述为一个百头怪兽，从他的大腿里生出了万千条龙蛇（行 825）；神话中走不出乱伦循环的忒拜城，其建城的开端就是龙蛇的牙齿种在地里生出来一大批战士混战；② 埃斯库罗斯的《奠酒人》（*The Libation Bearers*）中克吕泰莫涅斯特拉（Clytemnestra）在被儿子杀害前也梦见了一条龙蛇爬上她的胸脯狠狠咬了一口（行 521 – 539）；欧里庇得斯的《伊翁》（*Ion*）中克瑞乌莎企图杀死伊翁的毒药也来自龙蛇之血，而这血恰恰就是戈耳工之血（行 985 – 1019）。因此，蛇的主题常常与凶杀、死亡、混战等等主题相结合，给人一种不可控制的、超人的恐惧感。

那么女人呢？从古希腊的男性视角来看，女性也同样因为是男性绝对的他者而被认为是不可控的力量，进而会引起骚乱与战争。③ 在赫西俄德的笔下，宇宙的创生是两性互动的结果，然而在两性互

---

① 关于龙蛇在古希腊的丰富的意象与神话传说，可参见 Daniel Ogden，《龙蛇：古希腊罗马世界中的龙蛇神话与龙蛇崇拜》（*Drakon：Dragon Myth and Serpent Cult in the Greek and Roman Worlds*），Oxford：Oxford University Press，2013。

② 忒拜的建城神话讲的是忒拜的建城之王卡德摩斯来到此地，与龙蛇战斗，然后将龙牙种在地上，大地上生出了第一批龙牙战士（Spartoi）。这批战士相互混战，最后留下七人。他们一同帮助卡德摩斯建立了忒拜城。

③ 女性作为“绝对的他者”在古希腊的男性社会的文化中被呈现为一个常识性的概念。对其研究众多。尤其在古希腊悲喜剧中，“演绎他者（Playing the other）”成为一个重要的元素。参见 Helene P. Foley，《古希腊悲剧中的女性行动》（*Female acts in Greek tragedy*），Princeton：Princeton University Press，2009；Froma. I. Zeitlin，《演绎他者：古希腊戏剧中的剧场，戏剧风格与女性问题》（“Playing the other：Theater，theatricality，and the feminine in Greek drama”）载于 *Representations*，No. 11（1985），页 63 – 94。

动中却充满了冲突与战争，而在几乎所有战争中，女性都充当了负面的、破坏性的角色。无论是克洛诺斯（Colonus）颠覆乌拉诺斯（Uranos）还是宙斯（Zeus）颠覆克洛诺斯，其关键的一步都是大地盖亚（Gaia）女神的帮助——没有盖亚的计谋和掩护，代际的战争根本就无法打响（《神谱》行174－175、行477－500）。同样，海伦（Helen）也是一个经典的例子。在诸多对海伦的谴责中，最突出的一点便是她没有坚守对丈夫的忠诚，与情夫出走特洛亚，进而引发了长达十年的特洛亚战争——这正是男性无法控制女性而导致的混乱。① 由此，女性作为一个绝对他者给男性带来的失控局面和引发的混乱使得男性作为一个整体感到深刻的焦虑甚至厌恶。

这种焦虑在戈耳工美杜莎那里被彻底释放出来，她在中期作为女性和龙蛇的结合，完全处于男性的控制之外。这是戈耳工令人恐惧的源头，也是中期形象对早期形象的一种转化性的解释。因此，在埃斯库罗斯的《欧门尼德斯》（*Eumenides*）中，复仇女神要求实施血亲复仇行动，以杀戮报复杀戮，这时她们就被直接称作了戈耳工，因为她们所要求的是在一个家庭中永无休止的反转与仇杀，而这一过程循环往复，却没有人能控制，更没有人能停止。② 这种令人战栗的、无边无尽的黑暗与痛苦就像美杜莎的头颅——即便被砍下，其死亡的魔咒也永远在人间徘徊，不受控制、永无宁日。

在此背景下，美杜莎的石化之眼为何会引起如此强烈与深刻的恐惧便得以理解了：美杜莎之眼，因其特殊的力量，将她武装成了一位几乎不可控制、不可战胜的角色。在还没有来得及直视她之前，

---

① 整部《伊利亚特》就是以此为背景创作的。

② 关于《奥瑞斯提亚》中不可遏制的“反转”叙事，参西蒙·戈德希尔，《埃斯库罗斯：奥瑞斯提亚》，颜荻译，北京：生活·读书·新知三联书店，2018，页33－44。

企图控制她的人就已经被杀死了，更无需论及接近她、抓住她甚至控制她了。杀戮，一个人对另一个人生命的夺取，是最极端的控制方式。① 生命被钳制在对手的手中：它象征着胜利者对失败者彻底的、终极的主宰。在美杜莎生前的神话故事里，这个女怪一直是夺取他人生命的主体：她是控制者，是不可被操纵者——女性，龙蛇，怪物，石化之眼。这是为何，从早期到中期，随着人类社会对动乱与战争带来的恐惧日益增长时，美杜莎的艺术形象，尤其在其单独作为一个头像出现时，开始越来越恐怖也越来越女性化：孔武有力的男性虽力量巨大但不足以发酵阴森的恐惧，女人才更令人恐惧。对男人而言，女人越是异化于他们，越是迫近失控的、超人的、不可抗拒的危险。女性也好，龙蛇也罢，它们在这里，在男性的视角中，成为恐怖的本身。

至此，笔者分析了美杜莎早期到中期的肖像画。笔者认为，早期至中期，之所以美杜莎的形象变得越来越恐怖、越来越女性化、越来越与龙蛇的形象相交织，② 是因为美杜莎神话中“石化之眼”

---

① 韦尔南（Jean - Pierre Vernant）在其著名的关于美杜莎的文章中对美杜莎之眼有着精彩的论述：“如果这些怪物是不可忍受的，那是因为由于她们的脸是人、兽和无机物的混合，她们是混乱的体现，象征着回到无形与模糊以及黑夜的混沌之中：这张脸本身就是死亡，是没有面容的死亡。”参 Jean - Pierre Vernant，《有死者与不死者：神灵的身体》（“Mortals and Immortals：They Body of the Divine”），载于 Froma I. Zeitlin（ed.）《有死者与不死者》（*Mortals and Immortals*），Princeton：Princeton University，1991，页 144。同时参见，Hélène Cixous，Keith Cohen，Paula Cohen，《美杜莎之笑》（“The laugh of the Medusa”），载于 *Signs*：*Journal of Women in Culture and Society*，Vol. 1，No. 4，1976，页 875 - 893，以及 Susan R. Bowers，《美杜莎与女性的注视》（“Medusa and the female gaze”），载于 *NWSA Journal*，1990，页 217 - 235。

② 在一些中期形象中，美杜莎直接拥有了蛇发，而一些画像中，是龙蛇盘绕在她的头上或腰间。但无论是哪一种，都表明美杜莎与龙蛇意象的紧密结合。

的本质与龙蛇以及女性在古希腊神话中的形象十分相符，三者都蕴含着“无序与失控”的恐怖力量。古希腊人对美杜莎恐怖面相的描绘根植于男性与女性、控制与失控、主宰与被主宰、秩序与混乱的反差和张力之中。女人在神话中被想象为一个对于男人而言不可控制的怪物，这正是美杜莎形象逐渐女性化、恐怖化的意涵所在。

二　中期到后期：落败的美杜莎

那么为何，美杜莎在中后期又变得柔弱美丽了呢？这一变身的形象是否可以从神话的叙事中继续得到理解呢？在此，笔者希望引入润内·马克（Rainer Mack）在其著名文章《脸朝下的美杜莎》（“Facing Down Medusa”）中的一个富有洞见的观点。马克提出，纵观美杜莎的神话，尤其当她被纳入珀尔修斯英雄传奇的叙事线索时，整个故事的真正重点发生了转移。在该神话中，美杜莎的呈现实际并不在于强调其怪物式的令人恐惧的异化力量，而在于人类（男人）对这种力量的否定、克服乃至战胜。① 换言之，当戈耳工的神话传统更多地与美杜莎之死相关联时，美杜莎就不仅仅是一个令人战栗的女怪，而是一个可能被打败而最终也的确被打败了的女性角色（图4、图5、图6）。

当珀尔修斯提着美杜莎的头颅胜利归来时，当美杜莎被当作珀尔修斯的武器保护这位英雄时，美杜莎的恐怖力量发生了转变：她成为了英雄的臣服者和附庸者。尽管凡人受制于美杜莎，但英雄却在传奇中以某种方式超越了人类的限度，制服了本不可战胜的主宰——英雄

---

① 参 Rainer Mack，《脸朝下的美杜莎（一个病因学的注视）》（“Facing down Medusa [An aetiology of the gaze]”），载于 *Art History*，Vol. 25，No. 5，2002，页 571 – 604。

因而成为英雄。于是，当美杜莎出现在英雄故事的传统中时，整个神话叙事在最大程度上打开了希腊人对人类可以企及的世界的想象空间，也同时为悲剧视野笼罩下的人类命运带来了强劲的希望。无论最终人类命运的理想是否可以达成，至少在对死亡绝望的黑暗中，一束英雄之光射入深渊。古典时期英雄传奇的流传以及古希腊人对英雄崇拜的热衷推动了美杜莎形象的转变。

这是一个关键的反转：英雄打败了怪物，男性打败了女性，被杀戮者反过来杀戮，被控制者反过来控制。① 当这一切发生时，原本的秩序被恢复了，而男人与女人、主体与客体、有序与无序之间的张力获得了释放。杀戮美杜莎是一个象征性事件。它对于男人与女人而言都影响深远，因为它表明了女性力量的毁灭以及男性力量的胜利。美杜莎的落败意味着：女人——对男人不可控制的威胁——被成功地抑制了。当死亡的头颅被紧紧攥在珀尔修斯的手心时（图 5），女人不仅受到了男人全面的控制而且还被同化进了男性的社会体系，由此成为男人主宰的社会框架中的一部分。盾牌上的美杜莎头颅就是一个典型的例证。她被英雄有控制性地“使用”，保护英雄并击退敌人。② 所以，在神话故事的后半段，美杜莎形象的

---

① 库里（Charlotte Currie）富有洞见地指出美杜莎的转变（transformation）实际是双向的，一方面她的魔力将人“变”成石头，而另一方面，她自己的形象也经历着历史对她的“转变”，同时在后期尤其奥维德《变形记》中，她就直接被呈现为“被转变的”。参见 Charlotte Currie，《美杜莎的变形》（“Transforming Medusa/Transformando a Medusa”），载于 *Amaltea. Revista de Mitocrítica*，3，2011，页 169。

② 尽管在早期如荷马的文本中，就已出现盾牌上的戈耳工形象，但该形象大多是恐怖的男性化特征，并且独立出现，并未与美杜莎“被打败、被征服”的叙事相结合，在古典时期对盾牌的描绘中，典型的是“落败的美杜莎”与“作为武器的盾牌”两者的结合，恰恰是此结合意义重大，它显示了该时期对美杜莎内涵的新理解。

焦点逐渐发生了变化。她不再单纯是一个致命的怪物而是一种正面的力量，为其拥有者抵御外敌。在美杜莎形象变化的中期，这一意涵出现了在许多艺术作品中。

同样，在同时期的文学作品中，戈耳工美杜莎作为保护者的意象也十分突出。例如，在欧里庇得斯的《伊翁》中，对美杜莎的杀戮就以其力量的转变为叙事中心。她被杀死，而她的血被封存在手环中，作为一种致命也救命的武器被雅典的国王世代相传。美杜莎的能量一直被男性国王所控制，因为那瓶封存的血液由国王决定是否开启使用。这清晰地表现了龙蛇女怪如何臣服于新建立的男性统治秩序之下（行985－1019）。同时，《伊翁》这个文本还给我们提供了另一个有趣的神话逻辑线索，即雅典娜（Athena）。读者可以注意到，在欧里庇得斯的悲剧中是雅典娜而非珀尔修斯杀死了美杜莎：

> 大地生出了戈耳工，恐怖的标志……宙斯的女儿帕拉斯杀死了它。帕拉斯给还在婴儿时期的他［雅典建城国王］戈耳工的两滴血。（989－1004）

这是另一个美杜莎之死的版本，相对于主流的珀尔修斯版本要晚出许多。① 但在欧里庇得斯的笔下，雅典娜的加入却使得整个美杜莎在中后期的神话意义更为凸显。值得注意的是，雅典娜在古希腊神话系统中是一个十分特别的角色。她虽然是女性，但却是父系传统与男性统治秩序忠实的维护者。因为她是宙斯吞下墨提斯后父

---

① 尽管在几乎所有版本中，美杜莎之死都与雅典娜直接相关：要么是雅典娜送给珀尔修斯的镜子/盾牌帮助珀尔修斯杀死美杜莎，要么是雅典娜引导珀尔修斯的手帮助英雄杀死了她。但几乎除了欧里庇得斯之外，没有一个版本提到是雅典娜直接杀死美杜莎的，这似乎是欧里庇得斯的一个创作。

亲单性繁殖的产物，所以她没有母亲只有父亲——这一宣告在埃斯库罗斯的《欧门尼德斯》中尤为著名。雅典娜宣称：

> 因为我没有母亲孕育，一切诸事，除了婚姻以外，我心都属于男性，而且我完全站在父亲一边。（737－738）

因此，在欧里庇得斯的《伊翁》中，雅典娜战胜美杜莎的叙事以及美杜莎作为男性国王的保护者的形象双倍强化了欧里庇得斯对美杜莎作为“落败与臣服的女性”的塑造意图。首先，女性被决定性地压制并被纳入了男性秩序的系统；其次，雅典娜与死后的美杜莎双双受到祝福，那是因为她们自觉地臣服于男性秩序的系统而不再制造不可控的混乱。美杜莎形象中令人恐怖的力量被弱化了，而这一转变正是基于男性对其恢复秩序、抑制冲突、去除威胁、维护稳定、控制女性以及同化异者的信心，这一信心通过神话想象得以确认，并通过图像表达出来。

三　后期：驯服与恐怖并存的美杜莎

在美杜莎形象转变的最后一个阶段，正如读者已经预料到的，戈耳工恐怖力量被进一步弱化。在罗马时期的许多艺术作品中，美杜莎的怪兽特征几乎消失了，而这个神话人物很多时候被表现得更像是一个普通的凡人女孩（图 7、图 8）：年轻、貌美、迷人、性感。① 这其实是整个美杜莎神话转变传统的延续。可以说，从古希腊男性的视角来看，当女性在男性的掌控之下时，她是甜美动人的。

① 参 Carolyn Hessenbruch McKeon，《罗马马赛克中的戈耳工美杜莎的图像学》（*Iconology of the gorgon Medusa in Roman mosaic*），University of Michigan，1983。

在这个时期，美杜莎的形象通常被塑造为一个处女。对该特征的强化事实上与笔者前文所分析的美杜莎的神话逻辑完全一致。女性的处女身份恰恰是男性得以维护其男性统治秩序的突出象征。这是一个控制女性两性活动的强有力的制度性手段。婚姻是女人性爱唯一合法的场所，丈夫则是唯一合法的对象。通过婚姻以及婚前的处女身份的控制，女人被纳入了男性统治的社会系统。在这个意义上，女孩的处女身份对男性统治以及整个社会秩序都至关重要。在珀尔修斯拎起美杜莎头颅的高傲姿势以及对英雄的威猛与女孩的柔弱的对比中（图 5、图6），读者可以看到男女地位如何悬殊，以及男人是如何被赋予一种物化的权威性的。这是美杜莎神话对男性战胜女性的极端想象与表达。

可以说，从男性的视角出发，在美杜莎的塑造中有一个不断强化的倾向与渴望，即，对女性力量彻底的摧毁与完全的控制。然而，对于一些古希腊古罗马人而言，这一愿望或许永远不可能达成。当我们看到美杜莎在大众神话与艺术中是如何一步步被驯化的时候，我们也能同样注意到，在一些思想家的写作里，他们是怎样保持了对这一想象清醒而强烈的反省的。奥维德（Ovid）是其中的代表之一。他对驯化美杜莎的前景并不乐观。反而，他提醒人们，即便美杜莎变得柔弱可爱，她也同样是危险的——美杜莎的力量始终在人世间徘徊。

奥维德《变形记》（*The Metamorphoses*）中是这样描述美杜莎的：

> 她的美貌出了名的卓越，这引来了非常多的求婚者……传说，她在雅典娜的庙宇中被海神波塞冬强暴了。宙斯的女儿转过身去，用她的盾牌挡住她不能被污染的双眼。随后雅典娜惩罚了美杜莎，她将她美丽的头发变成了恐怖的蛇发。（4.795－804）

奥维德讲的是一个变形的故事。他直言美杜莎原本很美，但恰恰又是她的美貌导致了她后来变得丑陋恐怖。故事中处女美杜莎是被波塞冬引诱并在雅典娜的庙宇中被这位海神强奸了——因为她实在长得太诱人，而因此激发了波塞冬的爱欲。看到这一切，处女神雅典娜十分生气，因此女神惩罚了美杜莎，一怒之下把她变得丑恶无比。那么为什么雅典娜要实施惩罚呢？如故事所表明，这正是因为美杜莎的处女之美导致了她被婚前强暴，而由此僭越了正常伦理下的两性结合，从而破坏了男人自己建立起来的社会秩序。笔者在上文中已经谈到，处女的身份本是男性统治的一个象征性表达。现在，它被侵犯了，而侵犯它的不是其他，而正是由看似被驯服的柔弱之美。① 奥维德深刻地揭示了处女阶段的两面性：这个阶段可以非常美好，但同时也异常危险。如此看来，即便恐怖力量被驯服，女性对于男性而言仍会引起某种失控的局面——她的美貌直接导致两性结合的错位。在奥维德的笔下，少女的无辜与纯洁或许再也不可爱了，而成为另一个危险的力量：它不仅可以导致两性关系的失控，还能引诱男人丧失自我控制的能力。在此意义上，男人建立起来的社会秩序似乎更加脆弱。因此，对于男人而言，美好的变成了邪恶的——或美好本身就是邪恶。面对“美丽的美杜莎”，男人对女人不仅同样焦虑，而且更甚从前，因此，我们不难理解，在这一时

---

① 托佩尔（Kathryn Topper）指出美杜莎之所以与古希腊神话中常见的“强奸”密切相关，是因为这是男性在性别冲突中胜利的标志之一。托佩尔关于美杜莎与珀耳塞福涅、特提斯和海伦的关联作出了精彩的解释，但他似乎并没有注意到，无论是美杜莎还是其他与强奸主题相关的人物在古典时期以后都不单纯是一个受害者的角色，而更与社会的动乱相关。例如欧里庇得斯《伊翁》中的克瑞乌莎就一个典型的代表。见 Kathryn Topper，《珀尔修斯，处女美杜莎以及诱拐的意象》（“Perseus, the Maiden Medusa, and the Imagery of Abduction”）载于 *Hesperia*：*The Journal of the American School of Classical Studies at Athens* Vol. 76，No. 1，2007，页 73－105。

期，“美丽的美杜莎”形象仍然被技师用其精湛的技艺描绘出了令人恐惧的一面。

结　论

针对美杜莎形象转变之谜，本文从美杜莎的神话叙事出发，探讨了美杜莎艺术形象变化的内在逻辑。笔者认为，美杜莎形象的改变与其神话叙事的变化是始终一致的。从早期到中晚期，美杜莎神话的叙事重点从美杜莎作为不受控制、处于失序状态的恐怖力量向她被打败并成为臣服于男性秩序的附庸者转变，而与此同步，在艺术形象的塑造上，我们看到了美杜莎从一个狰狞怪物反转为一位无辜少女。由此看来，美杜莎的形象变化不仅仅是（或主要不是）艺术风格变化所导致的，而是整个美杜莎神话内涵与神话人物意义的转变所导致的。不同时期对美杜莎艺术形象的刻画来源于对同时期美杜莎神话叙事的理解，而一旦叙事的意图发生转变，神话人物的形象也就随之发生了转变。

在古希腊神话世界中，美杜莎神话的变迁或许不是个例，但相较其他神话人物，这位女怪的确是引起关注最多、人物意义变化最大的神话人物之一。美杜莎在古希腊艺术史中之所以显得如此独特，并不仅仅因为她那双震慑人心的双眼或妖娆多姿的美貌，更是因为，透过她，我们可以窥见整个古希腊文明流变的过程，从而看到一个在时空中不断流转的立体的古希腊世界。

（作者简介：清华大学新雅书院助理教授）

图 1

短颈单柄球形瓶，美杜莎头像，约公元前 650 年，伦敦大英博物馆

图 2

陶盘，美杜莎头像，公元前 590/80 年，沃尔特斯美术馆

图 3

陶壶，美杜莎全身像，公元前 550/40 年，伦敦大英博物馆

图 4

双耳细颈瓶，珀尔修斯杀死美杜莎，公元前 450/40 年，纽约大都会博物馆

图 5
大酒壶，珀尔修斯的胜利，约公元前 430 年，法拉利博物馆

图 6
铜镜镜柄，珀尔修斯杀死美杜莎，约公元前四世纪，波士顿博物馆

图7　青铜装饰，美杜莎头像，
约公元前二世纪，锡拉库扎帕拉佐洛－阿克雷德历史博物馆

图8
马赛克地砖，美杜莎头像，那不勒斯博物馆，约公元一世纪

图 9

陶瓶，狄奥尼索斯，公元前六世纪，伦敦大英博物馆

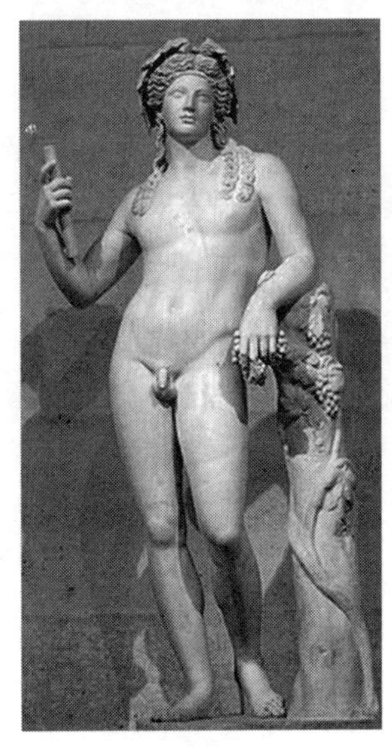

图 10

大理石雕塑，狄奥尼索斯，约公元二世纪，法国卢浮宫

宗教世俗化与现代民主政制

克朗纳克（Robert P. Kraynak）撰
仲威　译

美国和法国的民主革命对世界的改变令人瞩目。这两场革命的一个显著特征就是在其书面文件中宣告的诸种普遍原则，这些原则意在证明世界性新政治秩序的正当性。法国革命宣告了人权和公民权，而美国革命宣告了国家的独立，并指出平等与权利不可分割的自明真理。这给各种革命提供了理论上的正当性。许多革命者认为这些原则肇端于洛克（Locke）、潘恩（Paine）、伏尔泰（Voltaire）和卢梭（Rousseau）的哲学，是启蒙运动的产物。正如杰斐逊（Thomas Jefferson）认为《独立宣言》（*the Declaration*）是这样一个信号：

> 它唤醒人们摆脱……僧侣给人们套上的无知和迷信的枷锁……并向人们呈现出自治的安全与福泽……在普遍传播的科学之光［辅

助]下，所有人都开始关注人的权利。①

杰斐逊刻画的形象深入人心，但也遭到了另一群人的质疑，这群具有同等影响力的思想家对现代民主制的态度与杰斐逊迥然相异。在他们看来，民主制和现代性的整体原则并非来源于启蒙运动的理性主义，而是来自某种神学因素，即宗教的世俗化。现在，这一进程乍看起来似乎与启蒙运动一致，因为“世俗化”的通常含义是，当人们着眼于此世的而非彼世的幸福时，人们的现代生活越来越缺乏宗教性。这意味着人心离开了永恒者而转向了现世，这是“世俗”这个词的字面意涵——“世俗”一词来源于拉丁语的“世代”(saeculum)，表示一个独特的时间段（比如一个世纪、一代人、一个时代)。说得更俗气一点，世俗化一词表明宗教在消失，也就是说，随着科学、工业化和物质主义的发展，人们对永恒性丧失了兴趣，宗教最终会消亡。

但是，以上还不是关于世俗化的全部解释。正如吉莱斯皮(Michael Gillespie）在《现代性的神学起源》(*The Theological Origins of Modernity*）中所言，与第一种理解不同，世俗化的另一个方面是把现代性本身看作一种宗教，尤其是将其视为基督教的一个世俗化版本。世俗化的第二个意涵比第一个更微妙，在一些关键方面甚至与第一个意涵相反。它表明，宗教并非从现代世界中消失，而是不断转型，并以新的方式再次出现，吉莱斯皮把这个过程称之为“转移”(transference）——即上帝的和精神性的特性被置于属人的、世俗的事务中。② 按照这种观点，尽管现代性已经成为一场政治运动

---

① Letter to Roger C. Weightman, June 24, 1826, in *The Portable Thomas Jefferson*, ed. Merrill D. Peterson (New York: Viking, 1975), p. 585.

② Michael A. Gillespie, *The Theological Origins of Modernity* (Chicago: University of Chicago Press, 2008), pp. 274 – 281. 吉莱斯皮使用“世俗化”这一

或意识形态运动，在这场运动中，人道的价值以有迹可循的形式取代了基督教的价值，但现代性在严格意义上还是由基督教遗产所塑造。这暗示了现代性在根本上不是与过去决裂，现代人仍保有一种精神性的存在。

本文将讨论世俗化概念的这两个意义：宗教的消失和宗教的转型。在讨论过程中，我还要检验这一论点：现代民主制是世俗化了的基督教的一个产物，古典的遗产和科学启蒙等都不是它的来源。我会对尼采、托克维尔（Alexis de Tocqueville）和马利坦（Jacques Maritain）这三位重要思想家的著作进行比较，他们虽然对基督教教义的真理性持有不同的意见，但他们对民主制观念之基督教根源的描述却惊人地一致。我之所以选择这三位思想家，是因为他们都关注同等的人性尊严，并将其视为现代民主制的首要特征，而且他们都将基督的世俗化视为现代民主制产生的原因。我的分析将试图表明他们学说的价值，他们解释了基督教如何通过唤醒人作为上帝造物的尊严从而改变西方文明；他们有建树地揭示了以启蒙运动来描述现代性的一个致命局限：人们的生活缺乏圣经道德性的精神储备时，启蒙运动的无神论理性观念并不足以支撑起民主制对人的权利和尊严的承诺。尽管这些洞见都很有价值，但是，我还是要说，在他们对基督教的解释（基督教要比他们设想的更加缺乏政治性和民主性）和他们对现代民主制的理解之中，他们的世俗化理论并不完全令人信服。

术语的意涵是宗教的消失，而“转移”意味着宗教的新形式。类似的例子是 Yves Lambert，“Religion in Modernity as a New Axial Age：Secularization or New Forms?”，*Sociology of Religion* 60，no. 3（Autumn 1999），pp. 303 – 333。其他的学者，比如泰勒（Charles Taylor）在《世俗时代》（*A Secular Age*，Cambridge，MA：Harvard University Press，2007）中更加宽泛地使用这一术语：泰勒有时把世俗化理解为宗教的消失和私人化，有时理解为宗教在新形式方面的开放性。

尼采论民主的基督教根源

我们在尼采的所有著作中都可以找到他关于基督教和民主制的洞见，尤其是他的成熟作品《善恶的彼岸》（*Beyond Good and Evil*, 1886）、《论道德的谱系》（*Genealogy of Morals*, 1887）、《敌基督者》（*Antichrist*, 1888）和《权力意志 1887—1888 片段》（*Will to Power*, fragments dated 1887 - 1888）。尽管最后那部著作没有在尼采生前出版，但它与其他著作的思路一致，而且在很多相同的主题上都有所发展。① 这两点可以在如下两处醒目的表述中得到确认。在《善恶的彼岸》中，尼采说“民主制运动是基督教运动的继承者”（《论道德的谱系》，202 节），从而指出了现代欧洲道德的来源。在《权力意志》中，尼采则更明确地说：“法国革命是基督教的子嗣和延续。”（《权力意志》，184、94 条）这些表述明确地将现代民主制同基督教联系在一起，但让我们困惑的是：尼采这样说究竟想表达什么？

一个初步的回答是，尼采将现代欧洲的民主革命视为基督教运动的延续，而在许多世纪之前基督教运动就已经开始反对罗马帝国的统治阶级了。他的论证基于他对“奴隶道德”和“主人道德”的著名区分。这一区分把基督教描绘成一场旨在反对罗马主人的贵族价值的奴隶叛乱，并把现代民主革命视为一场旨在反对贵族特权的奴隶反抗。

按照这一类型学的解释，奴隶道德是受压迫阶级的道德，他们

---

① 所有引文都来自考夫曼（Walter Kaufmann）翻译的尼采著作集。尽管学者们并不认可《权力意志》（*Will to Power*）文本的可靠性，但不可否认，单个的句子能够代表尼采的正宗观点，尤其是这些句子发展了早期文本的思想，这是我在这篇文章中想要向读者指出的。

通过赞美同情、自我牺牲、和平、谦卑、慈善和对弱者同等正义等等价值来为他们的软弱辩护。相反，主人道德是强者和统治阶级的道德，他们赞美骄傲、自负、丰富充溢的力量、高贵的品味、战士的勇气和（那些看不起下等阶级的卑鄙和奴性的）贵族所感受到的“保持距离的激情”（pathos of distance）。[①] 在尼采看来，古代世界的基督教（以及在此之前的犹太教）在社会学和心理学方面推动了奴隶道德反抗主人道德。从社会学上说，基督教之所以是民主的，是因为它呼唤人们追求那些贫穷者和无权力者的同等价值，以反对那些在社会上居统治地位的贵族和战士。从心理学上说，基督教激起了人们对贵族英雄的优越性的怨恨，从而使贵族和战士对自己的力量感到罪愆，并逐渐消解了他们的自信心。因此，尼采可以宣称：基督耶稣开启的宗教提升了“民主”，因为它的奴隶道德通过赞美卑微者高于有权力者，从而摧毁了贵族特权的合法性（《善恶的彼岸》，260－264；《论道德的谱系》，I. 5－17）。

然而，在澄清这一论证之后，人们必定会发现，尼采在把基督教同法国革命联系起来之前，还有一段很长的路要走。启蒙哲学家宣告了法国革命关于“人的权利”的观念，而且革命的拥护者当时都极力反对基督教，并与君主制和贵族制相结盟。换句话说，尼采需要解释十八世纪的西方历史究竟发生了什么，即从古罗马时代一直到1789年，基督教教义中的民主政治意涵是如何被展现出来的。当然，尼采可以回应说：他的论证是心理学上的，而非历史学的（因为“心理学是……解决基本问题的道路”［《论道德的谱系》，

① ［中译编者按］“保持距离的激情”（pathos of distance），德文原文是das Pathos der Distanz，语出《善恶的彼岸》第257节，将这种保持距离的激情视为贵族政制的核心意义。《论道德的谱系》第一部分第二节则有更加细致的阐发。

23]）。然而人们有权要求尼采给出一些因果解释，以说明基督教如何在很多世纪之后给西方带来了政治革命。这个任务并不像它初看起来那么容易。

因为，尼采所讨论的基督教观念，比如博爱（universal love）或者慈善，最初只是作为精神性的教导而被理解的，这些观念并不会立刻转换为“人的权利”。尼采知道，在上帝眼中，《新约》给予奴隶以同等的尊严，但还告诫奴隶要服从他们的主人，基督徒要在政治领域服从恺撒（Caesar）。我们很难把基督描述成像卢梭或罗伯斯庇尔（Robespierre）这样的革命者形象，我们也不可能忽视如下事实：基督徒长久以来一直支持皇帝和贵族，并且创建了由教皇、主教和教士统率的教会。基督教观念需要很长的时间，才会与一套平权的政治学说结盟或者引发那些旨在反对宗教裁定等级制的革命。尼采的这一极其惹人联想的理论似乎头头是道，挑战性就在于找到其中的因果关联，而正是这一研究引发了尼采的世俗化理论。在尼采看来，从原始基督教中发展出了一种“自然化的”（naturalized）基督教，正是这种基督教在其发展过程中将它的精神性观念转变为一种政治信条，从而创造了现代民主制。

为了理解这一进程，我们首先需要注意，尼采明确把原始的基督教与其后来的发展区分开。比如他说：①

> 阅读《新约》……它向权力中的一切表达了最为荒谬的仇恨：但它不触碰权力！表面上看，一种内在的超然让权力中的一切都如其所是。（《权力意志》，210）

① ［译注］相关引文中译本参尼采，《权力意志 1885—1889 年遗稿》，孙周兴译，北京：商务印书馆，2007。由于中译本与本文作者所用原文版本不同，个别内容略有差异，仅供参考；引文部分以作者为准。

尼采以相似的口吻说道：

> 考察基督教的历史……我们会发现，基督教教义一直在改变……并且一步一步地重新假定了它在最开始的时候否定的一切……基督徒变成了居民、士兵、法官、工人、商人、学者、神学家、教士、哲学家、农民、艺术家、爱国者、政客、“贵族”……基督徒的全部生命最终正是基督要传道拯救的生命。（《权力意志》，213）

正如这些表述所暗示的，尼采将原始基督教视为一种非政治的和出世的宗教——这种宗教在精神方面是超然的，它内在地否定了制度的忠诚性，但同时却让它们在表面上各安其位。因此，它给予穷人的爱的信息并没有转化为这样一种教导，即倡导以普通人统治取代恺撒或者罗马统治阶级的统治。这就是尼采所说的基督教的“非自然性”（unnaturalness）的意涵：尽管它颠倒了价值，却同时超脱了政治。由此分析，人们可以作出如下推断：尼采需要解释基督教如何从一种非政治宗教转变为一种民主政治运动。

人们可以从尼采的世俗化理论中找到他关于这些问题的解答，虽然尼采本人从未称其为世俗化理论。尼采指出的反而是基督教的“自然化”（naturalizing），通过这个过程，权力的隐秘欲求被转换为政治统治的一种公开声明：

> **民主是基督教的一种更自然的形式**……（它产生于）受压迫者、卑微者、大多数奴隶渴望权力之时……起初是在想象中……（然后）他们要求获得认可，要求同等的权力……并要求健康和快乐到他们这边来……普通人的自然甚至要将政治权力据为己有……**民主成了基督教的自然：在它极端反对自然性之后……它“回归了自然”**……结论是：贵族的观念因此

丧失了它的自然性。(《权力意志》, 215)

尼采的论证是：开始时基督教并没有导致民主的产生，只有当被压迫群众在自身之中意识到他们想要攻击贵族并要求政治权力之后，基督教才导致了民主。令人困惑的是，基督教的“自然化”究竟是如何发生的？在上帝面前人人尊严平等的精神性观念，需要多久才能变成一种人权平等的政治性观念？①

有时候尼采的表述好像是说这个过程是自动发生的，没有任何外部压力：

> 《福音书》[宣告]：通向幸福的大门向穷人和卑微者敞开，因此所有人需要做的就是从政治体制、传统和上层阶级的统治权中脱离出来；在这个意义上，基督教的出现与“典型的社会主义学说”别无二致。(《权力意志》, 209)

在其他段落中，尼采将其描述为一种后续的发展：

> 不夸张地说，另一个基督教概念已经更加深入地进入了现代性事件之中，即：“上帝面前，灵魂平等。”这一概念为全部平权理论提供了原型：在一个宗教文本中，男性第一次被教授了平等的命题，而**很快它被变成了道德性……而人们最终将其付诸实践！**也就是说，在政治上、民主上和社会主义上付诸实

---

① 关于尼采对“自然的”(natural)和“非自然性”(unnaturalness)的复杂理解，参见如下研究著作：Maudemarie Clark and David Dudrick, “The Naturalisms of *Beyond Good and Evil*”, in *A Companion to Nietzsche*, ed. Keith Pearson (Oxford: Blackwell, 2006), pp. 148 – 168; 以及 Christopher Janaway, “Naturalism and Genealogy,” ibid., pp. 337 – 352。尼采以科学、规范的方法使用这些术语，这些方法有时候是一致的，有时候则是新的且前后不一。

践。(《权力意志》，765)①

尼采似乎是要说，自然化或者世俗化的进程从一开始就命中注定要将基督教教义转变为一种政治学说；然而直到现代，当基督教的追随者“试图找到一个现世的方案时”（《权力意志》，30），这个进程才最终完成。我们要进一步去问：基督教究竟如何变成现代民主制？

据我所知，尼采将这个过程划分为两个步骤。第一是基督教对人性尊严的提升——它把人提升到模仿上帝形象的被造物这样一个高贵地位：人有不朽的灵魂，并处于宇宙秩序的顶峰。第二是现代科学的影响——哥白尼（Copernican）和达尔文（Darwinian）的革命降低了人在宇宙层级中的位置，并且剥夺了人的特殊地位，只给他们留下了一丝曾经高贵的人类尊严的空间。这两个步骤最终导致了现代民主制的出现和它“畜群般的动物道德”——尼采将其描述为一种堕落的动物性满足的状态和一种对人的尊严的痴迷。这样来看，现代民主制是基督教的一个弱化版本，在科学时代中，人们不再认可彼世性的宗教，却又想要确保道德的价值，并希望在认同民主的社会中找到道德价值，而基督教则企图在这个时代中弥补人性尊严的丧失。

第一个前提是尼采的如下断言：基督教通过提升人的尊严从而改变了西方的意识。他说，基督教

> 真实的历史影响……（是）强化了个人主义……（通过）

① 亦参《敌基督者》（*Antichrist*）：“‘人人权利平等’学说是一种毒药——正是基督教从根本上让它得以传播……让我们不要低估这种从基督教中匍匐进入政治领域的灾难。今天，没有人再有勇气追求特权和主人的权利……灵魂平等的谎言已经从地狱最深层将贵族的展望侵蚀殆尽。”(43)

> 个体的极端不朽性……个体变得如此重要，如此绝对，以至于他不再能被牺牲……在上帝面前所有的“灵魂”都变得平等：但这恰恰是最危险的价值评估！（《权力意志》，246）

基督教通过他的精神性教导赞扬人类——即人当中的上帝形象，基督上帝的道成肉身，所有人的不朽灵魂的平等、无限的价值，以及人在宇宙秩序中的崇高地位。确实，尊严的这一意义确保了弱者设想自己与强者平等甚至高于强者，因为它意味着所有人都有无限的宇宙价值，并且不平等的社会秩序不是自然“给予”的。只有在现代科学的影响之下，人的崇高意义才衰落，人从世界的中心退去，并被降低到动物的层面。在《论道德的谱系》引人注目的一段里，尼采对这个过程作出了解释：

> 既然在可见（visible）物的秩序之中，人的存在变得越来越武断、赤贫、可有可无，人们也许真的越来越不关心（less desirous）解决他存在之谜的超验方案了吗？自哥白尼革命之后，人的自我贬低能够避免进一步发展吗？唉，关于人的尊严和独特性的信仰，人在存在巨链中的不可替代性已经成为明日黄花。毫不夸张地说，人已经成为一种动物（animal）。按照他的旧信仰，人几近于上帝（“上帝的子嗣”“神－人”），但现在人们没有这样的权限和资格了。（《论道德的谱系》，Ⅲ.25）

这段引文明确指出，基督教的影响在于通过教导人们相信自己是按上帝形象的造物（“上帝的子嗣”），并为基督所拯救（“神－人”）提升了人的这一种尊严，并将人类放置在宇宙的中心。令人吃惊的是，尼采并没有为基督教的奴隶道德唱挽歌；毋宁说尼采是在为现代科学哀悼，因为现代科学以哥白尼革命和暗含的达尔文进化论（“毫不夸张地说，人已经成为一种动物［*animal*］”）的形式把人降低到动物的位置，并消解了其在宇宙中的重要性，从而降低了人的尊严。这暗示着基督教曾经颂扬人，而后基督教的科学文化则贬低人。

人的地位在宇宙中的改变如何与民主制畜群的道德性联系起来呢？答案似乎是：民主填补了现代科学革命在人的自我形象中留下的空虚；人“越来越不关心（less desirous）解决他存在之谜的超验方案了”，但是他不能对这个问题等闲视之，所以他要在社会认可中，而不是在上帝或者宇宙的意义中为自己的尊严寻找辩护。这一心理学上的改变也许可以从《善恶的彼岸》一书中推导出来，尼采在该书中将民主制描述为“畜群般的动物道德”和“基督教运动的子嗣”。起初他暗示，欧洲的畜群道德仅仅是普遍存在的反抗权威的“群居本能”的一种极端形式。但是畜群道德是一种独特的教条，它宣称自己是“道德本身”，即作为唯一自明为真的道德，它一直存在着，并且令人不解地让领导者对他们的统治感到内疚。然而，畜群道德关于每个人的尊严和人作为一个种的地位的断言自相矛盾。一方面，通过使人完全忘记自己的高贵天性并把物质享受视为首要价值，民主制把人降到了“畜群般的动物的”层面。另一方面，它又珍视人，认为人应当拥有同等的权利，享有“一种怜悯的宗教”，这种宗教要求终结一切痛苦、危险以及严苛之物（甚至要求终结对罪犯的惩罚）。

以上是不是尼采关于基督教影响的真实观点，我们很难作出判断。基督教不是一种比任何其他宗教和哲学都更加高扬人性尊严的崇高化运动吗？抑或是说，基督教只是一种通过过分的怜悯将人的尊严降低，从而制造出“动物化的人，赋予人这种矮小动物以同等的债权和权利”（《善恶的彼岸》，201－203）的评级运动呢？或许，这两种观点对尼采来说某种程度上都是对的？

答案似乎是，这两者都是真的，因为基督教在保留种的重要性之需求的过程中，提升然后又降低了人性尊严。基督教在其原始形式中通过精神性教导，即上帝形象和人在宇宙中的崇高地位以及赞扬弱者反对强者，提升了人的尊严。但是基督教信仰长久以来没有给出民主的证明，因为它过于关注个体灵魂的不朽性了；而且在基督教中最具精神性的实践者，比如帕斯卡尔（Pascal），都是非政治性的，并且都是激进的彼世主义者，也就是说，他们都对永恒的地狱审判之前景感到畏惧，而不关心人是否会心满意足地成为畜群般的动物。基督教花了十七个世纪的时间才完成了“自然化”或者世俗化。随着哥白尼革命的到来，基督教信仰在人性尊严中的一个支柱被揭露为神话，即具有一种自然化形式的现代民主制不过是一种得不到辩护的价值：民主制为人的尊严提供了一种安慰的神话，即现代人的这种感觉没有根基，但是人们总要把民主制称为“道德本身”从而避免被批判和检验。民主制尊严的防御性神话在把人降低为一种畜群动物的同时，又提高了每个人对特别待遇的权利要求。基督教的核心价值，即同等的人性尊严被保留了，但同时它又被世俗化稀释，并被得到社会认却而非超验性的权利要求证明了：在上帝面前的平等性变得越来越迁就（但越来越武断）在人面前的平等性。人们可以说，对于尼采而言，民主是后基督教时代的“安慰剂”。①

问题是，尼采关于基督教转型的描述既不系统，也很难界定清楚，因为这意味着民主制既从一开始就是不可避免的，但又并非不可避免，因为它需要额外的因果要素。因此，尼采提到了现代科学对基督教转型的影响。他也提到了新教改革，并把路德（Luther）

---

① 坦吉尔恩（Paul van Tangeren）给出了一个令人瞩目的构想：“对尼采来说，上帝死了之后，人们在很多形象中推崇自身，使它的当前形式永恒，并使它不可能为了其他形式而出现，民主就是其中之一。”（“Nietzsche, Democracy, and Transcendence”, *South African Journal of Philosophy* 26［2007］, p. 12.）

描述为民主制反对天主教等级贵族的农民造反领导者（《论道德的谱系》，Ⅲ.22）。他经常强调，基督教由于自己智性上的正直，总是倾向于自我解构：基督教道德教导良心省察的真理性以及自我否定，这些是尼采称之为权力意志内在转向的诸形式；在深入人类灵魂的过程中，追求真理的热情最终导致了基督徒以质询和献祭人类必要之物的方式消解了他们自己的信仰，即作为意义来源的上帝信仰（《善恶的彼岸》，53－55）。在其他地方，尼采暗示：基督教的禁欲主义观念是现代科学本身的来源，因为在禁欲主义自我否定的驱动下，现代科学才具有了科学客观性或非个人真理的观念。这意味着，使基督教世俗化的自然化过程是由现代科学引发的，而现代科学本身产生于基督教对真理的追求，然后又转而反对宗教（《论道德的谱系》，Ⅲ.23－27）。[①] 尼采暗示，所有这些力量共同产生了现代民主制：它们将基督教从一种高举人、支持政治等级制度的彼世宗教转变为一场倡导权利平等、对要求权力和尊严的普通人给予世俗怜悯的现世政治运动。

即使精确的因果机制还不确定，但人们也可能会推断：在基督教信仰衰弱并不再能够提供宇宙和精神意义上的形而上学慰藉之后，尼采将现代民主制视为基督教所遗留的社会性慰藉。正如尼采所说，现代世界最大的需要是“慰藉”——不仅是身体上的慰藉，而且是一种对于基督教信仰萎缩而导致的意义、目的和尊严丧失的慰藉：

---

① 尼采关于基督教自我分解的理论，参见 Gerd－Gunther Grau，“Nietzsche and Kierkegaard”，in *Studies in Nietzsche and the Judaeo－Christian Tradition*，ed. James O. Flaherty，Timothy Sellner，and Robert Helm（Chapel Hill：University of North Carolina Press，1985），pp. 228－229。亦参尼采，《快乐的科学》，第357和358节；在前段文本中尼采论述了基督教信仰由于“真理被升华为科学意识”从而被解构，在后段文本中尼采论述了路德对抗教会等级制的“农民起义”。

> （这个）时代……首先想要安慰……其次，它想要公共性……第三，它想要所有谎言中最大的那个，即“所有人的平等”，并且独尊那些使人平等（level and equalize）的德性。（《权力意志》，464）

所以政治和道德被迫寻找宗教的替代品：

> 现代世界最普遍的信号：令人难以置信的是，人已经丢失了自己的尊严……（我们）像所有的形而上学家一样，都希望紧紧抓住人性的尊严……对于那些放弃了上帝的人而言，他们更想要紧握对道德的信仰。（《权力意志》，18）

因此，“人们仍然期望着与不带有任何宗教背景的道德主义和睦相处：但是那必然会导致虚无主义。”（《权力意志》，19）简而言之，上帝之死制造了一种对民主制的世俗政治信仰，这种信仰将事关更高价值的虚无主义和事关权利平等、尊严平等的无根基的道德主义结合在一起。

当然，在尼采对于世俗基督教的解释中有一种巨大的讽刺。令人毫不惊讶的是，尼采发现了“基督教价值判断的残留物……这些残留物在社会主义和实证主义体系中随处可见”（《权力意志》，1），人们也可以在尼采的哲学中找到这些残留物。尽管尼采将自己置于未来欧洲精英中的“无神论者和非道德主义者”之中，但他还是继续践行由基督教开启的提升人性尊严的道德任务。尼采饱含热情地关心“‘人’这一类别的增强”（《善恶的彼岸》，257），而且他认为其前提是人在宇宙中独一无二的尊严。他也认为，并没有一种存在的客观等级来支持这一断言，这意味着它必须被假定为一种意志的行动。尽管尼采不能证明人这个种的尊严，但他试图在诸种中创造一个更高的类型——“超人”，这个种会将人性提升到伟大的新高度。① 与出于后基督教时代的其他人一样，尼采在没有任何宗教和理性依据的前提下就坚决地宣告了人性的尊严。这暗示了基督教不可挽回地改变了西方人的历史意识，即现代民主制不仅仅建立在人性尊严的后基督教心理学之上，而且尼采的一种新高尚的贵族视角也建立在将人提升到新的重要高度的世俗信仰之上。对尼采而言，并没有什么退路：人们必须拥抱基督教推崇备至的人的尊严，并且前进到人性伟大的未来。

托克维尔的基督教民主

托克维尔是十九世纪另一位有影响力的人物，他也视现代民主制为世俗基督教的一种形式，而且他在《与戈比诺的通信》（*Correspondence with Gobineau*）一书以及《论美国的民主》（*Democracy in America*）和《旧制度与大革命》（*The Old Regime and the French Revolution*）部分章节中发展出了一种世俗化理论。总的来说，托克维尔与尼采一样，都宣称基督教关于在上帝面前人人平等的信仰是民主观念产生的由来。不同的是，托克维尔对基督教、民

---

① 关于他自己，尼采说道：“我们是无神论者和非道德主义者，但是现在我们支持群居本能的诸道德和宗教，因为这些道德和宗教为终有一日落入我们手中的那类人做准备。”（132）亦参 Peter Berkowitz，*Nietzsche*：*The Ethics of an Immoralist*（Cambridge，MA：Harvard University Press，1995），pp. 248 – 257，该书论述了尼采的自相矛盾，即他在宣称自己超越道德的同时，又继续着提升人性的伦理任务。这是否蕴含着一种新的政治体制，强（Tracy Strong）对此有一些讨论，他在其著作中反对尼采的任何直接的政治运用。参见“Nietzsche's Political Misappropriation”，*The Cambridge Companion to Nietzsche*，ed. Bernd Magnus and Kathleen Higgins（New York：Cambridge University Press，1995），p. 142。

主制和启蒙运动的评价更积极。在讨论这些主题的时候，我要先转向托克维尔的世俗化理论，然后再思考它与托克维尔个人的宗教信仰之间的关联。

托克维尔的世俗化理论将现代性视为基督教因末日审判所受的质疑而被稀释、因禁欲主义观念所受的反对而被软化的产物。该论点最清晰的表述见于《与戈比诺的通信》，就基督教对现代性、人种理论和欧洲以及中东诸文明的命运的影响，两位朋友在书信中进行了一长段的对话。① 为了展现出他们之间的差别，托克维尔摆出了一个问题："在现代道德哲学家的著作和发现中，什么是真正新颖的东西？"托克维尔回应说，现代性的新奇之处并不会让人多么印象深刻，因为"基督教是现代道德的重要来源"。更准确地说：

> 我们的现代道德在某些小的方面可能已经回归到了古代的一些概念当中，但在大的方面，它几乎没怎么发展基督教道德的那些结果……相比于基督教哲学，我们的社会与基督教神学更加疏离。随着我们的宗教信仰变得越来越弱，我们关于来世生活的观点越来越模糊，道德已经越来越与物质性的需求和愉悦的合法性相关联……圣西蒙（Saint - Simon）的追随者将这种合法性表述为"肉体必将康复"（*the flesh must be rehabilitated*）。（《与戈比诺的通信》，页 190、192、208）

他继续论证道：道德哲学的真实中断发生于古代异教和早期基督教道德之间，而不是中世纪基督教和现代道德之间。原始基督教通过将邻人之爱、怜悯和宽恕这类"温和德性"置于制高点从而改变了异教世界；它亦将主人和奴隶置于相同的社会地位，并且引入

---

① 引自 Alexis de Tocqueville，*The European Revolution and the Correspondence with Gobineau*，trans. John Lukas（Gloucester，MA：Peter Smith，1968）。

了“全人类的平等、统一和博爱”，设置了超越此世的终极的生命目的，给出了一个“更美好的、更纯粹的、更少物质的、更少利益并且更崇高的道德品质”。但是，基督教有一个主要的缺陷：“人的义务……人作为公民的义务总是被忽视……（这是）古代城邦的道德体系的唯一强大的面相。”在托克维尔看来，现代世界是这两个系统的结合：“基督教把慈善变成了一种个人德性……但现在我们要把它变成一种社会义务（和）一种政治责任。”因此，现代国家把改善所有人的命运作为自己的任务，它是“基督教学说在公民、官僚体制和民主方面的一种显现”（《与戈比诺的通信》，页191－193、209）。

现代道德的转换是如何发生的呢？托克维尔承认：这并非一蹴而就，因为基督教的民主观念过去“建立在精神领域而不是有形的物质领域”，而且这些观念不得不经过极大的发展。与尼采一样，他看到民主道德产生于基督教来世信仰的衰弱，基督教的来世信仰总是以一种精神性较弱而政治性较强的形式保存着基督教的伦理戒律：

> 当来世的视角变得模糊之时，那些在没有道德制裁的情况下仍旧无法生活的人们就自然会尝试着在此世寻找它们……在关乎人类权益的学说中寻找它们。（页206－207）

但这一世俗化的重点并不完全是新的；它“在没有影响那些本质原则的情况下，几乎没有发展和扩大基督教道德的结果”。现代民主制国家从基督教那里接收了如下原则：“所有人在此世的善面前拥有同等权利，富人有帮助穷人的义务”，并且以公民的传统观念将它们结合起来以使之成为政治权利和政治义务（同上，页194）。

在观点的交流过程中，戈比诺反对托克维尔的连续性论点，他认为现代道德标志着一种与基督教的决裂。戈比诺有力地指出：基督教鼓吹信仰高于行动，而现代道德则关注行动高于信仰；基督教坚持来世信仰，而这是现代道德所反对的；基督教教导受苦受难是神圣的，而现代道德要求减轻苦难；基督教将劳作视为对原罪的惩罚，而现代道德将工作视为所有人必须参与的一种积极的善；基督教限制情感，而现代道德解放情感；基督教教导人们有义务克服自私，而现代道德不仅将私人利益合法化，而且还在资本主义的理性体系中将其置于高位；同时，现代国家通过社会福利和公共教育帮助穷人，而不是依赖于私人慈善；并且它保护宗教的自由，而不是要建立一个宗教国家。在戈比诺看来，现代道德虽然不是完全连贯，但它更多来源于伏尔泰而非基督教（页195－204）。

托克维尔承认，现代道德将行动置于信仰之上，诋毁来世，并且强调利己主义情感。但是，他有不同的解释方式。他否认这些改变产生于一个新的原则，而且他宣称这些变化是“在我们现有的政治和社会条件下，从旧的基督教原则中产生出来的新结果”（页211）。他认为基督教已经为无知和政治压迫所歪曲，而它的真实教导在《福音书》中才能找到，托克维尔动情地称赞其为“由它们纯粹的、宏伟的氛围所引起的内在自由的优越感”；它揭示了

> 基督教道德第一原则的密码是这样一条简单的格言：全心全意爱你的上帝并且爱邻如己——它的（全部）律法和预言都肇始于此。（页205）

托克维尔坚持认为，福音密码事关信仰而不是理性哲学，但人们在某些潮流中总是需要理性哲学。因此，在现代世界，当神学学说因为怀疑论的质疑而变弱时，基督教道德的那些忍耐要素会在现代民主制国家中找寻一种政治表达的方式，从而以一种世俗的形式继续存在下去。通过这些论证，托克维尔试图说服戈比诺把他自己的人种理论作为一种宿命般的错误抛弃掉，并且接受由

基督教激发，并从欧洲传播至世界各地的更加精神性的平等和自由概念（页226－233、290－295、304－305）。①

在托克维尔的其他著作中，人们发现了一处相似的历史性描述。《论美国的民主》宣称，所有人在道德方面的平等并不为古代异教徒所知，如果没有基督教，人们将永远不会知道这种平等。第一步是罗马皇帝的社会状况：

> 当基督教在这个世界上刚出现的时候，神恩已经毋庸置疑地为这个世界做好准备，并且在恺撒们的皇权之下将人这个种中最好的那个部分统一起来……也就是说，与皇帝相比，所有人都是平等的。（《论美国的民主》，页420）②

关于平等的新教导需要上帝的介入："耶稣基督必须要来到地上，使人们理解，人这个种当中的所有成员在本性上是相像和平等的"，因为希腊和罗马世界中最伟大的那些心灵都不能想到"每个人生而就赋有自由的平等权利"（同上，页413）。在早期基督教引入了民主道德之后，历史进入了中世纪，托克维尔把中世纪视为误入歧途的一个时段：在那个时代，国家和教会不明智地纠缠在一起，世袭特权压制了基督教的平等观念，也压制了人们在此世改善自己的物质条件的欲求。大概在二十世纪，在多方合力的作用下，由基

---

① 参见 Aristide Tessitore，"Tocqueville and Gobineau on the Nature of Modern Politics"，*Review of Politics* 67，no. 4（Autumn 2005），pp. 631－657。他把通信视为托克维尔欲使自由主义精神与宗教精神和谐一致的这个更大目标中的一个部分。这就要求托克维尔在古代和现代之间找到更多连续性而不是尖锐的差别。

② 引自 Alexis de Tocqueville，*Democracy in America*，trans. Harvey C. Mansfield Jr. and Delba Winthrop（Chicago：University of Chicago Press，2000），[译注] 中译参托克维尔，《论美国的民主》，董果良译，北京：商务印书馆，1988。

督教引入的平等观念开始重申自己：封建贵族在战争中被瓦解了，神职人员向所有人开放，货币权力上升，印刷机等各种发明涌现。但决定性的事件是启蒙运动和宗教改革运动，这些运动造就了培根（Bacon）、笛卡尔（Descartes）、路德和伏尔泰——托克维尔认为，这些人提出了批判思维的民主方法，并把所有接收到的观点都交付于个人的判断。这些运动以怀疑论的方式攻击了信仰，挑战基督教的来世性及其宗教建制，同时信奉人性和人在此世的物质需要，借此，这些运动将中世纪基督教转换到现代民主制之中。这一描述让托克维尔能够说：平等超过八个世纪的进展是一种不可抗拒的力量，其目的是要显示在历史中的上帝意志。

托克维尔在《旧制度与大革命》中详细展示了，这些改变如何造成世俗角度的平等、自由，如何激发了法国大革命的友爱及其僭主般的荒淫行为。他分析完备，因为他把革命的意识形态视为一种乌托邦的观念，这一观念要求教会和旧制度的解体，同时又能够留下一种普世宗教的特性：

> 法国大革命关于人在此世的存在问题给出的方案，与宗教革命关于人在来世的存在问题所给出的解答是完全类似的。它从一个抽象的角度去看待“市民”……把市民从任何特定的社会秩序中独立出来……（并且）这个观念不仅仅是在法国社会体系中的一个改变，而且是……整个人类种族的一种再生。它创造了一种传教的热情气氛，（就像）一场宗教复苏一样……但这是一场存在着异常的残缺的宗教复苏，因为它没有上帝的参与，没有关于来世的仪式和允诺。（《旧制度与大革命》，页12－13）①

---

① 引自 Alexis de Tocqueville, *The Old Regime and the French Revolution*, trans. Stuart Gilbert（Garden City，NY：Doubleday，1955）。［译注］中译参托克维尔，《旧制度与大革命》，冯棠译，北京：商务印书馆，1997。

换句话说，托克维尔视法国大革命的意识形态为一种世俗宗教，旨在通过政治革命的方式救赎人。他的分析依赖于伯克（Burke）对启蒙的智识人所扮演的角色的理解——这些“文人骚客”的乌托邦观念是要通过国家的权力在现世创造出天堂（页138－143）。

然而，托克维尔也把革命的意识形态描述为反宗教的思潮，这就意味着他摇摆于两种世俗化的意义之间，第一种是宗教的消失，第二种是宗教的转型，而且他似乎也不确定是应该讨厌革命还是褒扬革命：

> 这个时代的反宗教精神有多重后果……（这些后果）导致法国犯下了如此僭主般的荒淫罪行……当宗教从他们的灵魂中被驱逐出去……它立马就会被许多新权贵和**那些填补空虚的世俗观念**所替代。因为尽管那些引发了革命的人要比我们同时代人对基督教真理抱有更加怀疑的态度，但他们还是有一个信念，这个令人敬佩的信念是我们这个时代所没有的：他们相信他们自己……（并且相信）人的完满性……事实上，**一种新的宗教在这种充满激情的理念论中诞生了**……它减弱了人们的那些自我关注的情绪，鼓励英雄事迹以及对他人的无私奉献……（但是）也推动了极端疯狂和无情的无耻行径。（页156－157）

这段文本集中体现了托克维尔世俗化理论的复杂性，因为它既把法国大革命的民主意识形态解释为一种作为启蒙运动产物的“世俗化观念”，又将其解释为一种“新宗教”，这种宗教的普世性、传教热情以及无私的理念论不单单是理性的。

我们仍然不能完全弄清楚，《旧制度与大革命》在何种程度上把革命的意识形态归结为世俗化的基督教。托克维尔把那些主导的智识人的“抽象的、书面的政治构想”描述为一种自然法理论或者

“生而平等”，这种“生而平等”使他们相信“存在一种虚构的理想社会，在这个社会里，一切都是简单的、整齐划一的、有条不紊的、公正的和理性的”（页 138－140、146）。他也说了，这些“空想乌托邦的哲学家”加入了重农学派（Physiocrats）和经济学人（Economists）的行列，这些人支持这样一种集权管理的观念，即以强制和全民教育的方式强迫人们接受平等观念。他们的座右铭是“国家完全按照自己的意愿去塑造人们”，托克维尔将其视为 1850 年代才出现的社会主义在 1880 年代的版本。乌托邦哲学家和集权管理者一道推动了一种以平等为核心的意识形态，但是这种意识形态以“民主独裁”的方式不断威胁着法兰西，反倒成为政治自由的敌人（页 158－164）。

托克维尔的描述之所以模棱两可，恰恰是因为他认为，启蒙运动和基督教都对产生以平等为核心的意识形态起到了作用，而这一意识形态会导致两种不同的后果：消极者为民主专制，积极者为民主自由——究竟何种后果会出现，就要看哪种世俗化理论占据主导地位了。在第一种世俗化理论中，托克维尔说“世俗化观念之所以填补了空虚”，是因为这一空虚来自宗教的消失，这一见解成了尼采宣告“上帝之死”的先兆。世俗化观念创造了一种虚无感，而那些渴求意义和自我牺牲的现代人，就用崇尚中央集权国家的乌托邦意识形态作为宗教替代物，填补这种虚无感。这一尼采哲学式的分析也从托克维尔那里引出了一种尼采哲学式的回应，这一回应支持对民主专制的平抑后果（leveling effects）做出英勇的抵制，这些后果包括军事冒险、帝国主义、革命乐观主义、反物质的清教徒宗教，以及以人类伟大为名的其他形式的傲慢。按照这一逻辑，曼斯菲尔德（Harvey Mansfield）对托克维尔做出了如下评价：他以贵族的伟大为名，高贵地对抗着堕落的民主和稀释的基督教。①

在第二种世俗化理论中，托克维尔看到了启蒙的基督教被转型为现代民主制这一论证的积极面相。盖尔斯顿（William Galston）也指出，托克维尔之所以反对戈比诺的人种理论，是因为“基督教通过对自由的理智运用和对希望的道德要求，向人们教导人类的统一、在上帝面前人人平等和自我完善的实现”。② 这个看法与《论美国的民主》中的结论不谋而合。托克维尔在书中评价了民主的优势、贵族伟大性丧失和高级文化的消亡。尽管托克维尔承认人的伟大和民主平等之间存在张力，但他坦言，一种宗教敬畏感让他看到了上帝眼中终极的民主正义：

> 因为它不是某些人的个别繁荣，而是最令造物主感到满意的所有人的最大福祉……平等可能并不高尚，却更正义，并且它的正义构成了它的伟大和美。（《论美国的民主》，页674–675）

---

① 曼斯菲尔德认为，托克维尔之所以反对基督教，是因为他“不确定上帝会保证人类的伟大”。与此同时，曼斯菲尔德也批评了托克维尔，因为托克维尔反对哲学的古典观念。曼斯菲尔德暗示：托克维尔反对上帝和哲学的生活方式，支持一种英雄主义之伟大的浪漫观念，这表明托克维尔是一个有着亚里士多德主义倾向的尼采主义者，参见 Harvey C. Mansfield Jr.，*Tocqueville：A Very Short Introduction*（New York：Oxford University Press，2010），p. 14，80。曼斯菲尔德在最近的一篇文章中论证了这一观念。他认为，托克维尔的看法是，在立法者的帮助下，“宗教要比哲学更有益于人类的伟大”（“Tocqueville on Religion and Liberty，” *American Political Thought* 5，no. 2［Spring 2016］，pp. 250–276）。亦参见米切尔（Joshua Mitchell）对尼采和托克维尔所做的比较研究：*The Fragility of Freedom：Tocqueville on Religion，Democracy，and the American Future*（Chicago：University of Chicago Press，1995），pp. 178–193。

② William Galston，“Tocqueville on Liberalism and Religion”，in *Tocqueville's Political Science：Current Essays*，ed. Peter Lawler（New York：Garland，1992），p. 221.

在这一表述中，托克维尔告别了尼采哲学并承认，对上帝的残余信仰和神圣的天意将他从同时代对民主的反对中拯救出来。①

当然，托克维尔坚持认为，民主想要获得它真正的正当性，那么平等就必须同自由和德性相结合，因为提升人性的尊严才是神圣天意的最终目的。正如他在一封信中所说：

> 我只有一种激情，就是对自由和人类尊严的爱。在我看来，所有的政府形式只是满足这种神圣的、合法的激情的差不多完美的方式而已。②

同样，他在《旧制度与大革命》一书中说："对自由的真正的爱……是上帝所赋予高贵心灵的一种特权。"（页169）在这些表述中，人们可以看到，托克维尔通过民主时代中的被启蒙的基督教和有道德的自由，在其政治信条中连接了人类尊严的实现和上帝所预定的人类命运。

最困难的挑战是去理解托克维尔个人的宗教信念，以及这些信念如何加强了他的政治教导。学界已经提出了几种解释：一些人把托克维尔视为一位"有贵族主义、詹森主义和帕斯卡尔主义倾向的"天主教信徒；有人把他视为伪装的无神论者，承认宗教之社会效用；

---

① 尽管泽特鲍姆（Zetterbaum）在神圣的天意之外并不能找到其他标准（比如自然法）来解释托克维尔为什么要支持自由和正义，但他还是宣称，托克维尔对天意的呼吁是一个"高贵的谎言"，这个谎言用来调和法国贵族和民主之必然性。参见 Marvin Zetterbaum，*Tocqueville and the Problem of Democracy*（Stanford：Stanford University Press，1967），116－123。那么人们也许可以推断，托克维尔"在造物主的服侍下，仍旧是一个对人类自由的虔诚信徒"。参见 Peter Lawler，*The Restless Mind：Tocqueville on the Origin and Perpetuation of Human Liberty*（Lanham，MD：Rowman & Littlefield，1993），p. 126。

② Alexis de Tocqueville，*Selected Letters on Politics and Society*，ed. Roger Boesche（Berkeley：University of California Press，1985），p. 115.

其他人把他视为一位堕落的天主教徒，认为他保留了对神圣天意的信仰，并对基督教道德深表同情。① 本文无意处理这些讨论，但我想说第三种解释似乎最合理，因为这种解释在区分托克维尔与尼采时，考虑到了托克维尔众所周知的宗教怀疑的表达。第三种解释也符合托克维尔对民主有保留的接受态度，即民主制依赖于对神圣天意的信仰，这是人类尊严的基础，如果没有这一信仰，人的尊严就会丢失。就让我为这一解读援引一些证据。

最有说服力的证据是托克维尔晚年写给斯威廷夫人（Madame Swetchine）的信件，斯威廷夫人是位俄国女士，皈依了天主教，托克维尔把自己最私密的想法都告诉了她。这封信显示出了托克维尔对真理的强烈激情，以及他在年轻时丢失自己的天主教信仰之后，其人生中信仰和怀疑的异常混合：

> 人的存在问题一直困扰着我，打击着我。我既不能看透这一奥秘，也不能把我的注意力从这里挪开……在这个世界上，我发现人的存在令人费解，或令人恐惧。我坚定地信仰来世，因为至高正义的上帝已经给了我们这个信念；在来世，我相信善恶会得到相应的报偿，因为上帝已经让我们区分了善恶并且

① 这三种观点见于：（1）John Lukas，"The Last Days of A. de Tocqueville"，*Catholic Historical Review* 50（1964）：pp. 155 – 179；（2）Zetterbaum，*Tocqueville and the Problem of Democracy*，以及 Sanford Kessler，*Tocqueville's Civil Religion：American Christianity and the Prospects for Freedom*（Albany：State University of New York Press，1994）；（3）Doris Goldstein，*Trial of Faith：Religion and Politics in Tocqueville's Thought*（New York：Elsevier，1975），Peter Lawler，*Restless Mind*，*André Jardin*，*Tocqueville：A Biography*，trans. Lydia Davis（New York：Farrar，Straus，and Giroux，1988），Cynthia Hinckley，"Tocqueville on Religious Truth and Political Necessity"，*Polity* 23，no. 1（Fall 1990），pp. 39 – 50，以及 Robert J. Delahunty，"Tocqueville's Faith"，Center for Law and Religion Forum at St. John's School of Law，August 1，2013，http：//clrforum. org/2013/08/01/tocquevilles – faith – 2/。

给了我们选择的自由；但是除了这些清楚的观念之外，所有超越此世界限的东西对我而言都疑云密布，使我感到恐慌。

他对自己的信仰危机继续进行戏剧般的描述：

我不知道是否我已经告诉你，在我年轻时候发生的一件事情……（彼时我）臣服于永不停息的好奇心的驱使，而只有大型图书馆里的那些书籍可以满足它……此前，我的生命一直沉浸在信仰的内在充盈之中，这使我不能允许任何怀疑渗入我的灵魂。随后，怀疑进入了我的灵魂……不仅仅是关于这个或者那个的怀疑，而是一种普遍怀疑。我经历了一种地动山摇的感觉……（并且）被最黑暗的沮丧所掌控，还未好好体验生活便已对它极端厌恶……暴力情绪使我摆脱了绝望的状态；它们让我远离那些理智的废墟……但随着时间的推移，我青年时期（那时我才16岁）的这些情绪在此占据了我；然后我看到了理智世界的转向，而在这一普遍的行动中，我仍旧迷失和彷徨，因为这一行动撼动了我的信仰和行动赖以维系的全部真理。①

一些学者推测，托克维尔在青年时期阅读了法国启蒙运动哲学家伏尔泰和卢梭的著作，而这些著作摧毁了他青年时代未经检验的天主教信仰，此后他再也没能恢复这一信仰。② 这意味着，托克维尔余生一直是个堕落的天主教徒，但是他对信仰丢失的恐惧和惊骇、他对“定见”（fixed ideas）的需要，连同他对哲学推理的不信任都

① Letter to Madame Swetchine, February 26, 1857, 引自 Olivier Zunz and Alan Kahan, *The Tocqueville Reader: A Life in Letters and Politics* (Oxford: Blackwell, 2002), p. 336。

② Cheryl Welch, *De Tocqueville* (Oxford: Oxford University Press, 2001), p. 179.

让他不能完全取消宗教：他仍然自称信仰上帝的存在，信仰神圣的天意，信仰灵魂在来世受到的审判，信仰自由以及人类为他们的行为所需承担的责任，信仰基督教的道德教导高于唯物主义哲学。托克维尔在其他信件中确认了这些事关理性的信仰：

> 我发现，诸科学向我提供的全部概念都没有让我前进得更远……它们甚至比不上少数非常简单的观念，所有人对这些观念都或多或少有一些领会。这些观念很容易导向人们对第一因的信仰，这种信仰一直是非常明显而又不可思议的；导向一些固定的法律，这些法律是物理世界允许我们看到的，我们同时又必须要假定它们在道德世界存在；导向上帝的天意，因此导向他的正义；以及导向被允许知道存在善恶的人的责任，因此导向另一种生活。我向你忏悔，在这一启示之外，我从来没有发现，精巧的形而上学在这些事情上给我提供的概念要比粗糙的常识所提供给我的更清楚……那个我称之为我不能触及之底的东西是这个世界为何……即那个被称为人的奇特存在物之命运的原因，人已经被给予了足够的教化从而能够看到他的可悲处境，却并不能改变它。①

尽管我们很难给托克维尔的残余信仰贴上一个标签，但雅尔丹（André Jardin）把它描述为：

> 一种浸渍了基督教道德（在其中，基督既是神又是人）的自然神论，……它只是作为在文明史上一次重要进步的匿名象

① Letter to Bouchitte, January 8, 1858, quoted in Jean Claude Lamberti, *Tocqueville and the Two Democracies* (Cambridge, MA: Harvard University Press, 1989), p. 156.

征而出现。①

这些思考表明：托克维尔一直保持着对上帝和人性的信仰，并且对所有关于“被称为人的独特存在物”的理解都抱有一种无休止的不满。

总之，人们可以说，托克维尔与尼采都同意民主制是基督教的一个世俗版本，在这个版本中，平等的人性尊严的核心价值从一种精神性的教导被转变为一种政治性的观念，因而得以保存下来。托克维尔也和尼采一样有对人的伟大和贵族德性的爱，与之相应的是托克维尔对堕落民主的恐惧，这与尼采对欧洲畜群道德的批评相似。但是，托克维尔担心自己正陷入虚无主义，这种担忧恰好使他能够将自己对上帝的残余信仰保存为对正义和道德自由的支持，并且确保他能克服自己对民主的贵族般的质疑。在信仰与怀疑之间的张力的刺激下，托克维尔怀着如下希望积极地参与到政治世界当中：人的尊严能够以一种高级的基督教民主制的形式得到保存。

马利坦的福音派民主

马利坦是第三位值得注意的思想家，他的世俗化理论也关乎民主制的基督教来源。马利坦（1882—1973）是有影响力的天主教神学家，也是托马斯主义哲学家。与其他人相比，马利坦发展出了两个重要洞见，从而调和了天主教的社会教导和现代自由主义民主制。

第一，他认为基督教核心的道德教导——“彼此相爱”的诫命

---

① Jardin，*Tocqueville*，p. 63.

——意味着尊敬“人格的尊严”，这来自托马斯主义的人论：人作为理性自然的一种个别实体，凭借自己的智性和自由意志与他者区分开来。马利坦试图将人格的尊严合并到他的基督教自然法哲学之中，并认为基督教的戒律不仅包括通过德性完善理性灵魂，还包括现代哲学的自然权利。① 因此，马利坦承认，自由主义民主制或现代共和主义是最能实现自然法教导的关于人的权利和尊严的政治形式。②

第二，马利坦在发展他的人格概念时，一如既往地支持托马斯主义，并在福音的信息中发现了民主的道德原则，即因为人是按上帝的形象被造的，所以我们要爱所有人。所以马利坦说，“民主制是福音派的”或者是受福音启示的。正如他在发展天主教自然法方面所做的工作一样，马利坦并没有声称要发现福音派民主制的观念，而是要发展杰出前辈的观念。在这方面，伯格森（Henri Bergson）及其名著《宗教和道德的两个来源》（*The Two Sources of Morality and Religion*，1935）很有影响力。伯格森在其著作中认为，人类历史是“开放社会”的持续发展，而“开放社会”产生于基督教的“神秘行动主义”及其“神爱世人并发扬了大同世界的观念”的精神性教诲。伯格森用托克维尔式的口吻说道：

> 人们一直等到基督教出现，大同世界的观念才开始生效，这个观念的意涵是权利的平等和人的神圣性……事实上，十八个世纪之后，美国清教徒及法国大革命才宣布了人权……（但）它始于《福音书》。

---

① Jacques Maritain，*Man and the State*（Chicago：University of Chicago Press，1951），pp. 80 – 107.

② Jacques Maritain，*The Rights of Man and Natural Law*，trans. Doris Anson（New York：Scribner，1943），pp. 50 – 55.

换句话说，现代民主制是这样一种创造性的演化，它经历了从《福音书》到清教徒再到法国大革命，从泛爱到圣约神学再到所有人的平等权利的过程。因此，伯格森声称："民主制就其本质而言是福音派的，而它的原动力是爱。"①

马利坦在1906年皈依基督教之前，曾经受到了伯格森的形而上学哲学的影响。后来，马利坦将基督教自然法发展为一种关于民主和人权（马利坦将其称为"人的人格民主"或"人格主义的民主"）的政治教导，人们也可以在这个过程中看到伯格森的政治影响。在《经院哲学与政治学》（*Scholasticism and Politics*）中，马利坦承认这个思想来源：

> 人们必须要将伯格森的如下观点应用到人的民主之中："民主就其本质而言是福音派的，而它的原动力是爱。"

马利坦在追随伯格森的同时，也添加了一种决定性条件，以便保存《福音书》中精神领域和世俗领域之间的差异。马利坦说：

> [自己] 在引用伯格森的时候，确实没有想要把宗教和福音同任何形式的政府连接起来，（因为）基督教不会受到任何世俗政权的役使，（而且）与任何形式的合法政府都是兼容的。②

人们也许会说，在《福音书》中关于对上帝的义务和对恺撒的义务之间的差别方面，马利坦要比伯格森更具政治上的审慎。马利

---

① Henri Bergson, *Two Sources of Morality and Religion*, trans. R. Ashley Audra and Cloudesley Brereton (New York: Holt, 1935), p. 69, 271.

② Jacques Maritain, *Scholasticism and Politics*, trans. Mortimer Adler (New York: Macmillan, 1940), p. 85.

坦在世俗事物中保留了一种亚里士多德式的审慎要素，因而阻止了基督教自然法与任何单独的政治意识形态或社会经济系统被等同而视。

尽管如此，马利坦还是认为基督教与作为《福音书》的世俗政治观念的民主制有一种特别的姻亲关系。马利坦用他最喜欢的比喻说，《福音书》扮演了面包烘焙中的“曲”或酵母的角色，即以民主制为导向逐渐改变西方文明的道德感：

> 伯格森所注意到的《福音书》与民主制之间的关系不是一种权利关系……而是一种历史的事实，该事实关涉到在渎神深渊中自然产生的萌芽以及在基督教酵母（在人类历史内部发酵）影响下的世俗良心本身。（《经院哲学与政治学》，页86）

换句话说，马利坦相信一种“自然萌芽”，即基督教酵母从历史进程中产生，然后将这个世界导向了民主制——人权与人的人格尊严最终在美国和法国大革命中被承认。马利坦并没有解释在基督教观念中人格尊严的萌芽是怎么发生作用的，他只是断言：

> 十八世纪末，美国和法国宣告人权……由此而爆发出来的福音派的冲动带有世俗化基督教的印记……人在内心中感受到了一个神圣的事实：《福音书》的能量必须进入世俗的生命之中。①

对《福音书》的历史影响所作的这一断言是马利坦版的世俗化理论。这种世俗化理论在关键方面与尼采和托克维尔的理论迥然相异，也就是说，马利坦并不认为基督教只有被科学和怀疑论稀释后

---

① Jacques Maritain, *Christianity and Democracy*, trans. Doris Anson (New York: Scribner, 1944), pp. 27–28.

才能产生现代民主制。马利坦并不认为基督教信仰在世俗化进程中会消失，也不把民主制意识形态视为一种填补由上帝之死导致的空虚的手段。尼采和托克维尔都把世俗化视为基督教信仰在怀疑主义和启蒙运动的过程中不断衰弱的过程，怀疑主义是由于来世信仰或者对人在宇宙中的重要性的信仰的缺失造成的，怀疑主义还假设了一种武断的政治形式。相反，马利坦使用萌发的种子或者发酵的酵母的比喻，暗示了世俗化是一种有机体的成长或者目的论的完成。

但是，马利坦在一个关键方面与他的怀疑论同伴相似：他看到了基督教在人的尊严方面的精神性教导必然会在现代世界中担负起一种此世的面相——也就是说，这种精神性教导会变成一套关于平等、自由和友爱的政治学说，并引发现代民主制革命。

为了指出基督教民主化的因果机制，马利坦似乎赞成伯格森的观点：新教改革是连接《福音书》和美国清教徒与法国大革命的一个主要因素。对于像马利坦这样的天主教徒来说，接受这样一种结合或许很困难，因为它把民主化基督教的积极影响都归功于清教徒经改良的加尔文主义。但在《人与国家》（*Man and the State*）一书中，马利坦也明确提到了一些有争议的政治活动家，比如潘恩、布朗（John Brown）和甘地（Gandhi），并把他们称作“先知般令人震惊的少数派”，因为他们的抗议推动社会前进到了更伟大的民主之中（页141）。此外，马利坦还是一位托马斯主义哲学家，而且他在托马斯主义中发现了基督教演变为民主的根本原因，即一种新的“人格”概念。在这一分析中，“人格”从一种纯然的形而上学和神学概念（即三位一体中的“三位格”）发展为附属于人的道德和政治概念，因为人作为理性实体享有尊严和权利。尽管马利坦可能低估了康德等现代哲人对人格这一基督教概念讨论的影响，但他仍然把基督教的民主化视为福音传播的一个自然结果：人的灵魂在上帝面前的平等性一旦向这个世界宣布，平权的世俗概念在政治领域中产生就只是时间问题。对于马利坦而言，这种延展造成了“进步”，因为他并没有把它看作启蒙运动的怀疑理性的产物，而是将其视为在基督教文明中关于人的神圣火光和人格奥秘的一种更深入的认识。

按照这个逻辑，马利坦在道德哲学上迈出了尼采和托克维尔都不愿迈出的一步。他认为，基督教的发展——即托马斯主义自然法——对于人权而言确实是最好的形而上学基础，因为只有托马斯主义的人格学说才充分为（作为照着上帝的形象被造的一种理性的和精神性存在物的）人本性中的那些原则打下了基础。① 马利坦努力为基督教自然法中的人的权利和尊严提供一个形而上学的基础，这是他对自由主义民主制理论的贡献。在这一点上，马利坦与尼采截然不同，尼采反对自然法，因为自然法不管是支持民主制还是贵族制，都不可能找到任何形而上学的根基。自然法也将马利坦和托克维尔区分开来，托克维尔也没有将哲学和理性的基底视为民主制和人之伟大的基础；在托克维尔看来，在自然法和自然权利方面不存在任何发展了的教导，相反，他求助于历史中的上帝意志以维护正义和道德的秩序。②

马利坦的托马斯主义哲学的影响很大，因为它为天主教徒接受法国大革命扫清了道路；事实上，它让人们能够将其“命名”（baptize）为一种基督教-启示事件，尽管在法国大革命之后的两个世纪，革命的反宗教暴力和法国共和主义展现出对基督教的敌意

---

① Maritain, *Man and the State*, pp. 84-90.

② 有学者发现托克维尔有自然权利理论，并得出了一些开放性的结论，这是一个有趣的尝试。参见 Donald J. Maletz, “Tocqueville on Human Nature and Natural Right”, *Interpretation* 37, no. 2 (Winter 2010), pp. 183-202。

（这在法兰西世俗国家对宗教所做的公开反对中仍然可见）。[1] 作为马利坦论证的一个结果，人的人格尊严和权利的观念已经成为天主教社会教导的核心教义。这鼓励了梵二会议（the Second Vatican Council，1962—1965）反对权威主义政治和神权政治，赞同立宪民主制。马利坦使人们相信：在民主制和基督教这两个令人崇敬的观念之间存在着一种内在的姻亲关系，所以它们可以在不冲击彼此的情况下和谐共存。他大胆地提出："民主制观念……是基督教王国理想的世俗名称"，因为它们是同一硬币的两面，即平等的人类尊严的神圣方面和世俗方面。[2]

论"世俗化理论"

令人吃惊的是，许多伟大的哲学家都支持某种世俗化理论，即现代民主制是基督教的一种世俗形式。我已经分析了三位著名思想家，而我也可以证明，比如马利坦受到了伯格森的影响，托克维尔受到了夏多布里昂（Chateaubriand）的影响，夏多布里昂在《基督教真谛》（*The Genius of Christianity*，1802）中将道德平等的民主观念追溯至基督教。黑格尔也值得研究，因为他的历史哲学展现了在启蒙运动的普遍理性的观念下，绝对精神前进到了基督教道德的"自由 - 无限之人

① 参见前巴黎枢机卢斯蒂格（Jean - Marie Lustiger）："自法国大革命以来，人们越来越认可：自由、平等和友爱是圣经和基督教传统的果实……是上帝诫命的世俗版本。"（Lustiger，"Liberty，Equality，and Fraternity，" *First Things* 76，no. 4［1997］，pp. 38 - 45）至于其新教的版本，参见 Bishop Desmond Tutu，"Religious Human Rights and the Bible"，*Emory International Law Review* 10，no. 1（1996），pp. 63 - 68。

② Maritain，*Christianity and Democracy*，p. 43.

格”的世俗化实现的环节，并创造了现代国家的理性自由。[1] 如果对这些思想家进行反思，人们也许要问：世俗化理论作为对现代世界的解释为何如此引人注目？我们如何去评判这些理论？为了尝试对这些问题做出回答，我会首先审查世俗化理论的长处和吸引力，然后再去讨论它们的缺陷，最终给出一个平衡的评判。

就世俗化理论的吸引力而言，我认为，在现代性产生于启蒙运动这一标准描述中，世俗化理论找到了一些缺失的要素。正如吉莱斯皮所言，人们对启蒙运动的描述强调了科学和理性对中世纪基督教哲学的非理性的胜利，以及唯物主义和经验论取代了经院哲学和亚里士多德的自然哲学。他们把现代世界描述为与过去的根本决裂，这些描述都基于一系列对立的观念——启蒙的时代与黑暗的王国，启示与怀疑理性，信任与激进的怀疑，独裁主义与自由，等级与平等，以及非物质性的原因和物质性的原因。启蒙运动最终将现代观念定义为人类意志在上帝、自然和传统的至高权威之上的主权——庆祝人成了自己命运的掌控者、自然的主人以及自治理性的持有者。吉莱斯皮认为这一描述的问题是：它夸张、傲慢且漫不经心地忽视了中世纪和现代世界之间的连续性。[2] 这能够解释启蒙运动如何推翻传统权威，却不能解释从激进的怀疑中产生的自治理性为什么能获得形而上学的力量和道德合法性，以构建出一个新世界。在对启蒙运动的描述中缺失一些东西，这使它不足以解释它的传教热情和变革性力量。缺失的是什么呢？

按照世俗化理论家的想法，一种隐匿的“信仰”潜藏在启蒙运

---

① G. W. F. Hegel, *Hegel's Philosophy of Right*, trans. T. M. Knox （London: Oxford University Press, 1973）, pp. 51, 84, 124：“大约一千五百年以来，随着基督教的传播，人格的自由开始兴盛，并获得人们的普遍认可。”

② Gillespie, *Theological Origins*, 前揭, pp. 11 – 18。

动的理性和科学之下，这种信仰借自过去，并融入了现代观念，成为一种“世俗宗教”。这意味着现代性就其核心而言是神学的，现代人是一种精神性的存在而非一种由启蒙的唯物主义所引导的自治存在。按照这个逻辑，吉莱斯皮认为：世俗化的第一个含义（即宗教的消失）不真实，但这样说却是对的，即宗教的诸特征从上帝的领域“转移”到了自然和人的领域，同时保存并回应了精神性的需求。

许多学者都持有这一论点，他们认为“世俗宗教”要比理性观念更能解释现代世界。在吉莱斯皮的描述中，当笛卡尔和霍布斯这样的现代哲学家在构想人是自然的神一般的主宰者或利维坦国家的建构者时，他们想要回应的正是奥卡姆（Ockham）的中世纪唯名论及其具有无限意志的令人恐惧的上帝（同上，页 170 – 254、273）。在韦伯（Max Weber）的理论中，引起现代世界理性主义的并不只是科学，还包括新教的“世俗禁欲主义”；这种新教禁欲主义造成了一种世俗形式的加尔文主义，即“新教的工作伦理”，而不是一种有利于资本主义文化基础的理性欲求。① 在洛维特（Karl Löwith）看来，现代的“进步”观念是圣经末世论的一种世俗版本，这个版本意味着这样一种世俗信仰的名号，即历史的意义能够为人所知。② 而对沃格林（Eric Voegelin）而言，现代革命主义者的乌托邦观念是扭曲了的基督教教义的表达，这些表达试图将天堂带到人间，并显示出

① Max Weber, *The Protestant Ethic and the Spirit of Capitalism*, trans. Talcott Parsons（New York: Scribners, 1958）, 78, 97, 133, 180, 235:“我们在此恰恰对那些非理性要素的起源感兴趣，这些要素存在于每一个可以被称为一种呼召的劳动概念之中。”（p. 78）

② Karl Löwith, *Meaning in History: The Theological Implications of the Philosophy of History*（Chicago: University of Chicago Press, 1957）, 19, 58, 172, 200 – 203:“从历史事件中推断出救赎与成功，即使是黑格尔的历史哲学也承担不了这样的任务。”（p. 172）

宗教十字军的狂热主义。① 对这些学者来说，如果没有一种世俗宗教的概念，现代世界就不可理解，因为这个概念满足了人们对于某种不能仅靠理性来证明的绝对物的精神需求。

人们也能以类似的方式看到尼采、托克维尔和马利坦对理解现代民主制所做出的贡献。将他们联合起来的是他们的如下论点：人类尊严平等、权利平等的民主观念产生于“灵魂在上帝面前的平等性”信仰的一种世俗化变形。这意味着，这些观念从根本上说不是启蒙运动的产物，而是这种基督教信仰的产物：人是按上帝的形象被造的——这句话的最初含义是人类拥有无限的价值，因为他们拥有不朽的灵魂；后来这句话的意思变成了，人因其理性自治权拥有无限的价值，而事实上，这依赖于一种更深入的信念（仍然在文化传统中有其生命力），即人作为上帝之子都拥有一种神圣的火光。在他们看来，启蒙运动只是稀释了基督教信仰，却没有摧毁宗教；相反，它通过人的世俗进步将其目标转向正义和道德，从而加强了对人的尊严的关注。

这一分析指向了世俗化理论家的一个有价值的洞见，虽然这些理论家自己并不太强调这个洞见。他们发现，现代民主主义者为了高举所有人的权利和尊严这把大旗，不仅仅依靠以怀疑理性、激进的怀疑或者实证主义体系为形式的启蒙思想。怀疑理性的外观下潜藏着一种对平等正义的允诺，而启蒙思想并不足以支撑这一允诺，而且该允诺具有一种世俗信仰的特征，甚至还依赖圣经道德的精神性储备。延伸下去，世俗理论家暴露了后启蒙哲学家的自相矛盾，比如罗蒂（Richard Rorty），他一方面反对道德的所有理性基础，另一方面又热情洋溢地致力于社会正义和社会民主。罗蒂的困境迫使他承认自己是一个“不劳而获的无神论者”，他以犹太 - 基督教对人类尊严的信念

① Eric Voegelin, *The New Science of Politics* (Chicago: University of Chicago Press, 1952), pp. 125 – 132.

为生，并将其作为借来的道德资本：他说，这是“我们传统的一部分，即一个已经被剥夺了全部尊严的陌生人（应当）接纳并重新穿上尊严的外衣。我们的传统中存在这种犹太教和基督教要素，像我这样不劳而获的无神论者充满感激地呼喊着这种要素”，虽然这样的无神论者宣称形而上学的所有讨论全都无用，并且对上帝的信仰无关紧要。① 正如这些例子所示，世俗化理论对于揭开民主制中的那些被隐藏起来的道德绝对者而言有价值，这些绝对者一直被藏匿在启蒙运动之下，并为持存的圣经传统所维系。②

虽然世俗化理论包含了很多有价值的洞见，但它们也有一些固有问题值得注意和批评。第一，将基督教描述为一种民主宗教是否准确或具有误导性。第二，“世俗化”理论的因果机制是否足够精确，以它们成为可供证明的理论，而不是一些暗示性的假设。这些是我最后想要提出的难题。

关于第一个问题，人们也许会问：基督教是否如尼采、托克维尔和马利坦在他们的著作中所假设的那样是一种民主宗教。答案很复杂。一方面，基督教信仰关乎泛爱、对穷人的施舍、劳作的尊严以及来世的拯救，不能否认这改变了人们看待人与国家角色的方式。基督教断言所有人无论其种族、国家、性别抑或社会等级都同样能够得到上帝的拯救，它借此提高了人们的尊严意识。正如保罗（Paul）在《加拉太书》中所言：

---

① Richard Rorty，“Postmodern Bourgeois Liberalism”，in *Hermeneutics and Praxis*，ed. Robert Hollinger（Notre Dame，IN：University of Notre Dame Press，1985），p. 220.

② 最近，同样的问题在哈贝马斯（Jürgen Habermas）和拉辛格枢机（Joseph Cardinal Ratzinger）（即教皇本笃十六世）之间的交流中再次得到强调。参见 *The Dialectics of Secularization：On Reason and Religion*，trans. Brian McNeil，CRV（San Francisco：Ignatius，2006）。

> 并不分犹太人和希利尼人、自主的和为奴的、男人和女人，因为你们在基督耶稣里都成为一了。(3：28)

这一表述是《新约》中关于基督教平等性的“大宪章”（magna carta)。令人吃惊的是，我们的世俗化理论家在他们的著作中都遗漏了这段引文。这段引文意味着所有人都能够获得上帝的爱，并且有同等的机会获得拯救。这种在上帝面前的平等尊严的意识采用了许多制度性的面相，这些面相增加了人们对更加公正地对待穷人和人道主义救济的需求（比如医院、孤儿院和福利院)，也改变了婚姻、性伦理、对战争与和平的态度以及对无辜受难的看法，这些改变最终导致了废除堕胎、农奴制和奴役的运动。尽管基督教的社会影响的成就要比世俗化理论家所承认的更为复杂，但基督教在平等的人类尊严方面的教导的变革特征确实包含了真理的重要元素。①

另一方面，世俗化理论家忽视了基督教的不民主方面，这些方面不仅仅存在于那些渴望权力的统治者对权力的滥用中，亦存在于基督教的核心教义中。正如世俗化理论家所承认的，基督教的复杂性在于，它关于平等性的教导首先被应用于精神领域，而没有要求政治领域中的民主。《福音书》在人们对上帝的义务和对恺撒的义务之间做出了区分，没有要求人们在恺撒的国度里建立起民主制。这意味着，只要统治者不霸占上帝的领域，而国家也仅仅谦逊地追求世俗幸福的实现，那么人们就应当服从现有的权力，即使它非民主。

---

① 参 Viscount de Chateaubriand, *The Genius of Christianity*, trans. Charles White（New York：Fertig，1976)，pp. 620 – 632，该书叙述了基督教对民主、仁爱和人性所做的贡献。亦参 Brian Tierney, *The Idea of Natural Rights：Studies on Natural Rights，Natural Law，and Church Law*，1150 – 1625（Atlanta：Scholars，1997)，pp. 5，43 – 78，215，255 – 346，该书立足于“人的人格性”的尊严，论述了中世纪基督教在发展自然法方面所扮演的角色——影响了印第安人的权利、对奴隶制的反对、对人民主权和国际法的支持。

原因是恺撒的领域相比永恒的救赎而言只有次一级的重要性，并且上帝的国“不在此世之中”。恺撒和上帝的领域之间的差别也反映了有关基督教神法的一个更微妙的观点：上帝的律法不是一套法典，而是一种道德法则和一种精神性的教导。概括地说，基督教的神法是如下两条诫命：爱上帝和爱邻如己（《马太福音》22：15－30）。这些诫命并没有自动转变为一种政治的意识形态或经济社会体系。基督教确实不要求在政治上实行民主制或君主制，不要求资本主义、社会主义或者一种事关神法的福利国家，也不要求国家意义上的神权政治，即从神法中获得它的民法。

与犹太教的神法（来自《律法书》，其613条诫命覆盖了人们生活的方方面面）和伊斯兰教的神法教导（沙利亚律法，具有一套缜密的法理学体系）相反，基督教的神法不是一种民法典，因而不会规定政府的形式、刑法、经济契约、社会制度以及任何其他法理学体系；在基督教神法面前，这些部分都是待定的，并且可以按照人法或自然法来设定。只要国家不打着救世主的幌子去颠覆上帝的权力且能够服务于世俗性的公益，它就是合法的政府。在基督教神法的限制下，大多数的政府形式都可以接受。这表明，基督教的政治观可以同大部分政治制度兼容，因而基督教就其本性而言并不是民主的。①

此外，基督教关于教会和宗教秩序等精神权威的教导，就其本性而言不是民主的，尽管它们本可以如此。许多教会的结构都建立

---

① 尽管马利坦承认了这一点，但他仍旧坚持认为：基督教与民主有一种特别的联系。然而，正如沙尔（James Schall）所说的那样，马利坦用“民主”这一通用术语是要表达这样一种有限政府的全部形式：政府要保护人的权利和人的尊严，并且服务于公益，因而搅浑了基督教的政治教导这股清流。参见 Schall, *Jacques Maritain: Philosopher in Society* (Lanham, MD: Rowman and Littlefield, 1998), pp. 105－117。

在等级制的基础上，比如罗马天主教会和东正教会，在这些教会当中，权威来自使徒的继承。相比之下，新教诸教派要更民主些，但是英国国教教会和路德教会在结构上是主教制度，加尔文宗和长老宗教会都由当选的长老把控。基督教也认可圣人和殉道者，这些人拥有英雄般的德性，这使他们比一般人更神圣，也比其他人离上帝更近。这意味着精神上的等级制度是道德秩序的一个部分（包括加尔文宗的预定“圣人”的观念）。如果我们坚持认为基督教关于等级制度的全部教导都是对基督教教义的误解的话，这就误入歧途了，这恰恰是因为基督教的这些教义都反对民主原则。

世俗化理论的第二个主要问题源自第一个问题。如果基督教并非如其支持者所宣称的那样民主，那么究竟是什么改变了它，并使它走上了民主道路？这个问题涉及世俗化理论的核心——即世俗化进程的因果机制。学者为这一进程造出了许多不同的术语——“转移”（吉莱斯皮）、“转型”（韦伯）、“自然化”（尼采）、“肉体复原”（托克维尔）、“翻译”（哈贝马斯）、“重新占领”（布鲁门贝格）以及“萌芽”（马利坦）。这些术语的真实含义是什么？

正如早前说过的，问题的症结是“世俗化”的两种意涵有时互不相容，但最终联结在一起。在第一种含义中，宗教在现代世界消失了。在第二种含义中，宗教信仰虽然被削弱了，但却以转型的方式被保存在人道主义或政治性的东西中，它作为在怀疑理性之下生存着的一种武断的道德绝对主义却变得越来越强大。第一种含义中因果机制明确：启蒙运动及其产物（科学、工业化和唯物主义）破坏了人们对超越的信仰，导致了宗教的终结。第二种含义中因果机制难以捉摸，我们必须要弄清楚世俗化的转型如何发生，比如从基督教到法国大革命，从加尔文主义到资本主义，或者从人在上帝面前的平等性到人的平等权利。

让人最难以信服的是马利坦和尼采（在一些文段中）给出的解

释，他们认为世俗化的转型过程必然会通过“萌芽”或者“自然化”的方式在基督教文化自身中发生。马利坦解释说，原始基督教关于对所有“人格”的无差别的爱的教导已经嵌入了西方文化之中，随着时间的推移，它的完整意涵被更好地理解为一种民主转型的要求。尼采从心理学角度进行解释：权力意志发生了内在转向，这导致了基督教良心和理智诚实的增长，从而摧毁了信仰的神学面相，加剧了它尊重道德尤其是尊重人类尊严的要求。这些解释模棱两可，因为他们认为，如果时间足够，那么世俗化进程就必然发生，况且这些观点既不能被证明，也不能被证伪。

为了强化相关分析，人们会忍不住引入额外的因果解释，比如在基督教内部捣乱的新教改革或反律法主义和唯名论者：韦尔多教派（Waldensians）、奥卡姆主义（Ockhamites）、方济各会（Franciscans）、胡斯教派（Hussites）、闵采尔主义（Muntzerites）、阿米什派和门诺派（Amish and Mennonites）、循道宗（Methodists）、废奴主义（Abolitionists）以及贵格会（Quakers）都可以证明，基督教向更加民主化的方面发生了内在转向。

讽刺的是，基督教是一种极力反律法主义的宗教，并且总是通过反对其现有的形式来支持耶稣和第一批基督徒的福音困境，而改革者要建立的制度总是比现行制度更加精神化和出世而不是世俗化和入世。因此，通过改革运动的方式，基督教朝着政治民主发生了必然的内在转型，这样的因果描述不可信，因为改革的动力总是精神性的；而且反过来说，民主的政治革命（比如法国大革命）对基督教的精神性抱有敌意。人们就会转而猜测：基督教的转型必须依靠一种外部力量的介入才可以发生。

当然，那种外部力量就是启蒙运动。托克维尔和尼采的相关论证是，现代科学和哲学的智性力量摧毁了基督教的彼岸教义（对天堂和地狱、道成肉身和奇迹的信仰）；但是，这些力量以一种改良的形式原封不动地保留了基督教的道德（因此，慈善变成了人道主义的同情或者福利国家和监狱改革）。在评估这一进程的过程中，决定性的问题是：世俗化是否意味着基督教转变为某种仍旧是精神性的东西，还是说基督教被某种完全唯物主义的、世俗的和无神论的东西所替代。

施特劳斯（Leo Strauss）因为这两种情况的差别而反对世俗化理论对现代世界的解释。他把现代性的起源归结为马基雅维利（Machiavelli）、培根、笛卡尔和霍布斯等人的“反神学忿怒”，也就是说，他们因为基督教对此世的诋毁及其可怕的宗教战争而愤怒；作为回应，他们坚称人在所有超越性的秩序面前都拥有完全的自治权，人在宇宙中享有主权，而且他们还构建了一种物质成功的世俗愿景，有意将人与永恒隔离开来。施特劳斯暗示：现代性只是在“世俗化”的第一种意义上才可以被称为“世俗的”——也就是说，人心离开了永恒者而转向了世俗，这最终导致了宗教的消失。“世俗化”的第二种含义与第一种含义截然对立。“世俗化”的第二种意涵是：基督教在其转型中虽然获得了世俗的形式，但其底色仍旧是宗教性的。施特劳斯反对世俗化理论的第二种意涵，因为“永恒变成世俗”这一表述在逻辑上讲不通。尽管施特劳斯承认一些现代哲学家（比如黑格尔）把他们自己的哲学理解为世俗化的基督教，但是把永恒者转变为某种世俗之物或把天堂带到人间，这样的概念根本无法解释为什么基督教的某些元素会被保存下来，而其他元素会被丢弃。从施特劳斯的角度上说，把现代性理解为一种“世俗宗教”的观念往好了说是不充分，往坏了说是没有逻辑。①

① Leo Strauss, *What Is Political Philosophy? and Other Studies*（New York: Free Press, 1959）, p. 44；以及 Strauss, *Natural Right and History*（Chicago: University of Chicago Press, 1953）, pp. 316 – 317：“世俗化（secularization）是

那么，现代民主制有没有可能主要是彻底无神论的科学启蒙运动的产物？人们可能会说：现代民主制和自然权利学说的基本前提不可能来源于世俗基督教，因为它们来自一种“自然国家”，在这个国家中人们生而自由平等，并通过一种社会契约来创造他们自己的政府。这样的观点也过于激进。它暗示了人的自治权或人对自然和自己命运完全的掌控，并暗暗地否定了神圣的天意。相对于世俗宗教，它更接近于一种无神论的人文主义。但是如果自治权和统治权的观念与基督教不相容，那么现代民主制的起源就不来自基督教，而主要来源于非宗教或反宗教哲学。“转型”的出现就会是一种幻觉；它将被归结为一种历史性的反讽，基督教信徒在这一反讽中天真地将现代哲学的观念（比如自然国家或者对自然的科学征服）据为己有，然后以一种曲解的方式将这些观念与“兼爱”的福音戒律等同起来，从而将其合并到他们的神学当中。

同一批评的类似变种是：即使世俗化在基督教神学的内部以渐进的方式不断发生，最终的结果也将会是一种不同的存在秩序：存在的本质已经变成了人文主义和世俗性。传统基督教和现代哲学中都有平等的人类尊严的概念，人们如果在世俗化理论的讨论中对这两种概念稍作比较，就会看到其中的差别。基督教的概念以人是按上帝的形象被造的信仰为基础，因而这意味着：人之所以在被造物

精神和永恒的‘俗世化’（temporalization）……这是从一个星球向着另一个完全不同的星球的思想转变……在此过程中，传统神学不得不适应现代哲学或学科制造的理智气候。”（引自“The Three Waves of Modernity”，in *Introduction to Political Philosophy*：*Ten Essays by Leo Strauss*，ed. Hilail Gildin [Detroit：Wayne State University Press，1989]，p. 95。）施特劳斯在其早期的霍布斯的现代科学的研究中也许会认同世俗化的某种版本，因为霍布斯的建构可以被视为一种对缺失的天启上帝的回应。参见 Timothy Burns，“Leo Strauss on the Origins of Hobbes's Natural Science”，*Review of Metaphysics* 64（June 2011），pp. 823－855。

的宇宙中地位最高，是因为他们以一种永恒的命运拥有着理性的、不朽的灵魂。相反，人类尊严的现代哲学概念强调了理性的自治权（如康德哲学）或意志的自治权（如尼采哲学）。但在现代观念中，作为自治权的尊严不在自然秩序或被造物秩序之内，而与尊严相等同的人格的自决性也独立于人的自然目的：人们可以按照自己的意愿使自己成为任何东西或创造自己的身份，这与神法或自然法的概念相反。尽管这两种人类尊严的概念或许在某些区域重叠，比如仁慈地使用减轻苦难的技术，但对基督徒来说，二者的世俗化要求有差别，这足以把它们区分开来："人类尊严"的宗教概念只能接受一种有限的自治概念，而当它一旦转变为一种意志的自治，就会带来如下危险，即清空宗教观念中的精神性意涵，随之而来的便是一种纯粹的人文主义观念。

基于以上的原因，我要对世俗化理论下一个谨慎的断语。世俗化理论的贡献在于，它们展现出了中世纪和现代观念之间被隐藏的连续性，并暴露了世俗文化中大量无根据的信念；而世俗化理论的问题在于，它们夸大了基督教中的政治和民主的特征，在把人类尊严和自治权相等同的过程中混淆了现代民主制的激进要求。换句话说，世俗化理论不断将天堂和人世的东西合并起来，即使这两个领域有着不同的命运和存在样式。①

---

① 感谢密歇根大学的莱弗拉克论坛（Le Frak Forum）和关于科学、理性和现代民主制的研讨会，因为在2009年，我在其主办的名为"现代性中的宗教：世俗化理论再思考"的会议中，第一次报告了这篇文章的一些想法。

旧文新刊

荀子論禮通釋

羅根澤　撰
潘林　校訂

荀子之書，於人生、政治、心性、名理，以及天人之際、術數之微，無不詳論。然其執一御萬之方，解決一切之術，則一而已。一者何？曰禮。全書大旨，胥歸於禮，不惟《禮論》一篇然也。《大小戴記》純講禮學，而其書時襲《荀子》，① 然則謂禮學成於荀子，無不可也。然則荀子之禮學如何，學術界所急欲明了之問題也。今鈎稽探討，略爲論述如下：

一

《勸學篇》曰：

① ［原注］《大戴禮記》之《曾子立事篇》出於《荀子》之《修身》《大略》二篇，《小戴禮記》之《樂記篇》出於《荀子》之《樂論篇》，《三年間》《鄉飲酒義》二篇出於《荀子》之《禮論篇》。

禮者，法之大分。

《非相篇》曰：

夫禽獸有父子而無父子之親，有牝牡而無男女之别；故人道莫不有辨，辨莫大於分，分莫大於禮。

《王霸篇》曰：

傳曰："農分田而耕，賈分貨而販，百工分事而勸，士大夫分職而聽，建國諸侯之君分土而守，三公總方而議，則天子共己而已。"出若入若，天下莫不平均，莫不治辨，是百王之所①同也，而禮法之大分也。

《正論篇》曰：

夫禮義之分盡矣。

《禮論篇》曰：

禮豈不至矣哉？立隆以為極，而天下莫之能損益也。本末相順，始終相應，至文以有别，至察以有説。

統觀諸篇所言，則荀子謂禮之意義可知矣：一言以蔽之，曰分。其意義與作用，在建設一種分的制度，使其各守所分而不相逾越侵犯也。

然《臣道篇》又謂"禮義以爲文，倫理以爲理"，《樂論篇》又謂"禮者，理之不可易者也"，此又何也？曰文與理，亦皆分也。戴

① ［校按］所，原誤重，據《荀子》删一"所"字。

東原《孟子字義疏證》曰：“理者，察之幾①微必區以別之名也，是故謂之分理；在物之質曰腠理，曰文理。”又引古説以申之曰：“《中庸》曰：‘文理密察，足以有別也。’《樂記》曰：‘樂者，通倫理者也。’鄭康成注云：‘理，分也。’許叔重《説文解字序》曰：‘知分理之可相別異也。’”

按：《説文·示部》言：“禮，履也。”《白虎通義·禮樂篇》言：“禮之爲言履也。”《漢書·公孫宏傳》言：“禮者，所履也。”《荀子·儒效篇》亦曰：“禮言是，其行也。”《大略篇》亦曰：“禮者，人之所履也。”《説文》於《玉部》則曰：“理，治玉也。”段玉裁釋之曰：“《戰國策》中鄭人謂玉之未理者爲璞，是理爲剖析也。玉雖至堅，而治之得其䚡理，以成器不難，謂之理。凡天下一事一物，必推其情至於無憾而後即安，是之謂天理，是之謂善治，此引申之義也。”

據此，理與禮，知行之異也，内外之殊也；察其䚡理，明其大分，理之事也；依理履行，不使絲毫雜亂分理之當然，禮之事也。《白虎通義·性情篇》曰：“禮也者，履道成文也。”文即文理。故禮也者，理之表現於外之文也。理主於分，禮則依分義而建爲制度，所謂禮制也。

文者，理所表現之文，即禮之節儀也，故謂之“文理”。《正名篇》②《禮論篇》皆以“禮義文理”并稱，是知文之義亦含分也。

然《儒效篇》又曰：“先王之道，仁之隆也，比中而行之。曷謂中？禮義是也。”此又何也？曰：中者，不偏不頗，無過不及，合乎天理，當於大分。此謂禮合乎中也，非謂禮之意義爲中也。蓋禮

① ［校按］幾，原作“極”，據《孟子字義疏證》改。

② ［校按］正名篇，疑爲“性惡篇”之誤。通檢《荀子》全書，言“禮義文理”者有《禮論》《性惡》兩篇，而無《正名篇》。

皆合乎中，不合乎中，則分理亂而非禮之正矣。

然《禮論篇》又曰："禮者，養也。"此又何也？曰：此就其功用言，非就其意義言；《禮論篇》之言，亦謂其義爲分。故曰：

> 人生而有欲，欲而不得，則不能無求；求而無度量分界，則不能不争；争則亂，亂則窮。先王惡其亂也，故制禮義以分之，以養人之欲，給人之求，使欲必不窮乎物，物必不屈于欲，兩者相持而長，是禮之起也。故禮者，養也。
>
> 芻豢稻粱，五味調香，所以養口也；椒蘭芬苾，所以養鼻也；雕琢刻鏤，黼黻文章，所以養目也；鐘鼓管磬，琴瑟竽笙，所以養耳也；疏房檖貇，越席牀笫几筵，所以養體也。故禮者，養也。

此言能依禮義之分，則可得如此之養；否則争亂起，而舉不得養矣。

故言其功用，則曰"禮者，養也"；言其當依履行，則曰"禮者，人之所履也"；言其適合乎中，則曰"曷謂中？禮義是也"；而其意義、其作用，則確爲分也。

然《修身篇》曰"非禮是無法也"，又曰"學也者，禮法也"，《勸學篇》亦曰"《禮》者，法之大分"，《王霸篇》亦曰"禮法之大分"，是禮與法無別耶？曰：荀子承儒家之後，當戰國人心奸險、天下喪亂之時，知儒家言仁義，純恃誘導，不足以息奸寧亂，故標出禮，而以分量限度爲説，其作用實與法家所謂法有相同者。故一傳之後，即爲韓非法家之學。但與法有不同者，法之限量，出於被動，禮之限量，出於自動；法主於制，禮主於教；法所以强制其行爲，禮所以歆動其自覺。所以賈誼謂"禮者，禁於未然之前；法者，施於已然之後"（《陳政事疏》）也。

然荀子亦政，亦間用法，所以謂：

由士以上則必以禮樂節之，衆庶百姓則必以法數制之。

所以謂：

必將[①]修禮以齊朝，正法以齊官，平[②]政以齊民。（并《富國篇》）

但其用法者，不得已耳，其根本大計，固在“明禮義以道（同導）之”（《王霸篇》[③]），冀“導之以禮樂而民和睦”（《樂論篇》）。惟禮義既設，猶不能漸趨於善，始不得已而繩之以法耳。

荀子釋禮，義主於分。承其學者，兩漢儒家，猶明斯義，故《禮記·仲尼閑居》謂“禮也者，理也”。《史記·禮書》全襲《荀子·禮論》，《禮記·樂記》及《史記·樂書》全襲《荀子·樂論》，釋禮亦自不悖。下至東漢白虎講學，亦謂“禮義者，有分理”（《白虎通·性情篇》）。即晋之初葉，王肅僞《孔子家語》，亦曰：“禮者，理也。”（《論理篇》）其義仍未失。然自姬周崇禮右文，下更兩漢，禮數益增，繁文縟節，不勝其擾，禮意失而禮節盛，其遭非斥，理固宜然。故老莊謂爲“道之華而亂之首”，而東晋之士，尤鄙夷不屑道。及隋唐物極而返，禮復尊隆，然亦徒擷取皮毛，以牢籠一世之人心，非實明禮義、實行禮義也。宋儒揉和儒佛，謂“禮者，天理之節文，人事之儀則”（朱子《論語集注·學而篇》），而解釋天理，以爲“如有物焉，得於天而具於心”。[④] 蹈於玄虚，隣於意見，[⑤]則禮意已因之玄渺不可捉摸；又繁其節儀，使人難爲。則其究也，

① ［校按］必將，原作“將必”，據《荀子》乙正。

② ［校按］平，原作“專”，據《荀子》改。

③ ［校按］王霸篇，原作“議兵篇”，據《荀子》改。

④ ［校按］語見戴震《孟子字義疏證·理》。

⑤ ［原注］參見戴震《孟子字義疏證》釋“理”“欲”之部。

足以導世人趨於虚僞。今人之非棄禮教，斥爲妖孽，詆爲吃人，①雖言或過當，亦自身腐爛，有以致之也。則禮意云何，又可不亟亟表而出之，以與世人評其得失，沽其價值也哉！

二

阮元《論語論仁論》謂孔子言仁有“士庶人之仁”“天子、諸侯、卿大夫之仁”，“士庶人之仁，見於宗族鄉黨；天子、諸侯、卿大夫之仁，見於國家臣民”。荀子言禮，亦有“士庶人之禮”“天子、諸侯、卿大夫之禮”之分。“士庶人之禮”下節述之，兹先述“天子、諸侯、卿大夫之禮”。“天子、諸侯、卿大夫之禮，用於國家臣民”，鑄成“禮治主義”。

荀子對其“禮治主義”持之甚堅，信之甚深。

《王制篇》曰：

> 修禮者王，為政者强，取民者安，聚斂者亡。

《臣道篇》曰：

> 國無禮則不正。禮之所以正國也，譬之猶衡之於輕重也，猶繩墨之於曲直也，猶規矩之於方圓也，既錯之而人莫之能誣也。

《議兵篇》曰：

> 隆禮貴義者其國治，簡禮賤義者其國亂。

---

① ［原注］詆斥禮教最甚者爲吴虞，其説具載《吴虞文録》。

又曰：

> 禮者，治辨之極也，治國①之本也，威行之道也，功名之總也。王公由之，所以得天下也；不由，所以隕社稷也。

《强國篇》《天論篇》并曰：

> 人之命在天，國之命在禮。人君者隆禮尊賢而王，重法愛民而霸，好利多詐而危，權謀、傾覆、幽險而亡。

荀子固古今有數大儒，其持之甚堅，信之甚深之“禮治主義”，無論如何，有一探討之價值與必要。

考荀子言禮治之意義與效用，純以社會學眼光，察破人世之爭鬥悖亂，皆由於無分，故欲組織社會，使社會安寧，非制禮以分之不可。

《榮辱篇》曰：

> 夫貴為天子，富有天下，是人情之所同欲也。然則縱人之欲，則勢不能容，物不能贍也。故先王案（荀子用“案”多同“乃”）為之制禮義以分之，使有貴賤之等，長幼之差，知愚、能不能之分，皆使人載其事而各得其宜。然後使②慤（郝懿行謂“謹”也，俞樾謂當作“穀”）祿多少、厚③薄之稱。是夫群居和一④之道也。

《王制篇》曰：

---

① ［校按］治國，《荀子》通行本作“强國”，《史記·禮書》作“强固”。

② ［校按］使，原脱，據《荀子》補。

③ ［校按］厚，原作“原”，據《荀子》改。

④ ［校按］和一，原作“合一”，據《荀子》改。

夫兩貴之不能相事，兩賤之不能相使，是天數也。勢位齊而欲惡同，物不能澹（楊注："'澹'，讀為'贍'"）則①必爭，爭則必亂，亂則窮矣。先王惡其亂也，故制禮義以分之。

又曰：

水火有氣而無生，草木有生而無知，禽獸有知而無義；人有氣、有生、有知，亦且有義，故最為天下貴也。力不若牛，走不若馬，而牛馬為用，何也？曰：人能群，彼不能群也。人何以能群？曰：分。分何以能行？曰：義。故義以分則和，和則一，一則多力，多力則强，强則勝物，故宫室可得而居也。故序四時，裁萬物，兼利天下，無它故焉，得之分義也。故人不能無群，群而無分則爭，爭則亂，亂則離，離則弱，弱則不能勝物，故宫室不可得而居也，不可少頃舍禮義之謂也。

《性惡篇》曰：

今人之性……生而有耳目之欲，有（王先謙疑"有"字衍文；今案，疑作"又"字解）好聲色焉；順是，故淫亂生而禮義、文理亡焉。……故必有師法之化、禮義之道（同"導"），然後出②於辭讓，合於文理，而歸於治。

又曰：

今人之性惡，必將待師法然後正，得禮義然後治。今人無師法，則偏險而不正；無禮義，則悖亂而不治。古者聖王以人

① ［校按］則，原作"欲"，據《荀子》改。
② ［校按］出，原作"生"，據《荀子》改。

之性惡，以為偏險而不正，悖亂而不治，是以為之起禮①義，以矯飾人之性情而正之，以擾化人之②性情而導之也。使③皆出於治、合於道者也。

又曰：

故古者聖王以人之性惡，以為偏險而不正，悖亂而不治，故為之立君上之勢以臨之，明禮義以化之，起法正以治之，重刑罰以禁之，使天下皆出於治、合於善也。是聖王之治，而禮義之化也。

今當（嘗也）去④君上之勢，無禮義之化，去⑤法正之治，無刑罰之禁，倚而觀天下民人⑥之相與也。若是，則夫强者害弱而奪之，衆者暴寡而譁之，天下之悖亂而相亡，不待頃矣！

歸納比觀，知荀子謂禮之作用在明分使群。何以不明分則不能使群？荀子以爲人生而有欲，欲則求得，爾求得彼亦求得，利害衝突，則必至於争，争則不能群矣。何以須群？荀子以爲不群則不能制獸蟲之害，不能抵抗外侮。蓋彼深見於不群則不能自立，又深見於人欲之易生衝突，惟一辦法，祇有將上下、貴賤、彼此、物我之權利與義務嚴爲劃分。所以謂：

離居不相待則窮，群而無分則争。窮者患也，争者禍也。救患除禍，則莫若明分使群矣。强脅弱也，知懼愚也，民下違

① ［校按］禮，原作“亂”，據《荀子》改。
② ［校按］人之，原作“之人”，據《荀子》乙正。
③ ［校按］使，原作“始”，據宋本《荀子》改。
④ ［校按］去，原作“立”，據《荀子》改。
⑤ ［校按］去，原作“立”，據《荀子》改。
⑥ ［校按］民人，原作“人民”，據《荀子》乙正。

上，少陵長，不以德為政；如是，則老弱有失養之憂，而壯者有分争之禍矣。事業所惡也，功利所好也，職業無分；如是，則人有樹事之患，而有争功之禍矣。男女之合，夫婦之分，婚姻聘内（同“納”）送逆無禮；如是，則人有失合之憂，而有争色之禍矣。故知者為之分也。

又曰：

人之生不能無群，群而無分則争；争則亂，亂則窮矣。故無分者，人之大害也；有分者，天下之本利也。（并《富國篇》）

又曰：

分均（貴賤敵也）則不偏（同“徧”），勢齊則不壹，衆齊則不使。有天有地，而上下有差；明王始立，而處國有制。

荀子此種主張，無以名之，名之曰“唯分主義”。依唯分之義，則所表現之禮制，自然爲階級制度。所以《富國篇》曰：

禮者，貴賤有等，長幼有差，貧富輕重皆有稱者也。

《王制篇》言“王者之制……衣服有制，宫室有度，人徒有數，喪祭械用皆有等宜”，所謂王制實即禮制。蓋荀子言禮，其表現於政治者，即爲禮制；以其認爲是王者治天下之制，所以又名王制。禮制之義，在於使各級各人有鮮明之差異，在於嚴劃各級各人之權利與義務。

荀子之禮制既爲階級制度，故其所嚴劃之各級各人之權利、義務，民人一方面，極爲簡單。蓋彼以民人爲被治者，其能否入軌，能否不至於蕩檢逾閑，能否安居樂業，全在於國家當局。所以謂：

> 無君以制臣，無上以制下，天下害生縱欲。（《富國篇》）

所以謂：

> 無君子則天地不理，禮義無統，上無君師，下無父子，夫是之謂至亂。（《王制篇》）

所以對於民人之限制，衹在使之不致“民下違上，少陵長”（《富國篇》）而已。其所急急闡述者，爲治民者之職責。荀子於此層之論述最多，不能一一徵引，衹舉最詳贍之《王制篇》一段，以見其禮制之大綱：

> 序官：
>
> 宰爵知賓客、祭祀、饗食、犧牲之牢數，司徒知百宗、城郭、立器之數，司馬知師旅、甲兵、乘白之數。
>
> 脩憲命，審詩商，禁淫聲，以時順修，使夷俗邪音不敢亂雅，大師之事也。
>
> 修隄梁，通溝澮，行水潦，安水臧，以時决塞，歲雖凶敗、水旱，使民有所耘艾，司空之事也。
>
> 相高下，視肥墝，序五種，省農功，謹蓄藏，以時順修，使農夫樸力而寡能，治田之事也。
>
> 修火憲，養山林、藪澤、草木、魚鼈、百索，以時禁發，使國家足用，而財物不屈，虞師之事也。
>
> 順州里，定廛宅，養六畜，閑樹藝，勸教化，趨孝弟，以時順修，使百姓順命，安樂處鄉，鄉師之事也。
>
> 論百工，審時事，辨功①苦，尚完利，便備用，使雕琢文采不敢專造於家，工師之事也。

---

① ［校按］功，原作“工”，據《荀子》改。

相陰陽，占祲兆，鑽龜陳卦，主攘擇五卜，知其吉凶妖祥，傴巫跛擊之事也。

修采清，易道路，謹盜賊，平室律，以時順修，使賓旅安，而貨財通，治市之事也。

抃急禁悍，防淫除邪，戮之以五刑，使暴悍以變，奸邪不作，司寇之事也。

本政教，正法則，兼聽而時稽之，度其功勞，論其慶賞，以時慎修[①]，使百吏勉盡，而衆庶不偷，冢宰之事也。

論禮樂，正身行，廣教化，美風俗，兼覆而調一之，辟公之事也。

全道德，致隆高，綦文理，一天下，振毫末，使天下莫不順比服從，天王之事也。

荀子爲由儒入法之過渡人物。荀子而上，孔子、孟子，其言政也，植本於仁。[②] 仁之義爲相人偶，其目的在盡人我相與之道，以組織社會，是倫理的。荀子而下，韓非、李斯，其言政也，專重於法。法，《説文》作“灋”，言“灋，刑也，平之如水。廌，所以觸不直者去之，從廌[③]、去”。目的在爲法以齊其不然，法以組織社會，是法律的。荀子則以禮爲治。禮之義爲分，其目的在明分使群以組織社會，是政治的。

孔子言仁，以恕爲之説，全爲歆動力。孟子言仁，以義爲之説，於歆動、勸導之外，稍有限制之意。禮全主於限制，然力量未甚嚴

---

① ［校按］慎修，一本作“順修”。劉台拱《荀子補注》謂當作“順修”，古“順”“慎”通用。

② ［原注］參閲阮元《揅經室一集卷八·論語論仁論》《揅經室一集卷九·孟子論仁論》。

③ ［校按］廌，原作“廌”，據《説文解字》改。

巨。法則整齊劃一，不容絲毫軼出繩墨之外，純爲强制矣。孟子見以恕言仁之效未大驗，故以義言仁。荀子見仁恕、仁義之效未大驗，故倡禮。韓非見禮之效未大驗，故倡法。禮能爲之分，而犯分亂理則無以治之（充其量不過斥其非禮而已），法則裁制人之犯分亂理者也。世人每疑荀子爲儒家大師，而一傳之後，即爲韓非法家之學，不知正一脉相傳，不足異也。①

三

士庶人之禮，最重要者爲家庭之禮；家庭之禮，最重要者爲父子②。父子之禮，分三級論述：

（1）事生之禮

《禮論篇》曰：

> 禮者，謹於治生死者也。生，人之始也；死，人之終也。終始俱善，人道畢矣。故君子敬始而慎終，終始如一，是君子之道，禮義之文也。

此所以謹於事生之故也。事生之禮如何？

> 故事生不忠厚、不敬文，謂之野。（《禮論》）

（2）送死之禮

《禮論篇》曰：

① ［原注］不惟荀韓爲一脉相傳之學，孔孟以至荀韓，亦一脉相傳之學。最近期間，余當别爲《自孔子談至韓非》一文論之。

② ［校按］據文意，“父子”後當脱“之禮”二字。

夫厚其生而薄其死，是敬其有知而慢其無知也，是奸人之道而倍叛之心也。君子以倍叛之心接臧①穀，猶且羞之，而況以事其所隆親乎？故死之為道也，一而不可得再復也，臣之所以致重其君，子之所以致重其親，於是盡矣。

此所以謹於送死之故也。送死之禮如何？

送死不忠厚、不敬文，謂之瘠。君子賤野而羞瘠，② 故天子棺椁十（十，王引之疑當作“七”）重，諸侯五重，大夫三重，士再重。然後皆有衣衾多少厚薄之數，皆有翣菨文章之等，以敬飾之。使死生終始若一，一足以為人願，是先王之道、忠臣孝子之極也。

天子之喪動四海，屬諸侯；諸侯之喪動通國，屬大夫；大夫之喪動一國，屬修士；修士之喪動一鄉，屬朋友；庶人之喪合族黨，動州里。刑餘罪人③之喪不得合族黨，獨屬妻子，棺椁三寸，衣衾三領，不得飾棺，不得晝行，以昏殣，凡緣而往埋之，反無哭泣之節，無衰麻之服，無親疏月數之等，各反其平，各復其初，已葬埋，若無喪者而止，夫是之謂④至辱。（《禮論》）

何以必糜財費時以爲此也？

禮者，謹於吉凶，不相厭（厭，楊注掩也）者也。紸纊聽息之時，則夫忠臣孝子亦知其閔已，然而殯斂之具未有求也；

---

① ［校按］臧，原作“臓”，據《荀子》改。
② ［校按］“君子”句，原脱，據《荀子》補。
③ ［校按］罪人，原脱，據《荀子》補。
④ ［校按］謂，原作“設”，據《荀子》改。

垂涕恐懼，然而幸生之心未已，持生之事未輟也；卒矣，然後作具之。故雖備家，必逾日然後能殯，三日而成服。然後告遠者出矣，備物者作矣。故殯，久不過七十日，速不損五十日。是何也？曰：遠者可以至矣，百求可以得矣，百事可以成矣，其忠至矣，其節大矣，其文備矣。然後月朝卜日，月夕卜宅，然後葬也。當是時也，其義止，誰得行之？其義行，誰得止之？故三月①之葬，其貌以生飾死者也，殆非直留死者以安生也，是至隆思慕之義也。（《禮論》）

故死之人為道也，不飾則惡，惡則不哀，尒則玩，玩則厭，厭則忘，忘②則不敬。一朝而喪其嚴親，而所以送葬者，不哀不敬，則嫌於禽獸矣。君子恥之。故變而飾，所以滅惡也；動而遠，所以遂敬也；久而平，所以優生也。

禮者，斷長續短，損有餘，益不足，達愛敬之文，而滋成行義之美者也。故文飾、粗惡，聲樂、哭泣，恬愉、憂戚，是反也，然而禮兼而用之，時舉而代御③。故文飾、聲樂、恬愉，所以持平奉吉也。粗衰（王念孫謂“衰”本作“惡”）、哭泣、憂戚，所以持險奉凶也。故其立文飾也，不至於窕冶；其立粗衰也，不至於瘠弃；其立聲樂、恬愉也，不至於流淫惰慢；其立哭泣、哀戚也，不至於隘懾傷生。是禮之中流也。

故喪禮者，無他故焉，明死生之義，送以哀敬而終周藏也。故葬埋，敬藏其形也。

三月之殯何也？曰：大之也，重之也，所致隆也，所致親也；將舉錯之，遷徙之，離宮室而歸丘陵也。先王恐其不文也，是以

① ［校按］月，原作“日”，據《荀子》改。
② ［校按］“忘”後原衍“不”字，據《荀子》刪。
③ ［校按］御，原作“卸”，據《荀子》改。

繇（王引之謂“繇”讀為“遥”）其期，足以日也。故天子七月，諸侯五月，大夫三月，皆使其須足以容事，事足以容成，成足以容文，文足以容備。曲容備物之謂道矣。（并《禮論》）

於此有附及者，曰喪服之禮。《禮論篇》曰：

三年之喪何也？曰：稱情而立文，因以飾群别、親疏、貴賤之節，而不可損益也。故曰無適不易之術也。創巨者其日久，痛甚者其愈遲，三年之喪，稱情而立文，所以為至痛極也。齊衰、苴杖、居廬、食粥、席薪、枕塊，所以為至痛飾也。三年之喪，二十五月而畢，哀痛未盡，思慕未忘，然而禮以是斷之者，豈不以送死有已、復生有節也哉？

凡生乎天地之間者，有血氣之屬必有知，有知之屬莫不愛其類。今夫大鳥獸則（則，王先謙謂猶若也）失亡其群匹，越月逾時則必反鉛①（楊注與“沿”同），過故鄉則必徘徊焉，鳴號焉，躑躅焉，踟蹰焉，然後能去之也。小者是燕爵，猶有啁噍之頃焉，然後能去之。故有血氣之屬，莫知於人，故人知於其親也，至死無窮。

將由夫愚陋淫邪之人與？則彼朝死而夕忘之，然而縱之，則是曾鳥獸之不若也，彼安能相與群居而無亂乎？將由夫修飾之君子與？則三年之喪，二十五月而畢，若駟之過隙，然而遂之，則是無窮也。故先王、聖人安（乃也）為之立中節制，一使足以成文理，則舍之矣。然則何以分之？曰：至親以期斷。是何也？曰：天地則已易矣，四時則已徧矣，在其宇中者莫不更始矣，故先王案以此象之也。然則三年何也？曰：加隆焉，案使倍之，故再期也。由九以下何也？曰：案使不及也。故三

① ［校按］鉛，原作“船”，據《荀子》改。

年以為隆，緦、小功以為殺，期、九月以為間，上取象於天，下取象於地，中取則於人，人所以群居和一之理盡矣。故三年之喪，人道之至文者也。夫是之謂至隆，是百王之所同，古今之所一也。（《禮論》）

由父子推至於君臣，爲君亦服喪三年。

君之喪所以取三年，何也？曰：君者，治辨之主也，文理之原也，情貌之盡也，相率而至隆之，不亦可乎？《詩》曰："愷悌[①]君子，民之父母。"彼君子者，固有為民父母之説焉。父能生之，不能養（王念孫謂"養"作"食"，是）之；母能食之，不能教誨之；君者，已能食之矣，又善教誨之者也，三年畢矣哉！（《禮論》）

(3) 祭祀之禮

所以有祭祀之禮者何也？

以三年事之，猶未足也，直無由進之耳。故社[②]，祭社也；稷，祭稷也；郊者，并百王於上天而祭之也。（楊注："百王，百神也，或'神'字誤為'王'。言社稷唯祭一神，至郊天則兼百神，以喻君兼父母者也。"）

祭祀，敬事其神也。

祭者，志意思慕之情也。愅詭、唈僾而不能無時至焉，故人之歡欣和合之時，則夫忠臣孝子亦愅詭而有所至矣。彼其所至者甚大動也，案（乃也）屈然已，則其於志意之情者惆然不嗛，其於禮節者闕然不具。故先王案為之立文，尊尊親親之義

① ［校按］愷悌，原作"愷愷"，據《荀子》改。
② ［校按］社，原作"祭"，據《荀子》改。

至矣。故曰：祭者，志意思慕之情也，忠信愛敬之至矣，禮節文貌之盛矣……

故鐘鼓、管磬、琴瑟、竽笙，《韶》《夏》《護》《武》《汋》《桓》《箾》《象》，是君子之所以為悍詭其所喜樂之文也。齊衰、苴杖、居廬、食粥、席薪、枕塊，是君子之所以為悍詭其所哀痛之文也。（并《禮論篇》）

此祭祀之意也。祭祀之儀如何？

卜筮視日，齋戒修涂（王念孫謂“涂”讀為“除”），几筵、饋薦、告祝，如或饗之；物取而皆祭之，如或嘗之；毋利舉爵，主人有尊，如或觴之；賓出，主人拜送，反易服，即位而哭，如或去之。哀夫敬夫！事死如事生，事亡如事存，狀乎無形影，然而成文。（《禮論篇》）

儒家此種厚葬久喪之制，雖爲意深長，而亦實有過甚者，不惟今人非之（若吴虞諸人），前乎荀子之墨子已痛乎非之矣。其言曰：

存乎王公大人有喪者，曰棺椁必重，葬埋必厚，衣衾必多，衣繡必繁，丘隴必巨；存乎匹夫賤人死者，殆竭家室；存（原無“存”字，依畢增）乎諸侯死者，虛車（俞謂“車”為“庫”之誤）府，然後金玉珠璣比乎身，綸組節約，車馬藏乎壙，又必多為屋幕、鼎鼓、几梴、壺濫、戈劍、羽旄、齒革，寢而埋之……

處喪之法將奈何哉？曰：哭泣不秩，聲翁，縗絰，垂涕，處倚廬，寢苫枕凷。又相率强不食而為飢，薄衣而為寒，使面目陷陬，顔色黧黑，耳目不聰明，手足不勁强，不可用也。又曰：上士之操喪也，必扶而能起，杖而能行，以此共三年。若法若言，

> 行若道，使王公大人行此，則必不能蚤朝（此處有脱文①），五官六府，辟草木，實倉廩；使農夫行此，則必不能蚤出夜入，耕稼樹藝；使百工行此，則必不能修舟車，為器皿矣；使婦人行此，則必不能夙興夜寐，紡績織紝。細計厚葬為多埋賦之財者也，計久喪為久禁從事者也。（《節葬②下》）

又曰：

> 禮，君與父母、妻、後子死，三年服喪，伯父、叔父、兄弟期，族人五月，姑姊、舅甥皆有數月之喪。……則君子何以聽治？庶人何以從事？（《公孟篇》）

墨子重實利主義，“凡費財勞力不加利者，不爲也”（《墨子·辭過》）。故對儒者之厚葬久喪，排觝不遺餘力，以爲“厚葬靡財而貧民，久服傷而害事”（《淮南子·要略》言，原無“久”字，依王念孫校增），大體確中要隘，能指其弊端所在。故荀子之辯難，不能折服墨子之心，而饜吾人之望。其言曰：

> 世俗之為説者曰：“太古薄葬，棺厚三寸，衣衾三領，葬田不妨田，故不掘也；亂今厚葬飾棺，故扣也。”是不知治道，而不察於扣不扣之所言也。
>
> 凡人之盜也，必以有為，不以備不足，足（盧文弨曰：“下③‘足’字衍。”）則以重有餘也。而聖王之生民也，皆使當

---

① ［校按］據孫詒讓《墨子閒詁》，“蚤朝”後當補：“晏朝；使大夫行此，則必不能治。”

② ［校按］葬，原作“喪”，據《墨子》改。

③ ［校按］下，原作“不”，據《抱經堂叢書》本《荀子》所附盧氏案語改。

厚（王念孫云：“‘當厚’蓋‘富厚’之誤。”）優猶不知足，而不得以有餘過度；故盜不竊，賊不刺，狗豕吐菽粟，而農賈皆以貨財讓。……雖珠玉滿體，文繡充棺，黄金充椁，加之以丹砂，重之以曾青，犀象以為樹，琅玕、龍茲、華覲以為寶，人猶莫之扣也。是何也？則求利之詭緩，而犯分之羞大也。……

夫曰：“太古薄葬，故不扣也；亂今厚葬，故扣也。”是特奸人之誤於亂説，以欺愚者而潮陷之以偷取利焉。夫是之謂大奸。（《正論篇》）

此雖未明指非墨，而顯係對墨家非厚葬之説而發。所言極不健全，可謂强詞奪理矣。竊嘗以爲服喪三年之説，爲儒家之創制，雖自謂“自天子達於庶人，三代共之”，①恐康有爲氏所謂托古改制者也，未必古有此制。豈惟古無此制，恐此制除一二奇特之士篤守儒家之説者，從未見諸事實。宰我親及孔門，尚且懷疑，謂“君子三年不爲禮，禮必壞；三年不爲樂，樂必崩。舊穀既没，新穀既升，鑽燧改火，期可已②矣”（見《論語》）。魯爲周公之後，孔子之邦，所謂以儒道設教，一秉周禮者；而《孟子》載滕文公欲行三年之喪，父兄百官皆不悦，曰：“吾宗國魯先君莫之行。”則其制之不適，可斷言矣。

雖然，謂其“强不食而爲飢，薄衣而爲寒，顔色黧黑，耳目不聰明，手足不勁强”，“必扶而能起，杖而能行”，則實過甚其詞，或亦竊禮教之名者有此失也，在荀子固亦極端非之。故其言曰：“其立③粗衰也，不至於瘠弃。”又曰：“量食而食之，量要而帶之。相高以毁瘠，是奸人之道也，非禮義之文也，非孝子之情也，將以有爲者也。”（并《禮論篇》）然則後世虚僞者流，送親之喪也，鋪張

① ［校按］語見《孟子・滕文公上》。

② ［校按］可已，原作“已可”，據《論語》乙正。

③ ［校按］立，原作“主”，據《荀子》改。前述引文亦作“立”。

儀式，以誇耀閭里，故意哀毁，以釣邀名譽，皆荀子所謂奸人者也，不得據此以非薄荀子，非薄禮教。荀子嘗言之矣："喪禮者，以生飾死者也。"（《禮論篇》）若以虚僞行之，是以死飾生者也，豈荀子所取乎？孔子斥宰我之欲短喪也，曰："食夫稻，衣夫錦，於女安乎？女安則爲之！"[①] 荀子亦嘖嘖言曰："稱情而立文"，"是致隆思慕之情[②]也"（《禮論篇》）。則儒家所以力主厚薄久葬之説者，以非此不足以盡其情也（儒家厚葬久喪之用意，全在求感情之安慰，不能以理智計較利害，參閱馮芝生先生《儒家對於婚喪祭禮之理論》）。後人如無其情，亦不必矯揉造作[③]，以行其禮也。

然必如墨子之意，"衣衾三領，桐棺三寸，葛以緘之，絞之不合，通之不埳……既葬，收餘壤其上，壟若參耕之畝"，或"已葬，而市人乘之"（《節葬[④]下》），"生不歌，死不服"（《莊子·天下篇》），"舉音不盡其哀"，則不惟"尊卑無别"（《史記·太史公自序》），子孫之情，亦有所不安也。孟子曰："蓋上世嘗有不葬其親者，其親死舉而委之於壑。他日過之，狐狸食之，蠅蚋姑嘬之。其顙有泚，睨而不視。夫泚也，非爲人泚，中心達於面目，蓋歸反虆梩而掩之。"（《滕文公篇》）今雖埋而掩之，而商人市子踐踏其上，土頹墳壞，棺木外暴，子孫過之，能不"其顙有泚，睨而不視"者鮮矣。至於貪尋丈之土，親執耒耜以耕種其上，更非稍有血氣心肝者所能爲也。善乎《淮南子·齊俗訓》之曰："三年之喪，是强人所不及而以僞輔情也；三月之服，是絶哀而迫切之性也。夫儒墨不原人情之終始，而務以行相反之制。"

---

① ［校按］語見《論語·陽貨》。

② ［校按］情，《荀子·禮論篇》作"義"。

③ ［校按］"造""作"之間原有"寸葛"二字，當係錯簡所致，兹移至下文"桐棺三"之後，於文爲備。

④ ［校按］葬，原作"喪"，據《墨子》改。

於此，有須附論者，《荀子》謂臣之對君，如子之對父，其不適於共和時代，自無待言，其所以招今人非訾者，大部在此。然彼雖謂君死臣服喪三年，而平日之禮，則對待的，而非絕對的。不惟君臣，父子、兄弟、夫婦皆對待的，而非絕對的。

《君道篇》曰：

> 請問為人君？曰：以禮分施，均徧而不偏。請問為人臣？曰：以禮待君，忠順而不懈。請問為人父？曰：寬惠而有禮。請問為人子？曰：敬愛而致文。請問為人兄？曰：慈愛而見友。請問為人弟？曰：敬詘而不苟。請問為人夫？曰：敬功而不流，致臨而有辨。請問為人妻？曰：夫有禮則順柔聽侍，夫無禮則恐懼而自竦也。此道也，偏立而亂，俱立而治，其足以稽矣。請問兼之奈何？曰：審之禮也。

《議兵篇》曰：

> 為人上者也，其所以接下之百姓者，無禮義忠信，焉（乃也）慮率用賞慶、刑罰、勢①詐除（“除”，王念孫謂當為“險”）阸其下，獲其功用而已矣。大寇則（王念孫曰：“則者，若也。”）至，使之持危城則必畔，遇敵處戰則必北，勞苦煩辱則必犇，霍焉離耳，下反制其上。

父子大禮之外，處社會接人待物，亦無不用禮，故曰：

> 宜於時通，利以處窮，禮信是也。

故曰：

---

① ［校按］勢，原作“執”，據《荀子》改。

體①恭敬而心忠信，術禮義而情愛人，横行天下，雖困四夷，人莫不貴。（并《修身篇》）

故曰：

遇友則修禮節辭讓之義。（《非十二子篇》）

復次，修養德性，鍛煉品行，亦無不用禮。故曰：

禮者，所以正身也；師者，所以正禮也。無禮何以正身？無師吾安知禮之為是也？禮然而然，則是情安禮也；師云而云，則是知若師也。情安禮，知若師，則是聖人也。（《修身篇》）

故曰：

大儒者……其言有類，其行有禮。

故曰：

積禮義則為君子。（并《儒效篇》）

故曰：

行義動静，度之以禮。（《君道篇》）

故曰：

君子安禮樂利（俞樾謂當為“和樂”），謹慎而無鬬。（《君道篇》）

---

① ［校按］體，原作“禮”，據《荀子》改。

復次，衛生養性，頤養身心，亦無不用禮。故曰：

凡用血氣、志意、知慮，由禮則治通，不由禮則勃亂提僈；食飲、衣服、居處、動静，由禮則和節，不由禮則觸陷生疾；容貌、態度、進退、趨行，由禮則雅，不由禮則夷固僻違，庸衆而野。故人無禮則不生，事無禮則不成，國家無禮則不寧。(《修身篇》)

故曰：

凡治氣養心之術，莫徑由禮。(《修身篇》)

故曰：

孰知夫恭敬辭讓之所以養安也！孰知夫禮義文理之所以養情也！(《禮論篇》)

以禮爲治國之方，處世之方，修養品德之方，皆無足異；惟以禮爲衛生之方，視之爲鍛煉體格之器具，營養身心之原料，斯可謂異耳。蓋孔孟以仁義營養，(如《論語》曰“仁者壽”，《孟子》曰“所性仁義禮智根於心，其生色也睟然見於面，盎於背，施於四體”，詳拙述《孟子學案》)《中庸》謂“大德必得其壽”，儒家殆無不以道養生。外似怪妄，内含至理。以荀子用禮言之：禮之意義爲分，禮之表現在恭敬辭讓。心安於分，則不蒙分外之想，以愁勞身心；不作分外之事，以招忌來禍。恭敬則日强而不懈（《易》：“君子莊敬日强，小人安肆日偷”①)，辭讓則有文而不争。不愁勞身心，而恭敬不懈，安有不日躋康莊，而身心健全者耶？故言雖近迂，未可

① ［校按］此引文實出《禮記·表記》，而非《周易》。

一例弃之也。

荀子既如斯重禮，謂禮能解决一切，故謂“學也者，禮法也”（《修身篇》），“其數則始乎誦經，終乎讀禮”（《勸學篇》）。而於人世之行爲動止、事事物物，無不懸禮以爲去取與奪之準。謂：

> 懷負石而赴河，是行之難為者也，而申徒狄能之；然而君子不貴者，非禮義之中也。山淵平，天地北，齊秦襲，入乎耳，出乎口，鉤有須，卵有毛，是説之難持者也，而惠施、鄧析能之；然而君子不貴者，非禮義之中也。盜跖吟口，名聲若日月，與舜禹俱傳而不息；然而君子不貴者，非禮義之中也。（《不苟篇》）

“凡言不合先生，不順禮義，謂之奸言。雖辨，君子不聽。”（《非相篇》）《非十二子篇》曰：“辯説譬喻，齊給便利，而不順禮義，謂之奸説。”與此同旨。舉天下之大道，天下之美德，天下之至能，天下之事物，無不經之以禮也。

四

荀子論禮之言，大略如此，雖有遺漏，皆小小者也。學者推求其意旨，考其論得失，據此可矣。近人往往摘取片言，依據隻字，不讀其人之書，未見其人之全，妄肆抨擊，武斷是非，自詡爲確鑿有據，評騭允當，而竅之全書，繹其宏旨，其意每不在此，或竟與此相反。荀子禮言，固有不適於現代者，而褊激者流，資假一義，詆其全體，一若荀子不惟毫無價值，且爲萬惡之藪者，抑亦太過矣。今比類通銓，揭示荀子論禮之真，世有君子，可觀覽焉。

十七年十月十六草畢於清華研究院，二十年四月九日修改於北平寓廬。

（載《女師大學術季刊》第二卷第二期，一九三一年四月出版）

评　论

评敏科夫《施特劳斯论科学》*

丁宁（Nathan Dinneen）撰

骆耕 译 叶然 校

敏科夫（Svetozar Minkov）的《施特劳斯论科学：思索自然科学与政治哲学的关系》① 可能会给读者留下如下印象：敏科夫正试图在施特劳斯研究领域门口树立一块牌子，上书“不懂自然科学者不得入内”。乍一看，这条限制似乎并不明显（obvious），因为敏科夫［在前言开头］就用了如下小标题——“施特劳斯表面上（apparent）对科学保持沉默”。

在一个脚注中，为说明施特劳斯表面上对宇宙论（cosmological）或科学思考不表态，敏科夫在施特劳斯给其学生伯纳德特（Seth

---

* 译自 *Interpretation：A Journal of Political Philosophy*，pp. 44 – 41。原文有些段落过长，中译编者进行了切分。本文所有注释及文中所有带方括号的言词，均为中译编者所加。

① Svetozar Minkov，*Leo Strauss on Science：Thoughts on the Relation between Natural Science and Political Philosophy*，Albany：State University of New York Press，2016.

Benardete）的一封信中找到了证据。施特劳斯强调，他的才能何等地"完全限于处理 to anthropina［属人事物］"，所以他不相信，他有才能评判伯纳德特为解读《蒂迈欧》（*Timaeus*）而作出的努力。尽管如此，敏科夫指出，施特劳斯还是颇具才能地评论了伯纳德特这番努力，比如，在引人瞩目地讨论了伯纳德特的政治哲学（political - philosophic）论证之后，施特劳斯还评价了伯纳德特的宇宙论论证（页 172；另参页 xiii，页 155 - 56）。这个例子有趣地说明了敏科夫的如下主要观点："与第一印象相反"，施特劳斯确实反思了自然科学的基本前提，哪怕他不是作为现代科学家这么做，而是以哲人的方式这么做（页 ix）。

敏科夫如同一位侦探，在施特劳斯作品织体（Strauss's body of work）中寻找蛛丝马迹，追踪线索并提出问题。他以全部精力致力于辨识，施特劳斯以什么方式处理自然科学与政治哲学的关系问题。为了确立自己的论证，敏科夫从［施特劳斯］已刊和未刊文字中筛选出海量材料，包括书评、论文、专著、信件、讲课录音听写稿、笔记和旁注。此外，鉴于敏科夫全书有四个部分，且每个部分有两章，故读者自己也需要像侦探一样，把成对的篇章放在一起反复对照，方能理解敏科夫的论证。

第一部分是"恢复苏格拉底式科学之前所需的政治学和灵魂学前提"（The Political and Psychological Precondition for Recovering Socratic Science），在这一部分，敏科夫评论了施特劳斯如何思索施米特《政治的概念》与柏拉图《法义》第三卷。

第二部分是"哲学的诸起源与本性"（The Origins and Nature of Philosophy），在这一部分，敏科夫梳理了施特劳斯如何批评里茨勒（Kurt Riezler）对一种博综性科学（a comprehensive science）所作的尝试，[①] 并

① 尤见施特劳斯《什么是政治哲学》一书中题为"里茨勒"的文章。

把这番梳理与对施特劳斯《自然正当与历史》（*Natural Right and History*）① 第三章的讨论配成一对。

在第三部分，敏科夫考察了施特劳斯思想中的至深主题，即神学政治问题（the theologico – political problem），所以这一部分的标题是“属神启示与科学的可能性”（Divine Revelation and the Possibility of Science）。在这一部分的头一章，敏科夫谈到了施特劳斯如何在一篇书评中支援柏拉图，这篇书评就是为怀尔德（John Wild）《柏拉图的人论》（*Plato's Theory of Man*）而作的书评。② 在随后一章，敏科夫转而讨论施特劳斯《霍布斯的宗教批判》如何重要。这一章的结尾讨论了唐格维（Daniel Tanguay）和迈尔（Heinrich Meier）各自对施特劳斯的描述，唐格维说施特劳斯提供了一种“对哲学的虚弱辩护”，迈尔则说施特劳斯提供了一种“对哲学的强大辩护”。顺便说一句，这一章的结尾还富有教益地（pedagogical）讨论了潜在哲人的主题的适当推进（the proper progression of subject matter for the potential philosopher）。

最后的第四部分是“现代哲学和科学的诸基础和诸导向”（The Foundations and Directions of Modern Philosophy and Science），在这一部分，敏科夫先用一章总结在施特劳斯 1962 年关于自然正当（natural right）的课程中，科学与政治学［各自］处于什么地位；然后，敏科夫用另一章解读施特劳斯《思索马基雅维利》（*Thoughts on Machiavelli*）③ 最后六段，从而阐明对马基雅维利的理解关系到对现代科学诸基本前提的理解。可惜，在这篇书评中，我不可能合情合

---

① 彭刚中译本书名作《自然权利与历史》。

② 标题为《论柏拉图政治哲学新说之一种》，载施特劳斯，《苏格拉底问题与现代性》，刘小枫编。

③ 中译本（申彤译）书名作《关于马基雅维里的思考》。

理地论述以上每一章。我打算讨论我发现的最有价值也最有启发的内容，以便引介敏科夫这部具有挑战性的专著。

先请单独思考书名《施特劳斯论科学：思索自然科学与政治哲学的关系》。敏科夫明确地把自然科学与政治哲学彼此关联。这种关联到底是什么？二者是本质上不同的探究领域吗？表面来看是如此，但正如我下面将要表明的，对敏科夫来说，政治哲学可以不同寻常地（eccentrically）纳入自然科学。另外注意，书名没有呈现古代科学与现代科学的区别，但是本书的谋篇当然对比了古代或苏格拉底式科学与现代或培根式科学。那么，书名暗示此二者能够结合为一个整体，还是暗示这是一个虚幻或不完整的整体（参页 52）？

在全书的论证过程中，敏科夫在无限定的科学（science as unqualified）与现代科学（science as modern）之间徘徊，并且多次提到苏格拉底式科学。说到现代科学，有现代自然科学与现代社会科学。施特劳斯当然关注现代自然科学如何影响现代社会科学，以及这对我们理解属人事物意味着什么。施特劳斯尤其关注，用现代自然科学研究属人事物是不是一种滥用。敏科夫恰当地指出，对施特劳斯来说，现代科学已经断绝了同智慧的任何基本关系，而且如果科学和智慧二者同时出现在一个人身上，那么这只会是纯粹偶然。施特劳斯得出这个看法，源于他悉心研究“现代科学的道德和形而上学基本前提”（fundamental moral and metaphysical premises of modern science）（页 x - xi）。

考虑到这一点，敏科夫着手论证“施特劳斯在马基雅维利那里发现了现代物理学的诸基础和诸困惑”。对敏科夫来说，施特劳斯探索了马基雅维利的政治科学和新自然科学各自内部的极端或反常面相如何具有首要意义，从而发现了“马基雅维利的政治科学和新自然科学之间存在隐秘关联”。特别是，如果现代科学“自认对属人事物保持沉默”（页 xi - xiii），那么，当我们不关注上述极端面相时，上述隐秘关联还会显示出什么呢？寻找一种博综的、统一的科学，似乎并非现代科学的必需之事。或者说，倘若真的是这样，属人事物与现代科学主题之间，似乎就没有本质不同。换言之，这导致如下观点失效且成空，这个观点就是，属人事物具有特殊的和本质上的不同之处。

这就是施特劳斯为什么转向苏格拉底吗？苏格拉底式科学呈现了一种不同的进路吗？这种进路一方面包容博综性科学的可能性，另一方面维持人类的独特性——这个存在类别（the species of being）从大全（the whole）内部保持对大全开放。此外，这种进路是否以某种方式使科学与智慧交织在一起？当施特劳斯考察现代科学诸基本前提时，他无法侦察到这里说的方式。

敏科夫似乎就是这么认为的，所以他的书首先关注苏格拉底式科学及其可能性（第一部分、第二部分，还有第三部分第五章，以及第七章有关片段）。在做前述论证时，敏科夫首先将施特劳斯的“政治哲人身份”和施特劳斯的社会科学“专业”联系起来。乍一看，人们可能倾向于认为，既然施特劳斯声称他的“专业……是社会科学而不是神学（divinity）”（页 xiii），故他远离了一种博综而普遍的科学，因为选择专攻一个知识领域时，一个人的关注点会变得太狭窄，以至于看不到整全。然而，如果那个知识领域是理解所有事物的关键，又当如何呢？这样一个关注点的狭窄，不会表现为一种“限制”，而是表现为一种开放，即“对所有事物、对自然整全（the whole of nature）、对属神事物”开放。如果“施特劳斯的‘狭窄’问题和苏格拉底问题一样古老”，那么，敏科夫就是在鼓励读者思考，正如色诺芬的苏格拉底，施特劳斯也“从未停止‘在他的众同伴中’默默思考每个存在者是什么……即使他并非‘和他的众同伴一起’思考这个问题”（页 xiii，这句话是敏科夫引自施特劳斯《色诺芬的苏格拉底》;[1] 另参页3，页7，页177注24，页183注36）。

施特劳斯认为，某种意义上，属人事物是所有事物的关键。这个观点从理论上挑战了现代科学，这尤其是因为现代科学既不关心对属人事物的严肃研究，也不关心那种想要获得一种健全的常识性视角的欲求。对敏科夫来说，［现代科学］“不关心或无视一个基本问题的真知，而这伴随着拥有次要或暂时问题的海量知识”，与此相比，获取“一个基本问题的真知远远更具科学性”（页xiii）。苏格拉底式科学恰恰关心诸基本问题的真知，而这似乎成了与现代科学之间的主要分歧所在。这种状况让敏科夫的施特劳斯[2]认为现代科学缺少科学性。所以，施特劳斯表现得比很多科学家更关心一个人如何获得一种“既关于整全也关于一个人自己的真科学”（页xiii－xiv）。

在考察这个目的时，敏科夫试图捕捉施特劳斯如何努力恢复“苏格拉底式”科学，这种科学似乎与“施特劳斯的科学”同义（页52－53、156）。敏科夫有点神秘地声称，这种真科学的核心是“存在、灵魂和logos［理性］”[3] 的结合（页xv－xvi）。敏科夫只有一次在其他场合明确提及这种结合，当时他在讨论施特劳斯为怀尔德写的书评。在那里，敏科夫把施特劳斯的解释视为“柏拉图式的”。明确来说，对敏科夫而言，施特劳斯的解释是

> 柏拉图式的，因为这种解释探究了在理解整个属人处境时存在的障碍。就怀尔德的情况来说，这些障碍的根源是，对于

---

① 见《色诺芬的苏格拉底》英文本页116－117，对应该书中译本（高诺英译）页106。

② 模仿“色诺芬的苏格拉底”这个表述。

③ logos是希腊文，有多种含义，按本文倒数第二段，作者把它理解成“理性”（reason）。

> 罪恶、正义和拯救，持有未经审视的信念。在这个意义上，这篇文章［即施特劳斯的书评］绝无仅有地把存在、灵魂和logos［理性］结合了起来，因为施特劳斯审查了logos［理性］和某种人的灵魂——这种人不成功地尝试从事哲学探究——从而审视了自然的可理知性（the intelligibility of nature）问题。（页79）

要理解未经审视的信念如何塑造了我们的宇宙论思考，就得从灵魂和运用理性的能力开始探究存在，尤其注意心智（mind）如何部分地参与“世界的构造”（constitution of the world）（页12；参页108）。

奇怪的是，对敏科夫来说，似乎苏格拉底式转向未必是从自然科学转向属人事物研究，因为他称政治哲学为一个“自然理论科学类型”（kind of natural－theoretical science），从而把政治哲学纳入自然科学之下（页6；另参页175注20）。在敏科夫的论述中，难以说清楚的是：既然政治哲学关注前科学的（我是说，健全的）常识——因为政治哲学探究属人事物，且探究“对我们来说首先”存在的东西（what is “first for us”）——那么，政治哲学的这种关注如何能够同时成为哲学本身的基础？对敏科夫的施特劳斯来说，如果属人事物是所有事物的关键，换言之，如果“人是一个小宇宙（microcosm）”（页6、页7、页12、页51、页182注29），那么，在属人事物的本性方面从事哲学探究，会表明政治哲学不只是科学的一个前提，而且是哲学本身的基础，以及敏科夫所谓苏格拉底式科学的基础——这就有些悖谬了。

［敏科夫认为，］就苏格拉底的生活方式来说，但凡政治哲学表面上只限于探索属人的和政治的事物时，这都只是一种表面现象。苏格拉底自始至终都在“探究每个存在者是什么”（页7）。这种探究立足于对施特劳斯所谓“理智异质性”（noetic heterogeneity）的发现（页8、页52－53、页121－122、页156－157、页206注9）。据

敏科夫所说，这种发现依托如下常识性观念：世界上诸存在者之间有本质差异，如人和动物，而且甚至人类内部也有“不同类型”，如哲人和非哲人（页 8；参页 87、页 116 – 117、页 147）。

人类内部有“不同类型”，这说明了何以没有一种“对存在的单一而整体的体验”（single total experience of being），因为在人类内部，不同的人有不同的理智能力，从而没有同质的（homogenous）理智能力（页 8）。这就是说，世界上存在种种自然不平等（页 122）。认识自己就是认识一个人的限度、一个人的能力。或如敏科夫所说，“这样一来，每个严肃的个体就变得有可能且有必要去发现他自己的真正需要，并看清这个世界——对他以及那些同他交谈的有理性能力的观察者而言可见的世界——是否以及如何能满足这些需要”（页 9）。所以，苏格拉底式科学既立足于对理智异质性的发现，也立足于如下观念：人类灵魂是宇宙论的关键。

如今，人们认为，世界内部不存在诸本质差异，也就谈不上我们有能力以我们的心智去理解这些差异，因为培根明确质疑“人是一个小宇宙”这个假设。在培根式科学的监护下，人们认为，灵魂不再是所有事物的关键（页 51；另参页 89、页 96，以及尤其页 174 注 13）。按这个思路，现代科学从自然研究中不再仅仅探索理论①洞见。此外，施特劳斯声称，如果放任自流，现代自然科学会“暗含对诸本质差异的否认”（页 53）。因此，现代人对实用知识的追求受如下目标激发，这个目标就是为了人类的轻松（relief）而控制自然（页 xv、页 129、页 145、页 149）。这种立场降低了一种博综的理论科学的可能性，但施特劳斯相信，这种科学值得欲求，即便在他的时代这只是一个“虔敬的愿望”（页 52、页 116；参页 49）。

读过敏科夫的著作后，人们会留下这样的印象：对施特劳斯来

① “理论”在古代有灵魂进行静观之义。

说，许多问题取决于“人是小宇宙”这个论点是否真实。人类有没有抵达实在（reality）的途径？如果有，这种途径受何种限制？我们又能否认识这些限度？然而，如果不可能有关于每个存在者本性的知识，那么，所有的理解都是“相对人而言的”，因为人类心智只有抵达现象的途径，而没有抵达物自体（the things - in - themselves）的途径。施特劳斯努力赋予柏拉图式科学方式（Platonic way of science）一个申辩的机会，并指出苏格拉底式立场与培根式或康德式立场之间“最严肃的问题”，故施特劳斯主张：

> 我们依据自然而模糊地意识到大全（the whole）的本质结构。……对柏拉图而言，不存在一条界线能清晰地区分可知事物与不可知事物。永远会存在不同档次（levels），而我们不可能为人类知识划定界限。我们不知道有什么原则能帮助我们确立界限。（页158 - 159）

所以，施特劳斯引导他最严肃的学生们意识到，他们最应该悉心思考科学灵感的某些前设，这些前设关乎理性的能力，也关乎一个人的灵魂揭示（unlock）存在的能力。

读罢敏科夫出色的著作，读者将很可能会赞赏，施特劳斯是迄今最全面地理解科学本性的人之一。然而，在读敏科夫全书过程中，他有一则对施特劳斯的引用，始终萦绕在我心间，这则引用见于前言第三个注释。我只能说“读者要小心”。这则引用指向1973年7月7日施特劳斯致索勒姆（Gershom Scholem）的信，[①] 信中说道：“我正在……写我对科学（=这个世界）的告别语，[②] 即一篇关于色

① 收入《回归古典政治哲学：施特劳斯通信集》，迈尔编。

② 施特劳斯逝于同年10月18日。

诺芬《上行记》(*Anabasis*)[1] 的论文。”(页 171) 施特劳斯从科学转向他生命的终点,[2] 或在告别科学后走向他生命的终点，这意味着什么？我们很难相信，他或许已经从哲学或苏格拉底式科学转向了别处。另外，这与色诺芬的《上行记》何干？有一件事情是确定的：无论我们是否领会了施特劳斯的真实意图，如果不坚持猜想并反复猜想，那么，我们就没有真正在读施特劳斯。

---

① 中译本（崔金戎译）书名作《远征记》。

② end［终点］亦有目的之义。

图书在版编目（CIP）数据

欧洲历史上的永久和平愿想/娄林主编. --北京：华夏出版社有限公司，2022.10

（经典与解释）

ISBN 978-7-5222-0379-9

Ⅰ.①欧… Ⅱ.①娄… Ⅲ.①和平主义－政治思想史－研究－欧洲 Ⅳ.①D095

中国版本图书馆 CIP 数据核字(2022)第 128325 号

欧洲历史上的永久和平愿想

主　　编　娄　林
责任编辑　刘雨潇
责任印制　刘　洋

出版发行　华夏出版社有限公司
经　　销　新华书店
印　　刷　三河市少明印务有限公司
装　　订　三河市少明印务有限公司
版　　次　2022 年 10 月北京第 1 版
　　　　　2022 年 10 月北京第 1 次印刷
开　　本　880×1230　　1/32
印　　张　9.5
字　　数　235 千字
定　　价　59.00 元

华夏出版社有限公司　地址:北京市东直门外香河园北里 4 号　邮编:100028
网址:www.hxph.com.cn　电话:(010)64663331(转)

若发现本版图书有印装质量问题，请与我社营销中心联系调换。

经典与解释辑刊

1 柏拉图的哲学戏剧
2 经典与解释的张力
3 康德与启蒙
4 荷尔德林的新神话
5 古典传统与自由教育
6 卢梭的苏格拉底主义
7 赫尔墨斯的计谋
8 苏格拉底问题
9 美德可教吗
10 马基雅维利的喜剧
11 回想托克维尔
12 阅读的德性
13 色诺芬的品味
14 政治哲学中的摩西
15 诗学解诂
16 柏拉图的真伪
17 修昔底德的春秋笔法
18 血气与政治
19 索福克勒斯与雅典启蒙
20 犹太教中的柏拉图门徒
21 莎士比亚笔下的王者
22 政治哲学中的莎士比亚
23 政治生活的限度与满足
24 雅典民主的谐剧
25 维柯与古今之争
26 霍布斯的修辞
27 埃斯库罗斯的神义论
28 施莱尔马赫的柏拉图
29 奥林匹亚的荣耀
30 笛卡尔的精灵
31 柏拉图与天人政治
32 海德格尔的政治时刻
33 荷马笔下的伦理
34 格劳秀斯与国际正义
35 西塞罗的苏格拉底
36 基尔克果的苏格拉底
37 《理想国》的内与外
38 诗艺与政治
39 律法与政治哲学
40 古今之间的但丁
41 拉伯雷与赫尔墨斯秘学
42 柏拉图与古典乐教
43 孟德斯鸠论政制衰败
44 博丹论主权
45 道伯与比较古典学
46 伊索寓言中的伦理
47 斯威夫特与启蒙
48 赫西俄德的世界
49 洛克的自然法辩难
50 斯宾格勒与西方的没落
51 地缘政治学的历史片段
52 施米特论战争与政治
53 普鲁塔克与罗马政治
54 罗马的建国叙述
55 亚历山大与西方的大一统
56 马西利乌斯的帝国
57 全球化在东亚的开端
58 弥尔顿与现代政治
59 拉采尔与政治地理学
60 斯威夫特的鹅毛笔与墨水谜语
61 欧洲历史上的永久和平愿想